大学生心理健康教程

主　编　徐玉芳　王　晨

副主编　王玉洁　廖元坤　薛　冰　郑思明

编　委　（按姓氏笔画排列）

王玉洁　王　珍　王　晨　王高强
田丽娜　孙　倩　许春芳　李贵军
张　雯　郑思明　相英霞　娄书伟
徐玉芳　高文君　效志刚　廖元坤
薛　冰

人民卫生出版社

图书在版编目（CIP）数据

大学生心理健康教程 / 徐玉芳，王晨主编 . —北京：人民卫生出版社，2017

ISBN 978-7-117-24928-7

Ⅰ. ①大… Ⅱ. ①徐… ②王… Ⅲ. ①大学生 - 心理健康 - 健康教育 - 医学院校 - 教材 Ⅳ. ①G444

中国版本图书馆 CIP 数据核字（2017）第 179700 号

大学生心理健康教程

主　　编：徐玉芳　王　晨
出版发行：人民卫生出版社（中继线 010-59780011）
地　　址：北京市朝阳区潘家园南里 19 号
邮　　编：100021
E - mail：pmph @ pmph.com
购书热线：010-59787592　010-59787584　010-65264830
印　　刷：北京市艺辉印刷有限公司
经　　销：新华书店
开　　本：787 × 1092　1/16　　印张：13
字　　数：316 千字
版　　次：2017 年 8 月第 1 版　2022 年 8 月第 1 版第 5 次印刷
标准书号：ISBN 978-7-117-24928-7/R · 24929
定　　价：25.00 元

前 言

当下的大学生，在社会的不断变革中成长，而且多数为独生子女，他们从备受呵护的家庭中步入大学独立的学习、生活，由中学时的佼佼者，到强手如林的大学，其思想、情绪、心理均处于不同程度的不稳定状态，迫切需要磨砺意志，健全人格。因此，针对性地加强心理健康教育十分必要。为了进一步加强和改进大学生思想政治教育工作，在深入探究大学生心理特点和教育规律的基础上，我们组织编写了本教材。

本书共十四章，主要涵盖了大学生心理健康基础知识、自我意识、学习心理、人际交往、恋爱与性心理、生涯规划、情绪管理、生命教育和危机干预等方面的内容。从学习者的视角建构知识，各章均设置了名人名言、案例导读、心理测评、心理故事、心理活动讨论分享、心理电影、课后思考等栏目，以帮助学习者掌握重点、难点内容，学以致用，并使教材在科学性的基础上更丰富有趣。本书大量的案例多来源于大学生心理咨询实践，内容丰富生动，既有利于激发学习者的学习兴趣，也有利于培养学习者解决问题的能力，并为其在面临心理困惑时提供借鉴，具有较强的可读性。本书在重点探究大学生学习、生活、心理状况的基础上，提出了应对问题的具体策略。突出了两大特点：一是重实用，既突出重点又兼顾一般，融理论与实践于一体，将相关心理健康教育的理论嵌套于问题解决之中，使大学生在轻松愉快的氛围中接受良好的心灵启迪，同时也便于任课教师组织教学，具有较强的实用性；二是有特色，以丰富有趣的内容引导启发学生，以此促进其健康向上，励志成才。本书编写人员长期工作在大学生心理健康教育第一线，在实践中积淀了大量经验，为本书提供了宝贵内容。

在编写过程中，我们参阅和借鉴了国内外众多专家、学者的研究成果，在此表示诚挚的谢意。由于大学生心理健康教育工作不断地发展、完善，为了力求达到教材通俗易懂、创新、规范、实效的要求，我们做了很大努力，但由于能力所限，不足之处在所难免，敬请读者不吝批评指正，也欢迎大学生朋友们提出宝贵意见，以便本教材不断完善和提升。

徐玉芳　王 晨

2016 年 12 月

目　录

第一章　触摸心灵
——大学生心理健康概述

要加大心理健康问题基础性研究，做好心理健康知识和心理疾病科普工作，规范发展心理治疗、心理咨询等心理健康服务。

——习近平

案例导读

大学投毒案件

某大学发生了一例令世人震惊的投毒案。被告人林某是硕士生，2013 年 3 月 31 日他将剧毒化学品二甲基亚硝胺注入寝室内的饮水机中，致同寝室黄同学饮水后中毒死亡。黄同学同为硕士生，而且学校保送读博。那么是什么原因导致林某非要谋害同学呢？据报道，林某是因琐事与同寝室黄同学不和，并逐渐对他“怀恨在心”。2015 年 12 月 11 日大学投毒案罪犯林某被依法执行死刑。

两名硕士生，一个是害人者，一个是受害者，家长痛失孩子，学校痛失学生。此案带给我们的不仅仅是痛惜，更多的是为高校教育敲响的警钟。

学习重点

1. 大学生心理健康的标准。
2. 大学生心理问题与障碍。
3. 大学生心理问题的调适。

第一节　什么是心理健康

一、心理健康为我们带来什么

校园投毒案牵动了大众的神经。投毒者人格特点压抑，心理扭曲。两个曾经让家人、朋友和老师骄傲的学子却以悲惨和耻辱两种全然不同的形式凋零。逝者已去，给两个家庭带来的心理创伤无疑是巨大的。但是从校园投毒案到马加爵、药家鑫事件……以个人为中心，漠视生命的行为，已成为隐藏在校园里的一颗“心理毒药”。大学生心理问题现状令人堪忧，悲剧频频发生，为此我国的教育要警钟长鸣。

大学时期是人生发展的重要阶段。当莘莘学子扬起生命的风帆，豪情满怀，去实现自己的理想之梦时，却发现人生之舟并不那么容易驾驭。有的人不断调整自我，以积极的心态去迎接新的生活与挑战，去开启美好的人生；有的人却无力适从，茫然失落。大学时期无疑是人生的一个重大转折时期和真正走向社会的过渡时期，它对每一位大学生来说都是一段难以忘怀的人生旅途，更是人生最重要的一笔经验财富。

相关阅读

大学投毒案给我们的警示

随着时间的推移，大学投毒案离我们远去，但是一想起林某和黄某，我们仍然会为两个家庭的遭遇扼腕长叹，为两个学子感到可惜。能不能避免这样的悲剧发生？有什么方法可以预防血案的发生呢？

大学生应该学习心理健康知识，和寝室同学友好相处。林某和同学黄某同住一室，是室友又都是优秀的学生，是什么原因导致林某下毒，上演如此悲剧？从“相互看不惯”，发展到投毒杀人，深层原因或者说内在根源是他们缺乏心理健康知识，不会与人相处。林某因为日常琐事而对室友心存不满，对这种不满，他只会埋藏在心底，让其一点一滴累积发酵，过度压抑，不懂得疏导、宣泄。负性情绪积累过度，必然会导致情绪溢满爆发，出现极端行为。

如果他们真正学习掌握心理健康知识，学会与人相处，了解别人的生活习惯、个性爱好，体谅别人的不足、弱点和难处，能够用赞赏的眼光去看别人的优点，用一颗包容理解的心去对待别人不同的生活习惯和行为，善于邀请同学一起讨论、沟通，容许同学说出自己的观察和思考，帮助同学实现梦想，处理好他们不擅长的事情。

如果他们懂得尊重他人人格，不伤害别人的自尊心，说话做事时注意不去触碰各自的心理敏感区域，学会换位思考。特别是对待内向、孤独、自卑、不善表达的人，要主动友好相处，不对他们大声说话，不开伤害他人自尊心的玩笑，更不能拿别人的敏感的事情开玩笑，不触及他们的底线，做到不调侃，不取笑，不侵犯别人的空间及时间。

如果他们学习心理健康知识，了解对方的性格特点，比如黄某能够体谅林某的内心渴望和恐惧，林某学会理解黄某的个人习性，能够体谅、原谅黄某，那么这两个同寝室的学生很可能成为好友，共同毁灭的悲剧就会避免；如果林某在负性情绪产生时，可以及时采取合理方式宣泄，当遇到自己不能调节的矛盾和情绪时，主动寻求心理帮助，极端行为或许可以避免，悲剧也就不会发生。

大学生处在人生观、价值观、世界观全面形成的阶段，同时面临着学业及就业的压力，心理素质极其脆弱。特别是刚刚进入陌生环境的大学生很容易发生心理波动。因此，学校心理健康教育工作十分重要。它直接关系到国家人才培养，关系到每位学子健康、幸福、快乐人生。

大学生健康的心理状态是成长的基石，也是全面发展的保证。许多调查研究已经证实，大学生在其成长的道路上止步不前，自暴自弃，甚至出现各种各样严重的心理行为障碍，不是因为他们的智力和躯体的缺陷，而是因为他们存在心理健康问题。

大学生心理健康是幸福的保障。幸福是一种美好的情感，它不取决于人们的生活状态，而取决于人们的心态，幸福的存在建立在心理健康的基础上，没有健康的身心，就无法感觉到幸福的存在。

心理健康是人生最宝贵的财富，没有健康的身心一切都无从谈起。美国一位心理医生说到："一切的成就，一切的财富，都始于快乐健康的心理。"许多人一生并不缺乏才华、能力和机会，却总是与财富和成就擦肩而过，其中最根本的原因就是没有快乐健康的心理。要想得到真正有价值的财富，必须学会用心灵去发现它、积累它。

心理健康助人走向成功。现代社会充满挑战也充满机遇，对大学生而言，健康的心态、健全的人格、理智的头脑、良好的人际关系、克服困难的勇气、信心和能力等良好的心理素质是走向成功的保障。卡耐基说："一切的财富与成功皆源于健康的心态"。因此，健康的心理是实现理想的助推器，是走向成功的阶梯。

二、心理健康的概念

（一）心理的概念

首先让我们来认识一下什么是人的心理。许多人认为，心理是人们常常感到既丰富多彩又错综复杂的心理活动。人的心理到底是什么？自从有了历史以来，人们就不断地积极探索人的心理。它是宇宙间最复杂的现象之一，恩格斯把它誉为"地球上最美丽的花朵"。心理学最早源于希腊文，原意为灵魂学。2000多年来一直和哲学混为一谈，随着科学的发展，心理学的对象由灵魂改为心灵。直到1879年，心理学从哲学中脱离出来，这源于德国心理学家威廉·冯特。他在莱比锡大学建立了世界上第一个心理学实验室，心理学由此宣告独立，成为一门独立的科学。

心理学（psychology）是研究心理现象及其规律的科学。它包括心理过程和人格（个性）两大部分。心理现象是心理活动的表现形式，是人们十分熟悉的现象。脑是产生心理的器官，心理现象是脑的高级功能，是人脑对客观世界主观能动的反映。

1. 心理过程　心理过程是指人的心理活动发生、发展过程，具体说，是在一定时间内人脑对客观现实的反映过程，包括认识过程、情感过程和意志过程三个方面。

(1) 认识过程：认识过程是人脑接受、加工、贮存和理解各种信息的活动，是对客观事物的现象和本质的反映过程，包括感觉、知觉、记忆、想象和思维等。

(2) 情感过程：情感过程是人们在对客观世界的认识过程中所产生的态度体验。如久别重逢的好友见面时热烈的拥抱，暖暖的友情、温馨的回忆不断地涌现在脑海，给人带来愉快的心情和美好的感受；在遇到危险情景时产生恐惧的感受。这种主观的体验的过程就是情绪情感过程。

(3) 意志过程：人们在认识客观世界的活动中，不仅仅是感受认识它，而且还要改造它。在改变客观事物的活动中，人们自觉地提出目标，制定计划，果断地采取行动，管理自己克服困难坚持行动，以达到预期目的的心理活动过程就是意志过程。

三个过程相互联系、相互制约，是人们对客观世界不断深化的"知、情、意"的反映过程。

人们常说的，知之深，爱之切，行之坚，正生动地说明了三者之间的关系；另一方面，人的情感和意志对认识活动有着重要的影响作用。

2. 人格　人格又称个性，是一个人在个体的遗传素质基础之上、在不同的社会经历中形成、经常表现出来、比较稳定的、具有一定倾向、独特的心理特征的总和。心理过程是人们所共同具有的心理现象。但是人们在适应社会生活的成长过程中，人与人不同的心理特征就是人格。人格是个体经先天遗传与后天环境的交互作用形成的稳定而独特的心理结构，包括人格倾向性和人格特征。

(1) 人格心理倾向性：是指一个人所具有的心理倾向，表现在人对客观事物的稳定的态度和习惯化的行为方式之中。它是人从事活动的内在动力，决定着人的行动的方向。包括需要、动机、兴趣、理想、信念和世界观等。

(2) 人格心理特征：是一个人经常表现出来的稳定的心理特征。它集中反映了人的心理活动的独特性，包括能力、气质和性格。能力是直接影响活动效率与水平，使活动顺利完成的有关心理特征。气质是人的高级神经活动类型特点在行为方式上的表现，是人的心理活动的动力特征。它主要表现在心理活动的强度、速度、稳定性、灵活性及指向性上。气质与遗传有关，也是人们常说的天赋秉性，气质具有稳定性和可塑性。性格是后天形成的，在人格中具核心意义。它是个体在社会实践活动中所形成的对客观现实稳定的态度及与之相适应的习惯化了的行为方式。它反映心理面貌的本质属性，是区别和评价人的重要依据。

人格心理倾向性与人格心理特征相互联系、互相促进。假如一个人对某项工作有内在的需求和兴趣，他就会积极、主动地学习相应的知识和技能，踊跃地投身到该项工作中并且克服困难做好工作。这样就会相应地提高自己的能力。同时，如果一个人从事某项工作的能力较强，就会对该项工作产生浓厚的兴趣。

(二) 健康的概念

健康是人生快乐、幸福和成功的前提和基础，失去了健康，便失去了一切。重视健康已成为当今世界的大趋势。但是对健康概念的正确认识，人类却走过了一个逐渐发展深入的过程。以前人们认为身体没有缺陷和疾病就是健康，即认为“身体没有疾病就是健康”。随着医学科学的发展，人们对精神世界的认知也逐渐深刻，对健康的认识随之发生了质的飞跃，一种新的“立体健康观”诞生了。

1989 年世界卫生组织(WHO)提出了“21 世纪健康新概念”，即“健康不仅是没有疾病，而且包括躯体健康、心理健康、社会适应良好和道德健康。”世界卫生组织提出身心健康的七大标准：①快食：吃饭不挑食、不偏食，津津有味；②快眠：较快入睡，睡眠质量好，精神饱满；③快便：快速通畅地排泄，感觉轻松自如；④快语：说话流利，头脑清醒，思维敏捷；⑤快行：行动自如协调，迈步轻松有力，动作流畅；⑥良好的个性：性格柔和、适应环境，为人处事好；⑦良好的人际关系：与人相处自然融洽，朋友多。从上述七条标准可以看出，健康不仅包括身体健康，而且还包括心理健康和适应，三者相辅相成、互相影响、缺一不可。当心理产生疾病时，其生理也必然受到影响，轻者会食欲减退，重者会出现不思饮食、头痛、头晕、失眠健忘等躯体症状，从而影响生活、学习等社会功能；同样，长期生理疾病必然会引起情绪低落、心情的烦闷、易怒，甚至会导致抑郁、焦虑、恐惧等神经症表现，从而影响人的社会行为。

由此可见,大学生要正确认识心理健康的内涵和标准,讲究生理卫生和心理卫生,有意识地规划、调整自己的心理发展,主动改善心理健康状态,实现完满康宁的健康。

（三）心理健康的概念

什么是心理健康？不同学者有着不同的论述。《简明不列颠百科全书》将心理健康解释为:心理健康是指个体心理在本身及环境条件许可范围内所能达到的最佳功能状态,而不是绝对的十全十美的状态。世界卫生组织的定义:心理健康不仅是指没有心理疾病或变态,个体社会适应良好,还指人格的完善和心理潜能的充分发挥,亦在一定的客观条件下将个人心境发挥成最佳状态。

精神医学学者孟尼格尔认为:“心理健康是指人们对于环境及相互间具有高效率及快乐的适应情况,不只是要有效率,也不只是要能有满足感,或是能愉快地接受生活的规范,而是需要三者俱备,心理健康的人应能保持平静的情绪、敏锐的智能、适于社会环境的行为和愉快的气质。”

国内有学者认为,心理健康是一种持续良好的心境,个体在这种状态下,其认识活动、情绪反应、意志行动处于积极状态,而且具有正常的适当的调控能力,并能充分发挥其身心的潜能。

综上所述,我们可以认为心理健康是指人的心理活动协调和社会适应良好的一种高效而满意的、持续的心理状态,在这种状态下,个体能适应社会,有效地发挥个人的身心潜力和积极的社会功能。

（四）大健康的概念

根据时代发展、社会需求与疾病谱的改变,人们对健康提出了一种全局的理念,即大健康。大健康提倡的是自我健康管理,它是围绕着人的衣食住行以及人的生老病死,研究影响人健康的各类危险因素和误区,它追求的不仅是个体身体健康,还包含精神、心理、生理、社会、环境、道德等方面的完全健康。提倡的不仅有科学的健康生活,更有正确的健康消费等。它的范畴涉及各类与健康相关的信息、产品和服务,也涉及各类组织为了满足社会的健康需求所采取的行动。

心理学家许金声提出:“所谓‘大健康’,是指身体、心理、灵性三方面都健康的状态。身体方面的健康问题大家都很熟悉,就是指身体方面的疾病,在以前,主要是由医院的医生来解决这些问题。心理方面的健康问题,是指心理情结、心理障碍、心理疾病,在当前主要是由心理咨询、精神病医生来解决这些问题。心灵方面的健康问题,是指追求生命的充实感、完美感、意义感以及潜能的深度发挥方面的问题,在以前主要是通过哲学、宗教有关的修养、静修,或者灵修来解决这些问题”。

大健康是一种理想的状态,具有这种状态的人才能够不断地面对各种的挑战,并且战胜这些挑战,能够不断地成长、发挥潜能、有所创新和创造,过一种幸福的充实的人生。

（五）亚健康的概念

亚健康的概念最早由前苏联学者 Berkman 教授在 20 世纪 80 年代中期提出,后被学术界认可。目前对亚健康的概念尚无统一的认识,一般认为:所谓亚健康,是指处于健康与疾病之间的中间状态。健康是一个过程,即从生病到完全健康是一个连续地逐渐变化过程,处于中间地带的人,表现为有功能性不足而无器质性病变的状态,即亚健康状态。在亚健康状态下,人仍然能正常地生活,但却有明显的不自在、不满意的感觉。亚健康状态并不影响人们维持日常的生存，所以也不会引起人们充分重视，更没有强烈的动机去改变它。

心理学家岳晓东提出“灰色区”理论，认为人的心理正常与异常没有一个明确的界限，而是一个连续变化的过程。如果把心理正常比作白色，灰色区可谓非器质性精神痛苦的总和。灰色区又可进一步划分为浅灰色区和深灰色区：浅灰色区只有心理冲突而无人格变态，是心理咨询的对象；深灰色区是各种变态人格和神经症，是心理治疗的对象。完全健康即处于白色区的人是非常少的，大部分的人处于灰色区和黑色区（图 1-1）。

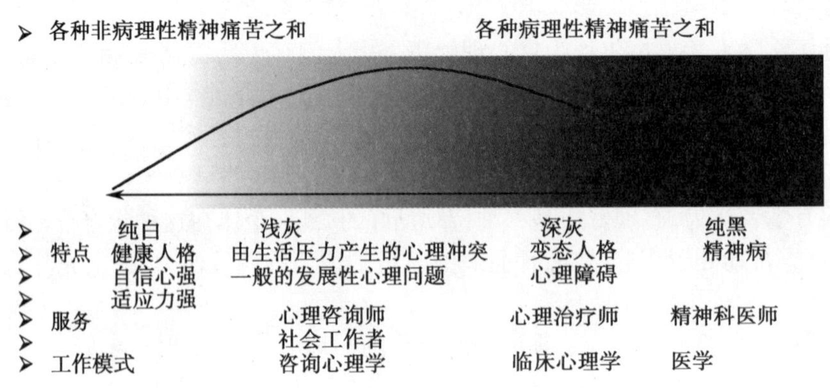

图 1-1　心理健康“灰色区”理论示意图

拓展阅读

亚健康状态

心理学家许金声教授认为，从大健康的观点看，以下情况有任何一种都属于亚健康状态：

1. 精力不充沛，容易感到疲劳，易患感冒，稍动则出虚汗，食欲不振，经常失眠，记忆力不好，经常有性功能障碍等。

2. 有明显的不正常的强迫倾向。例如，经常控制不住自己不断地洗手，爱干净到反常的程度。如果这些行为影响到了自己的日常生活，就是心理疾病状态。

3. 有明显的不正常的抑郁倾向。经常感到心情不好，情绪波动大，心理脆弱，经不起挫折，不想与人交往。如果这些情况影响到了自己的日常生活，就是心理疾病状态。

4. 有明显的不正常的恐惧倾向。例如，见到陌生人脸红，在公共场合或者对特定的人讲话紧张、出汗、哆嗦等。如果这些行为影响到了自己的日常生活，就是心理疾病状态。

5. 经常有明显的负面情绪。这些情绪包括焦虑、紧张、抑郁、愤怒、委屈、恐惧等。偶尔、不时有一些负面情绪都是正常的。如果这些负面情绪频繁出现，就有问题。如果这些负面情绪影响到了自己的日常生活，就是心理疾病状态。

6. 纯粹是为了寻求刺激，长久地沉溺于玩游戏机、打麻将等行为。玩过之后，不是精力的恢复,而是更加麻木不仁。沉溺的一种表现是热衷于谈恋爱,谈了一个又一个,用此来证明自己的价值。

7. 无论是工作中还是生活中,经常有无聊、无意义的感觉。长时间地处于无所适从、无所事事的状态,做什么都很难提起兴趣,做什么都容易觉得麻烦,喜欢睡懒觉。

8. 过分的"善适应"状态。毫无疑问,适应环境是非常重要的,但正是由于这种重要,使一些人忘记了适应本身不是目的,而只是手段,人适应环境的目的是为了成长。在现实中,不难看到这样的人,他们过分地把精力消耗在人际关系中,一味地讲究适应,而不是创造性地影响环境。他们在人际关系中的周旋中,丧失了个性。一些被称为"老油条"、"滑头"的人,就属于这种情况。他们津津乐道于拉关系、钻空子,却又不愿意承担责任。还有一些人缺乏骨气,完全被人际关系所支配,没有独立人格的人,也就是这种状态。

9. 缺乏好奇心、求知欲。对于有关人生意义、宇宙真谛等问题没有兴趣。这种人常常借口讲求实际,说"不谈虚的"。如果你想谈这些话题,他们可能会问:"关心这些有什么用啊?"或者说:"我没有悟性,那是哲学家的事情……"这些人的误区在于自己给自己设立限制。如果你提出一个兴致勃勃的计划,他们常常给你泼凉水:"那有什么用啊?"他们对神秘现象、神秘体验也不感兴趣。对于所有这些现象,抱一种封闭的心态,甚至只是简单贴上一个"幻觉"、"伪科学"、"魔术"等。或者只是公式般地简单强调:"这不符合唯物主义!"马斯洛对这些情况有两个概念:一个是"低俗化",一个是"约拿情结"。所谓"低俗化",是指把高级的神圣的东西还原为低级的平庸的东西。人的需要的满足不是向上发展,而是停留在较低的阶段,让需要的满足横向发展。所谓"约拿情结",是指逃避神圣、崇高的一种倾向。

10. 对于美、艺术、大自然等感觉迟钝,体会不到美感,或者感觉十分淡漠。这一条看起来似乎要求太高,其实所谓觉得"太高",只是没有认识到自己的潜能而已。人能达到的高度本来就高。至于艺术创作和写诗,我们常常会听见人说:"我没有艺术细胞,那是艺术家合适的事情。"这是错误的!其实每个人都有创造艺术和写诗的潜能,这与当艺术家、诗人不是一回事情。就算不能够创造艺术、写诗,当面对美的事物的时候,至少有诗意,乐于欣赏。这种人或者对旅游兴趣淡漠,或者不能够深度地欣赏大自然。他们如果偶然去旅游,常常就像完成任务一样,不能够尽兴,也没有任何超越性的体验。

以上这些状态,都是属于亚健康状态。其中,第1条主要是指身体健康;第2、3、4、5、6、7、8条主要是指心理健康;第9、10主要是指灵性健康。但是要进入大健康状态,却需要超越亚健康。当前我国居民亚健康状况急需改善,建构"大健康工程"乃大势所趋。

三、影响心理健康的因素

(一) 外部因素

1. 家庭因素　我们在多年的心理咨询工作中发现,大学生的各种典型心理问题和心理疾病，常常可以看到家庭影响的印迹，儿童早年形成的人格结构对以后的心理发展影响深远。家庭因素包括父母人格特征、家庭教养方式及人际关系等。例如，父母离异或父母一方死亡的单亲家庭、家庭教养方式不当、家人关系紧张和情感淡漠、父母外出打工的留守儿童、家庭生活中的重大变故等都有可能造成儿童早期的信任感和安全感的缺乏，随着心理发展会逐渐产生一种无助的性格，甚至自恋人格。他们难以与人相处，甚至心理行为异常。因此，家庭因素是影响个体心理健康成长的不可忽视的重要方面，尤其是个人早期的经验。

2. 学校因素　学校是学生学习和生活的地方，学校的环境包括文化环境、师生关系和同伴关系以及教育理念、教育方式和教育氛围。学校的环境优劣直接影响学生心理健康状况。多年来，应试教育导致学校单纯追求升学率，一味狠抓学生的考试成绩，忽视学生整体素质的培养和人格的完善的教育，致使学生心理素质不能适应进入大学或者社会应有的水平。他们单纯幼稚，意志力薄弱，独立性差，性格懦弱，挫折承受力低。进入大学后，随着学校环境的变化出现适应问题、学习问题、人际交往问题、恋爱及失恋问题、就业和创业问题、自我成长问题等，导致心理压力过大，情绪焦虑紧张，出现过度担忧、苦恼、彷徨、自卑，严重者导致心理疾病。

3. 社会因素　社会因素影响着人们态度的形成和改变。它包括社会制度、社会舆论、社会群体、社会交往、道德规范、风俗习惯等。在社会文化环境中，经济状况、价值观念与社会制度等也影响着大学生的心理健康状况。目前，我国正处于社会转型发展的巨变，生活节奏快，竞争压力大，价值观念多元化，无形中增加了人们的心理压力。而大学生又正处于生理和心理的不稳定时期，使得他们的心理活动更为复杂多变，压力感和紧迫感更为强烈，对心理健康的威胁也越来越大，容易导致心理失衡。此外，网络在它带来高效率的生活方式的同时，其负面的影响作用无疑也会对大学生的思想和行为带来消极影响，有可能造成大学生人际交往障碍、情感冷漠甚至网络成瘾，阻碍大学生身心的健康发展。

（二）内部因素

1. 生物学因素　生物学因素包括遗传因素、理化生物因素、躯体疾病等。

遗传因素的重要影响体现在父母遗传给下代的一些生理、心理素质。随着分子遗传学的发展，人类已经认识到基因可以影响人的行为。虽然心理活动不能遗传，但是基因在神经系统分化发育过程中的表达可以影响躯体、智力、气质、神经过程的活动特点，从而影响人的行为。例如，精神病、神经症等心理障碍具有遗传性，遗传使基因疾病的易感性从亲代传给子代。但是良好的后天环境对心理应激的调控可能减少和避免遗传疾病的发生。

理化生物因素可直接或间接损害人脑的正常结构和功能，从而引起人的各种心理问题。理化生物因素包括中毒、外伤、出血、肿瘤、变性、中枢神经系统的感染、营养代谢障碍和精神活性物质等因素。

当躯体疾病影响到脑和内分泌的功能时也可以引起各种心理障碍。例如，人体的内分泌紊乱、营养不良、代谢障碍、血液疾病、结缔组织疾病等损害人脑的正常结构和功能，引起人的心理疾病。

2. 心理因素　包括认知、情绪、意志和人格等方面。当代大学生面临多种选择的同时，也面对着多种压力和冲突，个体能够正确地认知压力、应对挫折，是一个人心理健康的重要标志。同样的挫折事件，不同的人会有不同的认识，产生不同的情绪，导致不同的行为。由于认知、情绪和行为的不同，最终的结果不同。原因不在于事件本身，而在于当事者对于事件的认知、评价和应对方式的选择，有无积极的情绪和健全人格。

大学新生刚步入学校时，由于心理发育不成熟，情绪不稳定，一旦遇到困难，时常会出现紧张、忧虑、恐惧之类的消极情绪。假如个体心理适应能力较差，又得不到及时的心理疏导，消极情绪得不到缓解和消除，必然会带来的负面影响，引发相应的心理疾病。

研究表明，某些人格类型是某些疾病发生的基础。例如，性格内向孤僻、狭隘嫉妒、过分自卑和自尊，或者性格急躁、冲动性大、固执、敏感多疑、自私贪婪，或者易偏激、喜钻牛角尖，或者不善于处理人际关系、爱虚荣、感情脆弱等不健全人格特点，如果不善于做心理调适，又不愿意求助，易罹患心理疾病。

3. 协同作用　上述各种因素既相互独立又相互制约，对于一个心理健康的人，往往需要各种因素协同作用，这种协同作用不是简单的相加，而是相互渗透、互相影响。因此，当一个人发生心理失调、心理障碍、心理疾病时，要充分考虑到各种因素的影响作用，逐一考察，全面正确地作出诊断，才能有效地进行心理调试和治疗。

第二节　大学生心理健康的标准

心理健康的标准是一种理想尺度，这些标准是在总结具有代表性的优秀心理品质特征的基础上建立起来的，具有相对性。人们的心理健康与不健康不是泾渭分明的对立面，而是一种连续状态，是动态变化的过程。心理健康的标准既为我们提供衡量是否健康的标准，又能为人们引领提高心理健康水平的努力方向。在许多情况下，异常心理与正常心理、变态心理与常态心理之间没有绝对的界限，只有程度上的差异。因此，我们要正确理解心理健康的标准。根据我国大学生的实际情况，大学生心理健康有以下标准。

一、智力正常

智力是人的观察力、记忆力、想象力、思考力和操作能力的总和，是人的一切心理活动的最基本的心理前提。大学生正常的智力体现在乐于学习，具有较强烈的求知欲，积极参与学习活动，充分发挥自己的智慧去学习知识、掌握技能、解决问题，并能充分发挥自我效能和创造力获得成就。

拓展阅读

快乐的学问

你改变不了环境，但你可以改变自己；
你改变不了事实，但你可以改变态度；
你改变不了过去，但你可以改变现在；
你不能控制他人，但你可以掌握自己；
你不能预知明天，但你可以把握今天；
你不可以样样顺利，但你可以事事尽心；
你不能延伸生命的长度，但你可以决定生命的宽度；
你不能左右天气，但你可以改变心情；
你不能选择容貌，但你可以展现笑容。

二、情绪稳定

情绪稳定是心理健康的重要标志之一。情绪稳定表现为情绪反应与周围环境相适应；善于控制、调节自己的情绪、情绪反应适当；主导心境愉快。大学生健康的情绪是积极愉快的情绪多于负性情绪，对生活充满希望，乐观向上，富有生机和朝气，能体察别人的情绪，能适当表达自己的情绪。

拓展阅读

心，主要指我们的情绪和思想。情绪要怎样才算健康呢？我们不要以为负面情绪就是心灵不健康的表现。当负面情绪来的时候，你对他的态度是什么。这才是问题的关键。

三、自我意识水平较高

自我意识是衡量个性成熟水平的标志，是整合、统一个性各个部分的核心力量，也是推动个性发展的内部动因。心理健康的人具有正确良好的自我意识，能够保持自我的和谐与统一；了解自我，接纳自我，体验自我存在的价值，自立自制，自我监督，根据客观环境需要控制自己，改变自己；能欣赏自己的优点，发挥长处；能看清自己的缺点，接纳不足；能自尊、自爱、自信、自强；不高傲自大，不过分苛求，不盲目攀比；善于调整自我，重塑自我，不断地超越自我；努力发挥自己的潜能。

四、人格和谐健全

人格和谐健全是心理健康的基础和核心要素。人格的各种特征不是孤立存在，而是有机结合成相互联系协调一致的整体。如个人的所想、所说、所做。大学生人格和谐健全表现在行为方式上，活泼而不轻浮，老练而不世故，多情而不滥情，稳重而不寡断，谨慎而不胆怯，忠厚而不愚蠢，老练而不世故，自信而不自负，自谦而不自卑，自尊而不自傲，自爱而不自恋。在行动上具有自觉性、果断性、坚韧性、自制力；面对挫折、厄运坚强而不固执，刚毅而不冷漠，理智而不犹豫，勇敢而不鲁莽。

五、人际关系和谐

心理健康的大学生拥有和谐的人际关系，乐于与人交往，善于交流和沟通，具有广泛而稳定的人际关系。在交往中尊重他人的习惯和表达方式，能够分享、接受和给予爱和友谊，能够包容和接纳他人。当遇到突发事件或者别人反对自己的意见时，能够冷静地与人交流，用幽默、恰当的语言使气氛变得活跃。即便是自己心情不好时也能控制自己的脾气，不随便向别人发火。

在交谈中能感受到对方内心，根据交往时的具体情况了解对方的言外之意。不论是同性朋友还是异性朋友，即使与长辈、老师或上级在一起时也能愉快相处，能用尊重、信任、友爱、宽容、理解的态度与人和睦相处，表现为不卑不亢。在群体中具有团队、合作、竞争的协调意识，保持和谐的人际关系。

六、社会适应良好

大学生应在不断变化的社会环境中获得成长和发展。在复杂多变的环境中，短期的不适、异常是在所难免的。在实践中要主动地与客观现实环境保持良好接触，面对各种不适应有效地进行心理调解，以有效的办法应对环境中的各种困难，才能适应和驾驭环境；当自己遇到困难，不知所措时，不能一味地希望别人帮助自己解决问题，而是要冷静地思考，细致地分析问题，大胆地尝试，控制自己的言行，以改变自己顺应环境或环境中的某些改变；同时，还要不断发展自己的适应能力，在学习和生活的实践中不断地选择和迎接挑战，从一个目标走向另一个目标。

七、心理行为特征符合生理年龄特点

大学生正值青春年华，是人生中精力最旺盛时期，与人生其他年龄阶段相比，思维敏捷，行动灵活，情感活跃，活力四射；他们行为的自觉动机也加强了在行为上朝气蓬勃，热情洋溢，反应敏捷，勇于探索，勤学好问。如果心理行为缺乏朝气，行动懒惰，精神萎靡不振，言行过于幼稚，遇事过度依赖，内心太过脆弱，就是心理不健康的表现。

第三节　大学生常见心理问题

一、正常心理与异常心理的区分

人的心理从“正常”到“异常”的变化，是一个由量变到质变的渐变过程，没有明确的严格的界限，所以人的心理及行为是一个相互依存、相互转化的连续谱。心理不健康是指一种持续的不良状态。偶尔出现一些不健康的心理和行为并不等于心理不健康，更不等于已患心理疾患。

衡量一个人是否健康，必须从生理、心理、行为等因素方面分析：生理上有没有器质性或功能性异常，心理上有没有主观不适感，行为上有没有大家公认的不健康行为。我们所说的正常，是指心理活动功能是正常的，所说的异常是指大脑结构、功能的异常，或者是人对客观环境反应发生内容错误和歪曲、思维的紊乱和反应速度异常，即典型的精神障碍。心理正常和异常就是标明和讨论“有无精神障碍”等问题的一对范畴。

区分正常心理与异常心理，一般要从以下三个方面界定。

1. 心理活动与外部环境是否具有同一性　是指一个人的思维、行为是否能够正确地反映外部世界，与外界客观现实有无明显的差异。

2. 心理过程是否具有完整性和协调性　是指一个人的心理活动中认知、情感、意志三个过程内容是否完整，是否协调一致。

3. 个性心理特征是否具有相对稳定性　是指一个人的气质、性格、能力等个性特征具有相对稳定性和个人行为表现的一贯性。“江山易改秉性难移”就是形容这种稳定性。当客观环境发生重大变故时，人的个性心理特征才会发生部分的变化。

二、大学生常见心理问题

大学阶段是人生的重要转折时期，处于第二断乳期，是人生心理问题的高发期。在这一时期大学生在通往人生道路上难免会遇到困难和挫折；他们在生理、心理和所处的环境都会发生新的不断的变化，如果不能适应这些变化，便会发生出各种不同程度的心理问题。所谓大学生心理问题，就是指所有各种心理及行为异常的情形。心理问题的类型有心理困扰、心理障碍和精神疾病。

（一）心理困扰

心理困扰是大学生成长和发展过程中的必然现象。如当遭遇挫折一段时间后，人会出现焦虑、抑郁、恐惧、悲伤、愤怒等情绪，呈现一种心理状态。这种状态并不是疾病，适度的情绪起伏是正常的，过一段时间这种情绪就消失了。对于这些困扰，绝大多数人会通过自我调适而自行解决。少数人由于长期压抑而导致心理障碍，由心理障碍而导致心理疾病。大学生中多见心理困扰，而心理障碍和精神病较少出现。大学生常见心理困扰一般表现在适应方面、学习方面、人际交往方面、恋爱与性方面、求职择业、自我意识发展方面和情绪方面的心理问题。

1. 适应问题　适应问题多见于大一新生。现代大学生普遍存在着自理能力、适应能力和调整能力差的情况，每个准大学生在他们进入大学校门之前，内心都有着对未来大学生活、学习环境的憧憬；而进入大学之后，映入眼帘的是现实大学环境与理想大学环境的落差。怎样面对这理想与现实的矛盾，是给他们提出的第一道适应的考题；他们中的大多数是首次远离家门独立生活，在生活中第一次要靠自己面对众多问题拿主意，第一次自己动手解决问题。这众多的第一次给每个学子带来不同程度的应激，当这种应激超过个体调节适应能力时，就会造成心理问题，出现失眠、食欲不振、注意力不集中等症状，严重者出现烦躁、重度焦虑不安、头痛、神经衰弱等表现。

2. 自我意识的困扰　进入大学阶段的大学生已经开始在脑海里设计自我的完美未来，意识到了“自我”，并注意到了自我的不完善性。因此，便产生出强烈的发展自我、强化自我、完善自我的需求。在社会现实中遇到不能克服的困难和障碍阻碍了“理想自我”的实现，就会出现理想自我与现实自我的矛盾；如果解决不当，就会在追求发展自我的过程中顾此失彼，无法达到期望的目标。

（1）自我评价偏差：有些学生因为没有考入理想的大学，心理深受打击而不能自拔。他们在日常大学生活、学习中常常会放大自我的劣势，对自我的优势却不以为然；在发展自我的校园生活中由于具有害怕暴露自己弱点的心理，在人群中常采取某种防御性心理，表现为时常独处，尽可能少与同学、老师交流；还有些人的心情被负性情绪所包围，如烦躁不安、敏感多疑、焦虑、恐惧、自寻烦恼等。但是大部分学生试图努力重新树立起自己的人生目标，重建被现实排斥的自我；但是也有少部分学生企图逃避与现实的矛盾冲突，消极、苦闷、颓废，不求上进，甚至反过来攻击现实；极少数学生整日里沉溺于网络、玩乐与放纵，甚至有个别学生出现自杀企图等心理问题。

（2）自我同一性混乱：努力形成和确立自我同一性是青年期的重要课题之一。自我同一性是指对自我存在意识的一种感受，即感受到一个实在的自我，一个与生活、与社会、与世界一体感的确实的自我。在这个过程中建立正确的人生观是十分重要的，个人需要完成对某种社会职业的选择，形成人生终生目标及其展望。在自我同一性的形成和确立过程中，部分学生会陷入混乱，产生心理问题。他们在多样的价值体系中很难找到自己的目标及人生观，也失去了自我，失去了生命的存在感，不知道自己究竟是什么，陷于苦闷、绝望甚至自杀的境遇中。

3. 人际关系问题　进入大学，学生们独立步入准社会群体的交际圈，每个人都想交到朋友，建立良好的人际关系，为将来进入社会做准备。

(1) 人际关系：主要包括教师与学生、学生与学生、学生与亲友等不同层次，但是以同学之间的关系最为重要。大多数学生愿意与自己学习目标和志趣相同的人交往，而且都能融洽相处。

(2) 人际关系问题：大多数学生都能经常与同寝室同学在一起，所以室友关系是人际关系问题的高发区。为什么呢？有些同学个性过强，以自我为中心，忽视同学们的感受，不能接纳别人的个性，不能包容别人的生活习惯，常常因一些日常琐事与同学发生矛盾和摩擦；有的同学由于个性不成熟，表现幼稚，常常感到交友失败，使自己陷入孤独之中；也有些同学因以往交往失败的经验，表现为自我否定，陷入苦闷与焦虑，甚至企图与其对抗，而深陷困境，因而产生心理问题；也有些学生总是担心自己给别人留下什么不好的印象，担心别人不喜欢自己，不接纳自己，不敢交往，在交往时总是谨小慎微，对同学或朋友的言语极其敏感，容易受伤；有的学生喜欢显示自己，哗众取宠，造成人际关系不良；有的人则是嫉妒别人，喜欢恶语中伤，进而互相猜忌、疏远；还有个别人因人际关系紧张，发生打架、斗殴现象，因而致残或致命事件偶有发生。

4. 恋爱与性心理问题

(1) 性心理问题：大学生性心理问题大致分为两类。一类是性心理困扰，见于婚前性行为、手淫、自慰焦虑、性恐惧、性压抑、性放纵。另一类是性心理障碍，包括露阴癖、异装癖、恋物癖等。一些大学生受西方“性自由”、“性解放”的影响，接受媒体不当宣传，当生理上的性饥饿感产生时性行为变得轻率，不顾后果，发生婚前性行为，甚至导致意外怀孕、生子。这不仅容易产生一些纠纷和严重后果，而且会带来心理问题，产生自我否定、不安、恐惧、焦虑和抑郁情绪，从而给当事人带来诸多的伤害，影响大学学习和生活。

(2) 失恋：有恋爱就有失恋。目前大学生恋爱现象已相当普遍，失恋现象也越来越多。但是当把失恋看成是极端严重的生活事件，便会一味地寻找自身过错，不但不能缓解失恋带来的痛苦，而且加重了烦恼和痛苦，表现为自我评估过低，学习、生活、人际交往等受到严重的影响，甚至因此造成焦虑、抑郁等诸多心理问题。

5. 学习困扰　我们总结多年来地咨询案例发现，在大学生心理问题中以学习问题最为显著。虽然多数人能认识到学习是大学阶段的主要任务，是体现个人价值的主要途径。但是对一些人而言，学习仍然是作为一项繁重的任务来完成的，特别是新生普遍存在学习适应不良，产生紧迫感和压力，克服学习适应不良的主要对策是适应角色，适应生活，培养大学生的学习能力。有些学生对自己学业成绩期望值过高，与自己实际学习能力不符，便会产生苛求自己、精神紧张、压力过大、自卑、自弃的困扰；还有一些学生缺乏学习动机，无学习目标，无学习兴趣，无成就感，被动学习，上课注意力易分散，感到学习疲劳；有些学生接受“高考失败者”身份，自卑心理严重，他们想学习好，但是又缺乏学习动力和具体行动，对自己的学习能力、学习习惯、学习方法没有正确的认知，内心空虚，学习拖延，考试焦虑；特别是那些对专业不感兴趣或因某种原因造成对学习产生对立情绪的学生，出现厌学心理、上课玩手机、睡觉等，由此造成抑郁、焦虑、强迫等诸多心理问题。

6. 就业压力的困扰　就业是即将面临毕业的大学生最为关心和忧虑的问题。面对巨大就业压力，毕业生都希望找到一份满意的工作，以便学以致用，充分发挥自己的特长，对工作报酬的高低，岗位和地区是否理想，自己家庭和恋人关系是否得到照顾等感到忧虑。特别是那些害怕竞争，不知如何选择职业的人会出现焦虑、急躁心理；一些对自己评价过低的毕业生在就业问题上也常因自卑心理造成一些好的就业机遇丢失；一些遇事缺乏独立分析、判断和抉择能力的毕业生在择业过程中往往缺乏主动性、计划性，有强烈的从众心理和依赖心理，致使丢失了最适合自己的就业机会。这个时期的毕业生易出现理想与现实的矛盾、就业与深造的矛盾、多重选择的矛盾，所以在这一阶段他们往往会发生大的思想波动，甚至会出现意料不到的问题。

（二）大学生常见心理障碍

心理障碍是指因生理、心理或社会原因导致一个人异常的认知过程、情感过程、意志行为过程，异常的人格特征及行为方式。这种心理障碍的病人没有能力按照社会认可的适宜方式行动，其行为的后果对本人和社会都是不适应的。

心理障碍的特点有：心理反应方式与常人不同；心理活动的外在表现与其生理年龄不相称；针对敏感的事、物及环境对象有强烈的心理反应，这种反应包括思维、信念及动作行为；对非障碍对象可能表现很正常。心理障碍对其社会功能影响较大，需求助于临床精神科医生。大学生常见心理障碍有神经症、人格异常和性心理障碍等轻度心理失调。

1. 神经症　神经症是一组非精神病功能性障碍。病人觉察到或体验到持久性的心理冲突，并因此而深感痛苦，妨碍到心理功能或社会功能，但没有任何可以证实的器质性病理基础。大学生真正的神经症并不太多，但有不少人存在有不良的情绪倾向，如抑郁、焦虑、强迫、恐惧等情绪状态，是神经症的易感人群。在心理咨询中心工作中，常见的神经症有焦虑症、恐怖症、抑郁症、强迫症，其中以焦虑、强迫症为最多见。

2. 人格障碍　人格障碍是在个体发育成长过程中因异传、先天以及后天不良环境因素造成的个体心理与行为的持久性的固定行为模式，这种行为模式偏离社会文化背景，并给个体自身带来痛苦，或贻害周围。常见的人格障碍有偏执型人格障碍、强迫型人格障碍、冲动型人格障碍、依赖型人格障碍、表演型人格障碍、焦虑型人格障碍等。

我们在多年的学校心理咨询工作中没有发现真正人格障碍，只接待过一些具有不良人格倾向的大学生。这些学生存在有幼年伤害经历的痕迹，他们到了青春期后特别是到了大学，人格异样开始显现。

他们均具有特殊的成长环境，如寄养、留守儿童、家庭暴力、离异家庭、父母不和、不当的教养方式等，导致学生的认知方式和行为（尤其在待人接物方面）偏离大学生群体，让周边的同学及教师感到异样。他们对学校纪律和规章制度的适应不良，并且明显影响他们的学习、生活和人际关系。其本人为此也感到痛苦。他们是人格障碍的易感人群。

3. 性心理障碍　性心理障碍的主要特点是性欲唤起，性发泄对象和性满足方式异于常态。我们在做心理咨询工作时仅接待过一些因手淫习惯而深感自卑、苦恼的学生，但是从未接待过其他性心理障碍。

（三）大学生常见精神障碍

精神障碍是指大脑机能活动发生紊乱导致认知、情感、行为和意志等精神活动不同程度障碍的总称。常见的精神病有情感性精神障碍、脑器质性精神障碍、精神分裂症、躁狂抑郁性精神障碍、偏执性精神障碍及各种器质性病变伴发的精神障碍等。

第四节　维护大学生心理健康

一、心理健康的自我关注

大学生心理健康教育的根本着力点要放在心理自助上，我们只有让学生学会做自己的心理医生，学会自我认识、自我调适、自我发展、自我完善，培养良好的自我意识，具有良好的适应能力，在交往中充满自信，不卑不亢，自尊自爱，赢得别人的喜欢和尊重，满腔热忱地积极工作努力学习，才能阳光自信，健康成长。

（一）掌握心理健康知识

1. 主动学习心理健康知识　正确认识心理问题，掌握心理问题的鉴别方法和常用心理调适方法，树立科学的健康观。

2. 积极参加实践活动　积极参加学校组织的各项活动，增加生活体验，丰富社会经验，从而提升自我发展的信心和能力，提升战胜挫折、稳定的情绪、解决问题和社会适应的能力。

3. 以科学、理智的态度对待心理问题　发现有心理困扰时，主动、积极、及时地到心理咨询机构进行心理咨询或心理治疗。

（二）积极自我心理调适

大学生主要的心理问题是心理困扰，而解决心理困扰的最有效方法就是积极自我心理调适。心理调适是自我认知和外部环境相互作用的结果，其中个体因素是发生适应变化的主要因素，而外界环境则是推动力和条件。“我们无法移动太行山，但是它不过来，我们可以过去”。大学生要学会正面思考，遇到挫折以积极乐观心态进行自我调适，释放心理压力，健康成长。

1. 树立正确的人生观、价值观　心理学研究表明，人的价值观念存在着很大的差异。积极的人生观和价值观，就是人生志向、理想的所在。如果我们每个人都能以正确的视角关注事物的积极方面，客观地认识不利因素，就能挖掘出自己特有的潜能，迎来事业成功的满园春色。这其中最重要的是以积极正面的心态去认知事物，即便是再艰苦的工作也能从中感受到人生的价值和快乐。大学生要通过社会实践活动、丰富多彩的第二课堂等多种途径来陶冶自己的情操，构建正确的人生观、价值观框架。

2. 正视自我、勇于接受现实　马斯洛在研究有关自我实现的实验时发现，心理健康的人对世界的知觉是客观的。他们能客观地看待生活的不如意，乐观的面对；他们也能够在现实中了解自己，按客观的情况正视自己、接纳自己；不仅能够接纳自己的优点，并且还能够坦然地接受现自己的缺点和不足。相反，心理不健康的人，他们对世界的知觉是主观的，他们不能正确认识自己、评价自己，表现出狂妄自大、目无一切，他们不能坦然地接受自己，以致出现自暴自弃、心灰意冷等。

3. 加强个性修养，培养积极心态　每个人的个性特征是不同的，从心理学角度来分析，即存在个体差异。不同的人有不同的性格特征，不同的性格特征有不同的积极因素和消极因素；但是有一点是相同的，即积极的心态能够促使大脑发挥其最大功能，促进内心力量的形成，挖掘出自身潜能，使人对生活更有信心，在人生的道路上获得成功的机会更多，而消极心态收获则相反。正面思考的能力、乐观向上的心态能够为我们的生活翻开新的一页。

4. 确立符合自己实际的理想抱负　心理障碍往往源于挫折，而一个人在心理上能否体验到挫折感，与他的理想抱负密切相关。自我抱负过高，失败的机会则愈多，更容易体验到挫折感。例如，两个人一门功课的考试成绩都是80分，甲同学原定目标为全班第一(95分)，而乙同学原定目标为60分，甲便有可能产生挫折感，而乙不但没有挫折感，反而会兴高采烈。因此，大学生在制定学习计划时不仅要考虑目标价值的大小，而且还要充分考虑自己的实际能力和实现目标的可能性。如果条件不具备，目标实现的可能性极小，即使是很有意义的目标也不应列入计划。

5. 注意建立良好的人际关系　想要建立良好的人际关系，大学生必须首先学会以善意的态度与人相处，而不是以敌意的态度待人；尊重别人，而不是强加于人；真心鼓励与赞美，而不是虚伪地恭维与奉承；友好地劝告与批评，而不是粗暴地讽刺与攻击等。遵循人际交往的法则，做到己所不欲，勿施于人，用别人的喜欢的方式与之交往。

6. 培养积极向上、健康乐观的情绪　人本主义大师罗杰斯曾以自己的亲身体会向我们阐明："我以亲身的体会可以证实，当你处于精神痛苦时，如果有人能听你诉说衷肠同时又不试图评判你，不替你承担责任，不打算改变你，你就会感到非常愉快"。因此，大学生学习心理学知识，情绪稳定并保持适度焦虑，热情乐观而具有真实的自信，培养办事果断、处事不惊的良好个性和乐观向上的心理品质。为自己负责，掌握情绪调节方法，握住自己快乐的钥匙，不期待别人使自己快乐，反而能将快乐与幸福带给别人。

7. 养成良好的学习生活习惯　人的生理、心理活动是有规律的。实践表明，过度的痛苦和悲伤容易使人消沉、自卑；狂喜狂欢容易使人高傲、麻木；长期超负荷的学习和工作容易使人产生畏惧心理。因此，大学生在学校群体生活中要时刻注意养成良好的学习生活习惯，学会有规律的生活。这不仅有利于大学生科学用脑，而且对于排除心理障碍、促进心理健康也是十分有益的。

8. 培养坚强的意志力　有些同学上大学是带着就业任务来的，一心向上，但是由于对所学专业没有兴趣，上课注意力很难集中，特别是听不懂时就放任自己，导致学习压力越来越大。这主要是意志力薄弱、缺乏自制力造成的。正确地认识自己，做好目标定位，加强学习方法指导，避免消极情绪的影响，对培养自制力来说是很重要的。

自制力不是随便几天就可以培养出来的，最大的难题就是懒惰！自制力的培养不仅仅是要从眼前或者直接因素上去自制，比方说你想学好医学，又没有兴趣，就很难坚持下去，总是强迫自己去学习，这样最多只能坚持三五天；但是只要你有决心，并且付出行动，时间久了，自制力慢慢地就培养起来了。培养意志力，首先要积极主动，不要把意志力与自我否定相混淆，当它应用于积极向上的目标时，将会变成一种巨大的力量。主动的意志力能让你克服惰性，把注意力集中于未来；在遇到阻力时，想到克服它之后的快乐；积极投身于实现自己目标的具体实践中，你就能坚持到底。

拓展阅读

美国罗得艾兰大学心理学教授詹姆斯·普罗斯把实现某种转变分为四步：抵制——不愿意转变；考虑——权衡转变的得失；行动——培养意志力来实现转变；坚持——用意志力来保持转变。

普罗斯对想改变自己又缺乏意志力的人说，可以在一张纸上画好4个格子，以便填写短期和长期的损失和收获。例如，假如你打算戒烟，可以在上面两格填上短期损失（我一开始感到很难过）和短期收获（我可以省下一笔钱），下面两格填上长期收获（我的身体将变得更健康）和长期损失（我将失去一种排忧解闷的方法）。通过这样地仔细比较，聚集起戒烟的意志力就更容易了。

许多人原先并没有认真考虑如何去对付香烟的诱惑，所以尽管试图去戒烟，但是却不能坚持到底。当别人递上一支烟时，便又接过去吸了起来。如果你决心戒酒，那么不论在任何场合都不要去碰酒杯。倘若你要坚持慢跑，即使早晨醒来时下着暴雨，也要在室内坚持锻炼。

实事求是规定自己目标，对无法实现的目标，最坚强的意志也无济于事，而且失败的后果会将最终使自己再试一次的愿望化为乌有。

二、学校心理健康教育工作

（一）积极开展心理健康教育

1. 建立心理健康教育与咨询中心，开展心理咨询与心理辅导工作，为需要帮助的同学提供心理服务与援助。建立心理预警机制，做好心理危机的预防与干预。

2. 心理健康教育进课堂，充分发挥课堂教育在心理健康教育中的主渠道作用，各高校开设心理健康教育必修课，系统地给学生传授心理健康知识与技能。

3. 开展丰富多彩的心理健康教育活动，寓教于乐，使学生在活动中接受教育，促其健康成长。如校园心理剧比赛、心理运动会、团体训练营、知识竞赛、有奖征文、心理电影周、知识讲座、社团活动、心理健康教育宣传月等学生喜闻乐见的活动。

（二）建立和谐校园，形成良好心理成长环境

1. 学生健康的心理状态是由学校良好的心理环境熏陶而成的。良好的校风、班风、学风有利于形成良好的心理环境。学校首先要利用校报、黑板报、广播站、橱窗、宣传栏、微信群、QQ群、网络平台等媒体手段开展广泛的心理健康宣传教育，进行思想品德教育，形成良好的校风、班风，优化学生心理品质，创建和谐校园。

2. 学校良好的心理环境是由学校良好的人际关系构成的。这主要反映在教师之间、学生之间、教师与学生之间的关系上，这些关系处理得当，就能形成团结合作、患难与共的凝聚力；如果这些关系紧张，就会造成彼此冷漠或敌视，甚至是幸灾乐祸、勾心斗角的耗散力，从而造成学生内心的压力、痛苦得不到正常排泄，为心理障碍的产生埋下了隐患。因此，建立学校良好的人际关系对促进心理健康有着不可替代的作用。

（三）家长的关注方式

中国式父母多是“儿行千里母担忧”，孩子上了大学远离家乡，父母如何关注孩子？关

注孩子什么？怎样才能不给他们造成心理压力帮助他们健康成长？这是十分重要的问题。

1. 关注内容　从关注学习成绩转变为关心学生健康与心理适应、成长进步上来。在心理咨询工作中，我们常常遇到因家长期望值过高而引起学生心理压力过大造成心理问题的学生。例如，他们不考虑学生现有水平，一味地对学生考试成绩、毕业后规划提出可望而不可及的要求。

2. 关注方法　从简单的家长式说教，改为朋友式的关注、倾听、讨论、建议；摆事实讲道理，以理服人。

3. 关注方式　由面对面交谈，增加电话、微信、QQ 聊天等方式。

拓展阅读

八招告别心理枷锁

1. 睡眠法　睡眠能通过缓解疲劳，降低坏情绪对人体的影响。越来越多的研究认为，做梦对缓解情绪障碍有着不可忽视的作用，无论这些梦醒来是否记得。美国芝加哥拉什大学罗萨林·卡特赖特说，如果你遇到的情绪问题不是非常严重，那就睡一觉吧，醒来就什么事都没有了。

2. 运动法　运动是缓解坏情绪最有效的方法之一，能帮身体分泌快乐多巴胺。研究发现，做家务等活动效果很一般，跑步、骑车、游泳等有氧运动才是最佳选择。建议坚持每周锻炼 5 次，每次 20 分钟。

3. 饮食法　美国芝加哥大学医学院心理学家邦妮·斯普林认为，碳水化合物是一种能使人平静下来的情绪食物。美国麻省理工大学科学家朱迪思·沃特曼进一步解释说，碳水化合物能促使大脑分泌一种神经递质，帮助人冷静并放松下来。

4. 暗示法　美国北伊利诺伊州立大学的研究发现，同样经历焦虑和抑郁，能主动发现积极一面的学生比只会哭着发泄的人能更快走出来。纽约合理情绪治疗研究所黛博拉·斯坦伯格说，想过得快乐很简单，就是多朝积极的方向想。每天早上出门前不妨对着镜子笑一笑，告诉自己我今天很快乐。

5. 颜色法　美国纽约颜色心理学家帕特里夏认为，颜色对情绪的作用就像维生素之于身体健康。如果你想控制愤怒，就远离红色；如果你想对抗抑郁，就别穿黑色或深蓝色的衣服，它们会让你情绪更差；如果你想缓解焦虑或紧张，就应该选择能让你冷静的颜色，如淡蓝色。

6. 音乐法　研究发现，听 10 分钟音乐就能让你的坏情绪得到缓解。有时候学唱首不熟悉的歌效果更好。

7. 呼吸法　美国治疗专家罗伊·玛蒂娜博士说，当你处于压力状态时，要放慢呼吸，同时尽量往后卷舌。这一方法能在数秒钟内平衡任何情绪。建议在情绪产生时，深呼吸并坚持 6 秒钟，等情绪平稳、思考能力恢复，就能做出正确的决定和行动。

8. 光照法　调亮环境光线有助于提升好情绪。美国心理健康研究中心研究发现，季节性情绪失调主要就是由于光照不足引起的。因此，让自己身处光亮的环境中，就能有效对抗不良情绪的干扰。

案例分析

陈辉(化名)是一所医学院校临床系的大专学生,来自农村,个子高高的,长得很帅,学习成绩也很好。他一心想好好学习,毕业以后进入一家大医院,来报答父母的养育之恩。但是一年半读下来,他产生一个悲观的想法:大专毕业进市级医院就业难,专科生毕业进县级医院就业难,只能到乡下开私人诊所;父母都是农民,供自己上大学已经很不容易了,哪有钱开诊所呢。他翻来覆去睡不着,怎么也想不到更好的就业出路,心里就像压了块沉重的大石头,压得他喘不过气来。这导致他出现了食欲下降,夜不能寐,唉声叹气,上课注意力无法集中,下课看不进去书。一向学习很好的他最终选择了退学,学校的老师、同学无不为他感到惋惜。

1. 分析与诊断　陈辉因就业压力过大导致不良情绪而退学。分析其原因:首先,就业问题与整个社会发展的形势、用人的需求、家庭的影响是分不开的。现在大学扩招,大学毕业的人多,与就业岗位不匹配,造成就业压力过大。其次,自我所定的就业目标过高。有一部分学生有读书为了改变家长生活水平的想法,一心想着将来怎样报答父母,此生给自己定了一个不太符合实际的目标。目标一旦实现不了,就会在心里产生很大的落差。不恰当的择业目标是学生因就业问题产生焦虑、抑郁等不良情绪的根源。

2. 调节对策

(1) 找准自己的位置,正确评价和认识自己,无论怎样,知足常乐是不变法则。不要好高骛远,要脚踏实地一步步走好自己的路。根据社会用人需求,改变就业定势,灵活地拓宽就业之路。

(2) 正确认识和评价自己,既要学会发现自己的优点,又要学会接受自己的缺点,做到与自己的缺点和谐相处是减少不必要的烦恼的重要手段之一。

心理电影

阿甘正传

电影名称:《阿甘正传》(Forrest Gump),首映时间:1994年。

电影《阿甘正传》改编自美国作家温斯顿·格卢姆于1986年出版的同名小说,导演罗伯特·泽米吉斯。阿甘(福瑞斯特·甘)是一个先天智障的小镇男孩,影片介绍了他在学校里为了躲避别的孩子的欺侮,听从一个朋友珍妮的话而开始“跑”。他因此而跑进了一所学校的橄榄球场,又这样因跑进了大学,并成为橄榄球巨星。在战争中又伴随着跑成为了英雄,受到了总统的接见。这是一个一生自强不息,发挥自己强项(“跑”),避开弱项(智力),在多个领域创造奇迹的励志故事。

图1-2 《阿甘正传》

评论与分析:影片《阿甘正传》是一部经典之作,它富有哲理地讲述了阿甘“奔跑”的人生、励志的人生。他面对命运的挑战，永远做自己最拿手的事“跑”。他不聪明，但是他从没担心过自己的智商只有75，只关注把自己所能做的事做到最好。他有一个积极的心态：“永远让生命充满希望”。他的不懈努力让他赢得荣誉，赢得财富和爱情。

我们观看这部影片就是要从阿甘奔跑前进的精神中明白人生哲理，那就是：无论现实多么残酷，只要你内心永远亮着一盏希望的灯，在生活中充分发挥自己的优势，接纳自己的劣势，努力做好自己能做到的事，那么我们的人生一定是辉煌的。

心理互动

一、我们有缘来相会

（一）活动目的：随机分成学习小组，扩大同学交往的范围。

（二）活动用物：扑克牌（据班级人数选择几副）。

（三）活动时间：约10分钟。

（四）活动过程：

1. 每个同学发一张牌，根据相同的点数或相同的颜色建立课堂活动小组，每组8~16人。

2. 小组成员坐在一起，自由交谈3分钟，推选出组长、讨论组名、小组口号、小组契约、违反规定的惩罚措施等内容，写在纸上。

（五）讨论分享：各小组组长代表小组发言，分享组名、小组口号、小组契约。

二、滚雪球

（一）活动目的：通过活动，使学生们相互认识，找到心理上的共同性，体验到被人关注和接纳的美好、真诚交流的快乐，消除由陌生带来的拘谨、不安全感和无助感，建立同学间的初步信任和团队的合作精神，以便尽快地适应新生活，为建立良好的班集体打下基础。

（二）时间：约10分钟。

（三）活动过程：小组成员围圈而坐。从其中一个人开始，每人用一句话介绍自己。一句话中必须包含三个内容：姓名、从哪个中学来的、自己与众不同的特征。规则是：当第一个人说完后，第二个人必须先重复第一个人的介绍，再介绍自己。第三个人一直到最后一个人，都必须从第一个人开始讲起。（这样做使全组注意力集中，相互有协助他人表达完整正确的倾向，而且在多次重复中不知不觉记住了他人的信息。）

（四）讨论分享：谈谈被同学关注和接纳的内心感受，和同学真诚交流的心情如何？

心理自测

大学生身心健康状况问卷（UPI）

指导语：以下问题是为了你的身心健康而设计的调查。请你按题号顺序阅读，在最近一年中你常常感到或体验到的项目上做“○”的选择，写在题号前。为了您顺利完成大学学业，身心健康地去迎接新生活，请您真实选择！

（请将想咨询的问题在答卷上注明）

1. 食欲不振		33. 身体忽冷忽热	
2. 恶心、胃口难受、便秘		34. 常常注意排尿和性器官	
3. 容易拉肚子或便秘		35. 心情开朗	
4. 关心心悸和脉搏		36. 莫名其妙地不安	
5. 身体健康状况良好		37. 一个人独处时感到不安	
6. 牢骚和不满多		38. 缺乏自信心	
7. 父母的期望过高		39. 办事畏首畏尾	
8. 自己的过去和家庭是不幸的		40. 容易被人误解	
9. 过于担心将来的事情		41. 不相信别人	
10. 不想见人		42. 过于猜疑	
11. 觉得自己不是自己		43. 厌恶交往	
12. 缺乏热情和积极性		44. 感到自卑	
13. 悲观		45. 杞人忧天	
14. 思想不集中		46. 身体倦乏	
15. 思想起伏过大		47. 一着急就出汗	
16. 常常失眠		48. 站起来就头晕	
17. 头痛		49. 昏迷或抽风	
18. 脖子、肩膀酸痛		50. 人缘好，受欢迎	
19. 胸痛憋闷		51. 过于拘泥	
20. 总是朝气蓬勃		52. 对任何事情不反复确认就不放心	
21. 气量过小		53. 对脏很在乎	
22. 爱操心		54. 摆脱不了毫无意义的想法	
23. 焦躁不安		55. 觉得自己有怪气味	
24. 容易动怒		56. 常觉得别人在自己背后说坏话	
25. 有时想轻生		57. 总注意周围人	
26. 对任何事都没有兴趣		58. 在乎别人的视线	
27. 记忆力减退		59. 觉得别人轻视自己	
28. 缺乏耐心		60. 情绪易被破坏	
29. 缺乏判断能力		61. 至今你感到自身健康方面有问题吗？	
30. 过于依赖别人		62. 至今你曾接受心理咨询与治疗吗？	
31. 为脸红而苦恼		63. 你有健康或心理方面想咨询的问题吗？	
32. 口吃、发音颤抖			

UPI 量表简介：UPI 是 University Personality Inventory 的简称，是为了早期发现早期治疗有心理问题的学生而编制的大学生精神卫生、人格健康调查表。该表 1966 年由日本的大学心理咨询专家与精神科医生集体编制而成。UPI 问卷的中文版 1990 年由清华大学樊富珉教授和王建中等翻译、修订，并于 1993 年在我国正式使用，目前已成为我国高校应用最为广泛的心理普查量表之一。

UPI 的 60 个问题中除 4 个测伪尺度（第 5、20、35、50）不计分外，其余 56 个问题做肯定选择的题记 1 分，否定选择的题记 0 分。测验完毕后得出总分。UPI 最高分为 56 分，最低分为 0 分。

课后思考

1. 你觉得某大学校园投毒案背后的心理原因是什么？
2. 如何维护心理健康？怎样做到自助助人？

第二章　心灵的港湾
——心理咨询与心理辅导

每当我得到人们的倾听和理解，我就可以用新的眼光看世界，并继续前进……这真神奇啊！一旦有人倾听，看起来无法解决的问题就有了解决办法，千头万绪的思路也会变得清晰起来。

——卡尔·罗杰斯

案例导读

李某，大二女生，身体健康，并担任寝室长。该生宿舍有六名同学，大家来自不同的地方，生活习惯不同，作息时间也不一致。其中三人经常晚上打电话，影响了另外三人的休息，大家非常不满，要求寝室长去管一管。李某便从中调解，试图说服三个晚上常打电话的同学，但是没有起到任何效果，他们三个依然我行我素，而且由于说得多了，三位同学对李某很有意见。李某夹在中间，管也不是，不管也不是，同学们还埋怨她，她自己觉得很苦恼，不知道该怎么做？

学习重点

1. 心理咨询的概念及原则。
2. 心理咨询服务的对象及内容。
3. 心理咨询的技术。

第一节　什么是心理咨询

一、心理咨询的概念、性质及特点

（一）心理咨询的概念

咨询一词，按字面来说，“咨”就是商量，“询”就是询问，二者合之，基本意义应是商讨、质疑的意思。心理咨询（counseling）是专业人员运用心理科学及相关学科的知识，对来访者的心理问题提供专业帮助，促进心理健康和个性充分发展的过程。

学校心理咨询是运用心理学的原理和方法，通过对学生提出的问题给予直接或间接的指导，提高自我认识、挖掘自身潜能，改变认知和行为方式，实现自我价值，促其健康成长的过程。

美国心理学家罗杰斯认为，心理咨询是一个过程，咨询员与来访者的关系能给予后者一种安全感，使他可以从容地开放自己，甚至可以正视自己过去曾否定的经验，然后把那些经验融合于已经转变的自己，做出整合。

(二) 心理咨询工作的性质

为了更清楚地界定心理咨询工作的性质，避免心理咨询的简单化、庸俗化或扩大化，特作以下区别：

(1) 心理咨询过程中涉及提供信息、资料，但仅仅如此，则不是心理咨询。

(2) 心理咨询会涉及某些法律、道德、思想意识等问题，只有这些问题引起了心理问题才与心理咨询有关。

(3) 心理咨询是人与人之间的交谈，但与日常交谈不同，是咨询师与求助者的深层交流。

(4) 仅仅收集求助者的有关资料，而没有针对性的指导，则不是心理咨询。

(5) 只有教导，视求助者为所教诲的人，则不是真正的心理咨询。咨询师更应重视倾听。

(6) 仅仅只是安慰，还不是心理咨询。咨询的重点是站在更高的层次上给予求助者以人生的启迪，使其能敢于面对自己和自己的感觉，并作出积极的行动。

(7) 咨询不是帮助解决问题，而是鼓励人自助。

(8) 心理咨询不为求助者做选择、做决定，应促使求助者自己负起责任。

心理咨询是一种特殊的助人职业，是人与人之间的心灵交往，是一颗心与另一颗心的交流，一种思想与另一种思想的沟通，一种经验与另一种经验的相遇，一种人格与另一种人格的碰撞。

(三) 心理咨询工作的特点

一般而言，心理咨询具有以下特点：

(1) 促使行为变化：改变来访者的不良行为。

(2) 提高来访者处理问题、发展机会和处理日常生活的能力。

(3) 提高决策水平：纠正来访者的认知偏差和减轻内心冲突。

(4) 改善人际关系。

(5) 发展来访者的潜能：全面认识自我、加强自我内省、增加心理自由、学会解脱等。

案例分析

咨询情景测验

下面这个例子是咨询师与来访者之间的晤谈实例。首先由咨询师讲，来访者叙述自己的问题，然后再由咨询师回答。你认为其中哪一位咨询师态度，最适当？

咨询师：请坐，你有什么事情？

学生：我今年是一年级，我想请教您关于下学期选课的问题。我不晓得下学期到底要选哪些课程。我请教过许多朋友，他们的意见都不相同，弄得我无所适从。因此，我才到这里来向专家请教。

咨询师 A:如果我没有听错,你好像是说,这个问题是需要请教别人的,换句话说,是你自己没有办法决定的问题,是不是?

咨询师 B:你到底是说要攻读哪一方面,或者是选修哪些课程?

咨询师 C:嗯,在你没有请教别人之前,你应该仔细想一想,自己要做什么,能做什么的问题。

咨询师 D:嗯,我想如何提高你的自律心要比选修哪些科目的问题来的重要。

咨询师 E:其他。

二、心理咨询分类

(一) 按心理咨询的规模分类

1. 个体咨询　是心理咨询的一种主要形式,通常是以一对一的形式进行,咨询师单独帮助来访者解决心理问题。优点是来访者顾虑少,沟通多,针对性强。

2. 团体咨询　是咨询师面对数个具有共同心理问题的人进行心理咨询的方式。人数没有固定的标准,一般以 10 人左右为宜。优点是面对面,便于观察、了解和指导;来访者可以互相影响,并且互相交流讨论,因而对不善于表达自己的来访者有益处。但其咨询的深度和准确性受到较大影响。

(二) 按心理咨询的形式分类

1. 面谈咨询　是一种常见的主要咨询形式,是咨询师与来访者一对一、面对面的咨询。面谈咨询便于观察来访者表情、动作、情绪反应等,从而做出准确的判断;这种咨询针对性较强,保密性好,了解信息全面,有助于建立良好的咨询关系;咨询师可随时根据反馈信息及时调整谈话方向,给来访者的具体问题提供有效的帮助。

2. 电话咨询　咨询师通过电话给来访者提供安慰、鼓励和支持的一种心理咨询形式。电话心理咨询具有便捷性、主动性、经济性等特点,也能对来访者的信息予以比较好的保护。但是,由于电话咨询无法直接观察到求助者的言谈举止,只能从电话声音中了解求助者的状况并给予帮助和指导,不利于深入地解决复杂的心理问题。

3. 网络咨询　咨询师运用心理学的原理和方法,通过互联网即时或非即时的互动,与来访者建立起一种自然、亲密的关系,并在此基础上提供具有心理咨询与治疗性质的各种心理服务。

随着网络技术的迅猛发展,网络心理咨询也越来越显示出其独特作用,尤其是在心理危机的预警作用方面更显优势。但是网络心理咨询也有其不足,如双方身份真实性不易识别,以及如何弥补咨询师不在现场所造成的影响作用不足,如何避免因信息交流不充分而引起的误会及投射作用等问题,这些都需要进一步研究和思考。

三、心理咨询的原则

(一) 保密性原则

保密原则是心理咨询的首要原则,也是建立和维系信赖关系的基础。保密原则是指在没有得到来访者允许的情况下,心理咨询师不得将来访者姓名及在咨询中所产生的一切内容泄露给任何人或机构,并拒绝关于来访者情况的调查。但是心理咨询专业保密是有例外的,心理咨询师在下例情况,通常无法继续保密:

(1) 求助者可能对自身或他人造成即刻伤害或死亡威胁时；

(2) 当个案企图危害公共安全时；

(3) 当个案行为涉及家庭暴力虐待儿童、老人等；

(4) 针对心理咨询师的伦理或法律诉讼；

(5) 求助者患有危及生命的传染性疾病时。

(二) 发展性原则

学校心理咨询师在心理咨询过程中，要以发展变化的观点看待来访者的心理问题；要善于用发展的眼光分析问题和把握问题的本质，并做动态考察；在解决问题和预测咨询结果上也要以发展的观点作出判断。

学校心理咨询师要用发展变化的观点看待来访者，相信每个人都有发展潜能，更多地启发、调动来访者自身的积极性、创造性，更多地关注人的发展。人的心理活动始终处在动态过程中，心理咨询也是不断发展变化的过程。

(三) 助人自助原则

心理咨询是通过人际关系，运用心理学方法帮助来访者自强自立的过程。要遵循助人自助原则，在心理咨询的过程中不仅仅帮助大学生解决正在面临的问题和困扰，更要以学生为主体，帮助其认识到产生心理问题的根本原因，掌握解决问题的方法，最终达到帮助其自我探索、自我成长的目的。

(四) 多样性原则

学校心理咨询遵循多样性原则，除了面谈这种常见的形式外，还有团体咨询等形式。另外，大学生可以根据自身需要，结合学校特点灵活选择电话咨询、信函咨询、网络咨询等多样化的心理咨询形式。

(五) 主动性原则

心理咨询只有在来访者主动寻求咨询师心理援助的基础上，才能获得问题的解决。因此，主动性原则是指咨询必须建立在来访者完全自愿的基础上，这是确立咨访关系的先决条件。没有咨询愿望和要求的人，咨询不会取得应有的效果。在学校心理咨询的过程中，大学生要积极主动地寻求心理帮助，坦诚地展现自己的问题，才能够更好地解决各种心理困扰。

(六) 积极聆听原则

积极聆听原则包括三个方面：一是在咨询过程中心理咨询师要全神贯注地倾心的听；二是不单听，还要注意思考，及时判断谈话是否合乎常理、合乎逻辑，及时把握关键点；三是在听的过程中不能随意打断来访者谈话并插入自己对谈话内容的评价。给学生充分足够的时间表达自己，并适当地表现出同情、理解和支持。在咨询中听比说更重要。

(七) 时间限定原则

心理咨询必须遵守一定的时间限制。咨询时间一般规定为每次 50 分钟左右，原则上不能随意延长咨询时间或间隔。一般情况下，咨询次数为一周一次或两次，这样可以使来访者在间隔期间充分回味咨询时的体验。因此，来访者要在咨询前做好充分的准备，梳理思路，以便充分利用咨询时间。

第二节　心理咨询能给我们带来什么

一、大学生心理咨询服务的对象

专业的心理咨询主要适用于人生各个阶段的健康人群。大学生要充分利用这一资源，促进自己的心理成长。大学生心理咨询的主要服务对象有以下三类。

第一类是健康人群。此类学生在现实环境中遇到一些问题，基本能够适应环境，并能主动寻求心理帮助。他们对自我能做出恰当的评价，心理状态保持动态平衡，心理正常，无精神异常，无明显心理冲突。如恋爱问题、性心理知识咨询、人际交往、寝室矛盾、适应问题、学习困难、个人发展性问题、就业问题等一般性心理问题。

第二类是亚健康的人群。此类学生心理健康状况欠佳，有一定心理问题，常因某种原因引起负性情绪困扰，并主动寻求心理帮助。他们对客观事物能够做出正确反应，受到生活事件的干扰陷入负性情绪状态，但是程度没有严重到神经症、精神类疾病或严重人格障碍，是心理正常、精神正常的人群。

第三类是特殊对象。特殊对象是指精神疾病病人、人格障碍和神经症病人的康复期。心理咨询服务适宜的主要对象是健康人群和存在心理问题的亚健康人群，不适合严重神经症病人和发作期、症状期精神病人。

案例分析

宋某，女，大一学生，家庭贫困，高中复读两年后考上了一所专科院校。入大学后的第一次期末考试前，自我感觉很紧张，经常头痛、失眠、手心出汗，学习效率下降。宋某十分担心，觉得自己是不是变笨了，害怕考不好，无颜回家见父母。宋某自己也知道，这种状态在第一次参加高考时就已经出现，尤其是第三次参加高考后更加严重，比如在重要的考试时，在等录取通知书时、在去大学报到时都会反复出现紧张、头痛、失眠等症状。宋某怀疑自己得了抑郁症，经过一番思想挣扎，她鼓足勇气走进学校的心理咨询室，寻求老师的帮助。

二、大学生心理咨询服务的主要内容

每个人在不同的年龄阶段会遇到不同的心理问题。青年人步入大学校园，将会面临学习、适应、人际关系、恋爱、择业、性心理、自我发展、负性情绪、压力及其应对等问题。面对这些心理问题，他们期待做出理想的选择，希望以自身能力的最大发挥，寻求良好的生活学习质量，顺利度过人生的这个阶段。

高校心理咨询有以下内容：

1. 教会来访者管理自己的情绪。善于调控情绪，适当表达情绪，避免消极情绪困扰及情感障碍，拥有积极稳定情绪，乐观向上。

2. 帮助来访者在各种活动中具有坚强的意志品质。提高行为的自觉性和目的性；面对困难和挫折果断采取合理的反应方式；调节情绪和行为；言而有信，坚决到底。

3. 教导来访者拥有正确的认知体系。及时发现引起学生心理困扰的原因，指导学生合理认知，避免因错误归因造成心理伤害。

4. 指导来访者建立积极进取的人生观，并以此为中心把自己的需要、愿望、思想、目标与行为统一起来，通过各种心理、行为和指导等方式对其人格进行影响和干预，形成完备统一健全的人格。

5. 指导来访者获得较强的适应能力。帮助来访者在学习生活中主动地适应和驾驭环境，获得充分的安全感；细心、客观地观察、分析现实环境，以正确认知，有效地应对战胜各种困难；在不断变化的社会环境中获得成长和发展。

6. 帮助来访者建立和谐的人际关系，学会以尊重、信任、友爱、宽容、理解的态度与人和睦相处；善于交流和沟通；用换位思考的方式解决矛盾和冲突；包容和接纳他人的个性和习惯；“己所不欲勿施于人”，用别人喜欢的方式给他们需要的关心和帮助。

7. 教会来访者正确客观地认识自我，摆脱自卑、自负、自恋、自闭，具有正确良好的自我意识，能够保持自我的和谐与统一。

8. 帮助来访者摆脱失恋、单相思的痛苦，学习用合适的方式表达爱、接受爱、拒绝爱。清醒地识别爱，学会幸福、长久地去爱，认识婚前性行为的危害及性心理知识。

9. 指导来访者做好职业生涯规划，在就业、择业方面提供职业咨询服务。

10. 矫治各种人格障碍和神经症。

11. 教会他们面对和处理成长过程中遇到的各种问题，帮助来访者度过人生各个阶段的危机，平安地完成各阶段的发展任务。

三、正确认识心理问题和心理咨询

首先，对待心理问题就应像对待感冒、发热等生理问题一样，坦然面对，不必大惊小怪。在成长的道路上，每个人都会或多或少地出现这样或那样的心理问题，这是正常现象，不必过分担心。其次，不要盲目地根据书籍、报纸、网上的描述“对号入座”，急于作出“诊断”，徒增心理烦恼。大学生的心理问题很难有心理障碍，大多属发展适应性问题。再次，要学会自我调节，在平常的学习生活中，要多学会和掌握一些积极的心理调适的技巧和方法，进行自我调节。如可以采用运动、放松、音乐等各种形式。最后，学会寻求帮助。当我们自己尽力调节，但是效果不理想时，就要积极寻求咨询师的帮助。

拓展阅读

背上的幸福

一个农民每天挑柴翻山越岭，去集市换取一天的口粮钱，并用剩余的钱供儿子上学。

儿子放暑假回来，父亲为了培养儿子的吃苦精神，便叫儿子替他挑柴去集市上卖。儿子挺不情愿地肩挑着柴禾翻山越岭，着实把他累坏了。只挑了两天，儿子就再也不挑了。父亲没办法，只好叹着气让儿子休息，还是自己每天挣钱养家糊口。

可天有不测风云，父亲不幸病倒了。这一病就是半个月，不能起床下地。家里失去了生计来源，眼看就要断炊了，儿子没有办法，便主动地挑起了生活的重担。

每天天不亮，儿子学着父亲的样子，上山砍柴，然后挑着去集市卖，可他一点也没觉得累。

“儿子，别累坏了身子！”父亲又疼又爱地看着儿子忙碌的身影说。

儿子这时停下手中的活儿，对父亲说：“真是奇怪，刚开始你叫我挑柴禾那两天，我挑那么轻的担子都觉得特别累，怎么现在我挑得越来越重，反倒觉得担子越来越轻了呢？”

父亲赞许地点点头，说道：“这是你身体的承受能力练出来了，更多的是你心理上成熟了，才让你有勇气去挑更重的担子，当然就觉得担子轻了！”

没有压力就没有动力，没有责任就没有发展。很多的快乐源于你敢于去承担责任，而不是源于你抛却使命。

第三节　心理咨询技术

一、心理咨询的程序

心理咨询的程序主要包括三个部分：咨询前的准备、咨询中的配合、咨询后的评估。大学生了解心理咨询的程序，有助于提高心理咨询的效果。

（一）心理咨询前的准备

1. 要减少不必要的担忧　心理咨询是一种帮助自己解决问题和挖掘潜能的有效手段，不必过分担心被人发现、说成“有病”、“不正常”，更不要害怕解决不了问题。

2. 来访者有求助愿望　这样有助于他们正视心理问题，积极配合咨询，主动充分地提供真实清晰的情况；有助于取得应有效果。敞开心扉，适度倾吐，本身就具有治疗作用。

3. 了解心理咨询的时间规定　每次咨询时间是有限的，一般而言，一次咨询约 50 分钟左右。咨询师使用的方法不同，次数也不固定，一般问题经过 1~2 次就会达到目的，有的问题则需要较长的时间。

4. 合理安排咨询时间　咨询时间需要根据自己的时间进行预约，预约后要准时到位，只有保证咨询时间才能达到咨询效果。由于学校需要咨询的人员较多，如果预约成功后，因特殊情况不能前来咨询，需要及时改约，更改咨询时间要提前联系咨询师，以方便另安排他人咨询。

5. 选择适合的心理咨询师　心理咨询前可以通过了解咨询师的咨询特点、咨询方式、风格、擅长处理的问题等，选择适合自己问题的咨询师。

（二）心理咨询中的配合

1. 要有自助意识　不要期望咨询师为你拿主意，“决策”什么具体问题。咨询师能做的事情是帮助你澄清事实，站在更高的层次上给予你以人生的启迪，使你敢于面对自己和自己的感觉，并做出积极的行动，为自己负起责任。

2. 建立良好的互动关系　建立相互信任、尊重的咨询关系是成功的开始。当事人不要过多地考虑和担忧讲话的方式与内容；心理咨询师具有为咨询者的隐私保密的责任，所以打开心扉，适度的开放，真情告白，畅所欲言，这有助于医生做出诊断和提供帮助。

3. 认真完成咨询作业　在咨询的过程中，为了改变来访者的问题或行为，咨询师会帮助来访者制定一些计划。不同的咨询阶段会有不同的实践作业，来访者应认真地完成，这样才能尽快实现咨询效果。

4. 要有耐心　心理问题的形成可能是很多原因引起的，不是一朝一夕的事情，所以问题的解决也需要一个过程。一般心理成长多呈螺旋式上升，行为改变会出现进步中的反复。

（三）心理咨询后的评估

1. 求助者对咨询效果的自我评估　来访者每一次或每一阶段咨询后的即时评估与反馈，通常包括来访者对咨询师反映的帮助性评价和满意度来表示，也有的用来访者的动机、体验水平等来表示。

2. 来访者改变自我、适应社会生活的状况　来访者应根据问题性质和目标要求，做定期的评估和反馈；通常包括来访者某些症状或总体状况的前后改变。如用作业法、自我报告法等进行评估，评估既要考虑到负面消极的心理是否减少，也要考虑积极心理反应有无增加。从正面和负面、消极和积极两个方面评估咨询效果较为合理。来访者应该与咨询师建立定期联系，及时向咨询师反馈咨询效果。

3. 来访者的家人、亲戚、朋友和同学、老师对其症状改善状况的评定。

4. 求助者咨询前后心理测量结果的比较。

5. 咨询师的评定。

心理咨询的终极目的是自助助人，把个人挫折、压力做为自我成长的契机，在挫折中认真反省，总结经验教训；端正认知角度，看到光明，看到希望；增强智慧和力量；充分发挥自身潜能，实现自我价值。

二、常用心理咨询技术

（一）接纳

接纳是心理咨询的一个重要技术。接纳的核心是理解，只有在理解的基础上才能实现对来访者的尊重和无条件积极的关注，才能建立良好的咨询关系。接纳不仅是一种技术和方法，而且还是咨询师的一种良好心态、合格职业理念的体现，是心理咨询师职业道德的基本要求，也是心理咨询职业活动的基本条件。

在心理咨询的过程中，心理咨询人员对来访者的接纳，不仅要通过文字来表达，更要注意语气和肢体语言的运用。咨询师应扮演好观察者、理解者、支持者、引导者等角色，协助求助者的自我探索，促进其人格成长和心理成熟。同时，接纳不是要求心理咨询师放弃个人的信念与价值观，而是要学会兼容并蓄，学会从他人的角度思考问题，学会在不放弃个人信念与价值观的条件下接受他人的信念与价值观，以便更好地体验其感受，把握其思路，做出由衷的同感反应。

（二）倾听技巧

1. 概念　什么是倾听？倾听的概念有狭义和广义之分。狭义的倾听是指凭助听觉器官接受言语信息，进而通过思维活动达到认知、理解的全过程。广义的倾听包括言语、文字交流等方式，其咨询师是听者，而来访者是倾诉的主体者，两者通过诉说和倾听了解问题，宣泄情绪、排解矛盾。咨询师的倾听不是简单地用耳朵来听，而是要用心听，要真诚、虚心、耐心和善意地听，以求达成交谈者双方思想一致和感情的通畅，并在听的基础上为来访者排忧解难。因此，倾听是尊重与接纳的化身，属于有效沟通的必要部分，它既是技术也是一门艺术。

倾听技术是心理咨询的先决条件，也是关注技巧的关键；是心理咨询的核心任务之一。在心理咨询的会谈中，所谓“倾听”，不仅仅是听听对方的谈话而已，而是咨询师借助言语的引导，真正“听”出对方所讲述的事实、所体验的情感、所持有的观念等。这种特殊的引导或说治疗者的这类话语的采用，就是我们这里所要谈的注意倾听的技巧。美国学者艾伦·艾维曾在《心理咨询的技巧和策略》一书中列举了有关言语引导的倾听基本技巧，这些技巧包括开放式问题、封闭式问题、鼓励、说明、对来访者感情的反映和总结等。倾听不是被动的、消极的活动，而是积极主动的活动。

2. 倾听的分类　柯特勒认为，倾听可分两种：

(1) 被动式倾听：是用点头、微笑、注视、坐姿等和有限度的语言（如“唔”、“是的”、“我明白”等）向来访者表示，咨询师正在留心倾听你讲话。

(2) 主动式倾听：是心理咨询师用主动的方式使来访者明白咨询师正在用心倾听。

倾听意味着学会沉默，学会全神贯注，并学会设身处地地去体验受来访者的内心感受并做出富于同感的反应。

在咨询过程里，倾听包括五个条件：不批评、不判断、尊重、敏锐、以对方为中心。在运用倾听的技巧时，咨询师要注意谈话中言语和体语的配合，让来访者感觉到你愿意听他讲话。要做到真正了解来访者的看法和处境，就要做到对来访者的谈话不批评、不判断，鼓励他们多讲话，做深层次的表露。咨询师应以对方为中心，注意从来访者的角度来感受他们讲话时的内心体验。

三、常用心理疗法

（一）认知疗法

认知疗法（cognitive therapy）是在二十世纪六七十年代发展起来的一种心理疗法。认知疗法是通过改变人的认知过程中所产生的观念来纠正本人的适应不良的情绪或行为。常采用认知重建、心理应付、行为试验等技术进行心理辅导和治疗，其中认知重建最为关键。它主要把着眼点放在病人非功能性的认知问题上，试图通过改变病人对已、对人或对事的看法与态度来改变所呈现的心理问题。主要心理治疗方法有合理情绪治疗、贝克认知治疗、认知行为矫正法等。

（二）行为治疗

行为治疗（behavior therapy）又称为行为矫正或学习疗法，是根据行为学习及条件反射理论，消除和纠正异常，并建立一种新的条件反射和行为治疗方法。常用的有系统脱敏疗法、冲击疗法、厌恶疗法、放松训练等方法。

（三）家庭疗法

家庭疗法（family therapy）又称家庭治疗，是以家庭为对象实施的团体心理治疗模式，是从家庭系统角度去解释个人的行为与问题。家庭疗法运用各种方法通过改善病人的家庭环境，如改善家庭成员中人与人之间的关系，纠正家庭中某些人的不正确的言谈举止，以达到最终解决病人心理问题的一种疗法。此疗法流派众多，其中最为著名的是系统式家庭治疗和结构式家庭治疗。

（四）人本主义疗法

人本主义疗法（humanistic therepy）又称咨客中心疗法，是美国心理学家卡尔·罗杰斯所创立的一种心理疗法。该疗法基本特点有三个：以病人为中心；把心理治疗看成一个转变过程；是非指令性技巧。人本中心疗法已成为所有心理咨询和治疗的基本态度。

（五）沙盘游戏治疗

沙盘游戏治疗（sandplay therapy）又称箱庭疗法，是由瑞士心理学家多拉·卡尔夫结合荣格分析心理学原理和游戏疗法发展创立的心理分析专业技术。沙盘游戏治疗是来访者透过主动想象和创造性象征游戏，在沙盘内使用或不使用沙具创造一个场景，搭起了一座从潜意识到意识，从精神到物质以及从口语到非口语的桥梁，从而激发的治愈过程和人格发展，是一种深度心理治疗方法。

（六）焦点解决短程心理咨询

焦点解决短程心理咨询（solution-focused brief therapy，SFBT）是指以寻找解决问题的方法为核心的短程心理咨询技术。运用此方法，咨询师不探讨事件发生的原因，亦不积极催化来访者情绪的宣泄，以避免来访者深陷困境或扩大悲伤和胶着的痛苦感。它重视人生命的正向积极面，强调肯定和鼓励来访者，着重探索来访者内在资源和引导来访者学习以建设性的新眼光重新诠释生活中的困境、失落和创伤，通过协助来访者提取过去成功经验中的要素，来增强来访者解决问题的信心，并建立具体可行的行动。

（七）团体心理治疗

团体心理治疗（group psychotherapy）又称集体心理治疗，是一种行之有效的心理治疗方法，是指由1~2位治疗者主持的以集体为对象的心理治疗。治疗者运用各种技术并利用集体成员间的相互影响，以达到消除病人或来访者的症状并改善其人格与行为的目的。这种方法优点是省时省力，有利于发挥集体的力量来产生积极效应，对于促进团体成员的人际交往有很好的作用。团体治疗可分为活动团体、支持性团体、问题导向团体、动力取向团体四种。

（八）心理剧疗法

心理剧疗法（psychodrama therapy）是西方最负盛名的团体心理治疗技术，创始人是雅各·莫雷诺（1889—1974）。心理剧疗法是一种通过想象、本能的冲动、躯体行为以及各种戏剧性的方法来探究众多心理问题的疗法。剧情是来访者的生活在舞台上再现，而来访者是剧作者。来访者通过在心理剧中扮演过去、现在或将来生活情境中的角色，获得对自身问题更加深刻的体验，得到情绪上的宣泄并且逐渐掌握一些行为技巧，从而改变自己以前的行为习惯。

（九）叙事治疗

叙事疗法（narrative therapy）是后现代心理治疗方法，是20世纪80年代由麦克·怀特夫妇和大卫·艾普斯顿在家庭治疗的实践中发展出来的一种疗法。它秉持“人不是问题，问题才是问题”、“每个人都是自己生命故事的专家”、“意义并非事先存在，而是由我们透过交流的交互作用创造新意义”等理论假设，摒弃病理化的观点和咨询师作为专家的角色，带着好奇、陪伴、放空、合作的态度，与来访者一起探寻生命故事中那些从未被发现和叙说支线故事和特殊意义世界。叙事疗法可以让当事人的心理得以成长，同时还可以让咨询师对自我的角色有重新的统整与反思。叙事疗法被誉为“最新而又潜力无穷的”后现代心理学的一枝独秀，具有操作性强、效果显著等特点。

（十）积极心理疗法

积极心理疗法（positive psychotherapy）是1968年由诺斯拉特·佩塞施基安在德国创建。它提倡心理治疗应把自己的注意力集中在增进和培养人自身的各种积极力量上。倡导用一种积极的心态来对个体的心理或行为问题做出新的解读，并在此基础上通过激发个体自身的内在的积极潜力和优秀品质来使个体成为一个健康人。其核心是让病人自己通过累积或发展自己的积极力量来达到摆脱心理问题或者是抑制心理问题的产生。积极心理治疗有一个预设：病人同时具有生病的能力，也有保持健康的能力，治疗者的根本任务是激发和巩固病人获得和保持健康的能力，而不仅仅是消除病人存在的问题。积极心理治疗丰富了积极心理健康的内涵，为确立积极心理健康教育奠定了实践基础。

（十一）危机干预技术

危机干预（crisis intervention）主要应用三类技术：沟通技术、心理支持技术和干预技术。

在学校的心理治疗中，除了上述介绍的一些常用的疗法，还有一些其他的方法，如通过音乐、绘画、赏花、读书等活动进行心理治疗，不仅有益于陶冶情操，舒心爽志，而且能自然地将压抑在心头的感情发泄出来，调节精神，改善症状，加快恢复健康，从而达到调节心理和行为的目的。

心理电影

心灵捕手

电影名称：《心灵捕手》（Good Will Hunting），首映时间：1997年。

电影《心灵捕手》是一部励志剧情电影，由格斯·范·桑特执导，罗宾·威廉姆斯、马特·达蒙等主演。影片讲述了一个名叫威尔（Will Hunting）的麻省理工学院的清洁工的故事。威尔在数学方面有着过人天赋，却是个叛逆的问题少年，在教授蓝勃、心理学家桑恩和朋友查克的帮助下，威尔最终把心灵打开，消除了人际隔阂，并找回了自我和爱情。

评论与分析：《心灵捕手》是教育励志类题材的影视，也是一部心理咨询、心理治疗的感人案例，影片以威尔心理成长路程，细腻地展示了心灵受创后的治疗与重建过程。从威尔的心理成长故事我们可以了解到，当我们每一个人有了心理问题并不可怕，只要积极主动地寻求心理帮助，咨询师会真诚地运用医学心理学的理论和技术帮助你度过难关，走出沼泽，迎来春天。但是在心理咨询与治疗过程中，除了咨询师陪伴、帮助，最主要的还是来访者自身的努力和积极配合。这是一部很完美的助人自助的成功案例，相信观赏后会给你带来耳目一新的感觉。

图2-1 《心灵捕手》

心理自测

大学生心理求助态度问卷（ATSPPHQ）

指导语：请认真阅读每个题目，根据您赞同或不赞同的程度，从每道题后面的认可程度中选择一个您认为最恰当的感受，并在相应的数字上打“√”。请勿漏选。所有的答案没有对错之分，只要您根据自己的理解如实填写就可以了。

题号	题目	完全不赞同	不太赞同	难以确定	基本赞同	完全赞同
1	我认为无论出现任何心理问题都应该由自己解决 *	1	2	3	4	5
2	如果我去找咨询师谈论私人问题，我担心一些个人隐私会泄露出去 *	1	2	3	4	5
3	寻求专业帮助的人常被认为是脑子有毛病 *	1	2	3	4	5
4	心理求助是一种积极的应对方式	1	2	3	4	5
5	心理问题会像其他问题一样随着时间推移而自动消失 *	1	2	3	4	5
6	寻求咨询师的帮助表明我没有能力处理自身的问题 *	1	2	3	4	5
7	只有在心理问题比较严重而自己又无法解决的情况下，我会考虑求助于咨询师 *	1	2	3	4	5
8	很难想象我的问题会严重到要去寻求心理帮助的地步 *	1	2	3	4	5
9	遇到心理困扰去找咨询师求助是缺乏自信、懦弱的表现 *	1	2	3	4	5
10	我认为寻求专业心理帮助可以缓解消极情绪、减轻心理负担	1	2	3	4	5
11	我宁愿忍受某些心理冲突，也不愿经受心理咨询的痛苦折磨 *	1	2	3	4	5
12	有些事情跟家人和朋友不方便说，找咨询师倾诉一下是最好的办法	1	2	3	4	5
13	如果我曾经在咨询中心求助过，我不会认为这是不可告人的秘密	1	2	3	4	5
14	心理咨询可以帮助人更全面地认识自己，增强自己的适应能力	1	2	3	4	5
15	我讨厌那些想了解我个人问题的人，无论他是否受过专业训练 *	1	2	3	4	5

续表

题号	题目	完全不赞同	不太赞同	难以确定	基本赞同	完全赞同
16	如果别人咨询我有关心理健康的问题，我会推荐他去寻找专业心理帮助	1	2	3	4	5
17	寻求心理帮助会受到同学们议论和轻视，有损自尊心 *	1	2	3	4	5
18	如果我确认自己患有心理障碍，我会主动寻求专业人员的帮助	1	2	3	4	5
19	心理咨询可以帮助人更好地开发自己的潜能	1	2	3	4	5
20	我身边一些人通过心理咨询与治疗获得了帮助	1	2	3	4	5

计分时先将带 * 的 1、2、3、5、6、7、8、9、11、15、17 这 11 项反向计分。第 1 个因子分是将第 4、7、10、14、19 项的得分相加求和；第 2 个因子分是将第 1、5、8、11、15 项的得分相加求和；第 3 个因子分是将第 3、6、9、13、17 项的得分相加求和；第 4 个因子分是将第 2、12、16、18、20 项的得分相加求和。总分 = 因子 1 得分 + 因子 2 得分 + 因子 3 得分 + 因子 4 得分。总分为 25~125 分。得分越高表明该学生的专业心理求助态度越积极。

心理互动

穿越情绪的风暴

（一）活动目的

让学生体验穿越情绪的感觉，掌握自我放下负性情绪的要领和技巧，学会释放强烈的害怕或愤怒等的情绪，懂得根除痛苦之道。

（二）活动时间：约 30~40 分钟。

（三）活动过程

有些很简单的方法可用来照顾强烈的情绪，其中之一是“腹式呼吸”。

1. 准备练习

当我们被强烈的害怕或愤怒等情绪困扰时，应对的方法就是将注意力集中在下腹部。如果此时你仍不停地思考，将是非常危险的，情绪就如一场暴风雨，而你正站在暴风雨中央，这是何等危险啊！但大多数人都习以为常，停留在烦恼上让情绪淹没。我们无需如此，而要将注意力往下放，才能根除痛苦。要专注在腹部，练习念念分明地呼吸。可以或坐或躺着练习，将全部的注意力放在呼吸的起伏上。

2. 引导注意力练习

当你看着暴风雨中的大树，就会发现树梢是最不稳固且脆弱的，细小的树枝随时都可能被巨大的狂风摧折，但若往下看粗壮的树干，就会看到完全不同的景象——树依然屹立，能抵达暴风雨。我们就如一棵树，头部正经历一场情绪的风暴，所以要将注意力往下置于丹田。

3. 腹部呼吸练习

开始练习念念分明地呼吸，完全专注在呼吸与腹部的起伏上。这样的练习非常重要，可帮助我们认识到，虽然情绪如此强烈，但是一段时间后便消失了，并不会永远停留。如果每逢艰难的时刻，都能以这样的方式训练自己，便能安然度过这些风暴。

你必须认识到，情绪只是情绪，它来了，停留一会儿便走了。为何要为这样的情绪而纠结呢？除了情绪外，生命里还有其他值得珍惜的事物。请牢记这点，当你面临危机时，保持觉醒的心继续练习呼吸，情绪一定会离开。等你成功地做过几次之后，就会对自己与这样的修行方式更具信心。让我们停止把自己困在无名的念头与感觉中吧！让我们将注意力转移到下腹部与呼吸上吧！不用害怕，风暴终将过去。

（四）心理体验分享。

分组讨论分享自己放松后的心理感受。

第三章　适者生存
——适应是大学生活的起点

明白事理的人使自己适应世界；不明事理的人想使世界适应自己。

——萧伯纳

案例导读

一位来自偏远农村的大学生，从小学到中学阶段一直保持优异的成绩。上大学后，由于远离了家庭，又不善于和身边的同学交流，经常感到前途渺茫，孤独难耐。于是他试图通过上网聊天甚至逃课回家等举动来维系自己以前的生活状态。“我现在非常讨厌我自己，因为我找不到任何的快乐。没有了明确的奋斗目标，也失去了学习的动力。上课没精神，下课也是浑浑噩噩，生活过得空虚而没有希望。希望老师能够帮帮我，帮我找回以前的我。”

从这个案例可以看出，该同学由于不适应大学里的生活和学习，不能主动积极地适应身边环境的变化，导致出现一系列不良的心理和行为，由一个积极的人变成消极的人，成为心理健康教育所需要关注的对象。

学习重点

1. 大学生适应的概念。
2. 适应与发展的关系与意义。
3. 大学生适应的七个维度。
4. 大学生适应不良的心理调适。

第一节　适 应 概 述

一、适应和发展的概念

(一) 适应的概念

所谓适应，是指生活在一定环境条件下的个体受周围环境的影响不断地调整自我身心状态，使身心与现实环境保持和谐一致，从而达到认识接纳环境、改造环境、发展自我的目的。

人生是一个不断使自己适应环境的过程。每一个个体从中学到大学，从大学进入社会，每一次经历的生活环境改变都是一种适应，都需要不断地去适应。适应使个体在与环境的关系中达到一种动态的平衡。个体根据环境的变化，不断改变自身的生存状况，处理好与环境之间的关系，才能适应环境。人与环境的适应通常有两种方法：一是人改变自己，一是改变环境。一般来讲，是人选择环境，这就需要人对自己做必要的调整来适应环境。从一定意义上说，个体只有在对环境适应时，个体的各种需要才能得到满足，从而更好地实现自我的成功发展。

（二）发展的概念

所谓发展，是指个体的身心功能和品质伴随着自身的成长需求而积极变化的过程。在个体的实践活动过程，个体的生物系统、环境系统、原有的心理系统和调节系统之间相互作用并促使个体自身的认知、情感、能力和社会性等方面不断获得完善和成长。人属于社会性动物，社会性是人的本质属性，所以个体在实现个人发展的过程中，不仅需要与他所生存的自然环境相适应，还要与社会环境及其环境的不断变化相适应。同时，人在发展中往往表现出较强的自主性、能动性和创造性，也就是说，个体可以通过发挥自己的主观能动性促进自身的发展。

二、适应与发展的关系

适应与发展之间是紧密相关、密不可分的。从主动性上，人们对环境的适应分为积极的适应和消极的适应。

第一，积极的适应是一种健康的适应。它包含两层含义：一是环境中的个体通过主动采取某些行为去顺应环境或环境中的变化；二是个体可以与所在环境持续的选择和抗争，通过一个个目标的实现，最终实现发展的适应。

第二，消极的适应是人与环境消极的互动过程。在这个过程中，个体压抑自身的积极主动性，放弃了自身的潜能，选择认同、顺应环境中的消极因素而不做任何努力和改变。如有的大学生一旦在人际交往中遭受了挫折，选择封闭自己，尽可能少地与他人交往。

因此，发展是人对环境的积极的适应。每个个体内部都存在着无限的潜能，我们所处的环境只是潜能发展的条件，而非必要条件。不要把自身发展的好坏完全都归结于环境。个体发展重要条件是个体的积极实践和发挥主观能动性的有机结合。个体将个性中的积极因素和环境中的有利因素统一于自身能动的实践活动中，个体便实现了积极的适应。

三、适应对大学生发展的意义

“良好的开端等于成功的一半”。经过高考的洗礼，带着喜悦和希望走进了向往的大学生活，但是大学阶段和中学阶段诸多的不同，这令很多大学新生无所适从，不能适应大学的生活。有的甚至半年一年，更有甚者大学三年过去了，留下很多的遗憾。反之，大学生具备良好的的适应能力，不仅可以通过参加学校各种社团、社会实践活动等更好地锻炼和发展自己，而且为以后走向社会奠定了坚实的基础。因此，良好的适应能力对大学生的发展有着重要的意义。

（一）良好的适应能力有助于实现角色转换

大学新生对未来的生活充满着憧憬，但当他们走进真实的大学课堂和生活才发现，大学与中学不同的生活环境、教育模式和人际关系使他们面临着新的考验。大学新生具备良好的适应能力可以在较短的时间内，不断调整自己、转变自身角色，实现对自己的重新定位，在心理适应期内，尽快实现新生角色的转变，顺利适应大学生活。

（二）良好的适应能力有助于健康全面成长

大学生健康全面发展主要指大学生在良好的社会和学校环境内，通过自身的努力，在沟通技巧、为人处事、知识学习、接受失败、融入社会等方面的能力的健康发展。

大学新生具备良好的适应能力，能够有效激发个人的潜能，促进个人健康全面成长。一方面，大学新生的学习适应能力有助于新生掌握正确的学习方法，提高缩短适应期，提高学习成绩，树立正确的人生观和生活学习观；另一方面，有助于大学新生树立良好的心态，及时完成心理适应转变，迎接新环境和新生活的冲击。

（三）良好的适应能力有助于融入社会生活

社会变化与发展是瞬息万变的，大学生要想在毕业之后在社会上占有一席之地，最根本的就是要进入“社会大熔炉”之前，在大学里理解并掌握未来社会生活必备的素质——专业技能扎实、良好的沟通能力、踏实认真的责任意识、接受新事物的能力等。良好的适应能力有助于大学新生在最短的时间内完成心理的蜕变，缩短大学生对社会环境适应的时间。大学新生适应大学生活后，要注重从细节做起，从点滴积累，完成专业知识的积累，不断磨练自己的社会适应能力，提高自身的抗压能力，使大学生能够拥有比较强大的心理素质，为今后适应高强度的社会生活压力奠定良好基础。

第二节　大学生适应的维度及适应不良

一、大学生适应的维度

适应是个体人生历程中的基本任务之一，也是每一位大学生面临的重要课题。对于大学生而言，进入大学校园意味着新角色的承载，面临着新的环境、新的任务和新的困难。因此，大学生需要面对社会要求及变化了的学习、人际关系、校园生活、情绪、择业、自我适应以及满意度等维度不断调整其心理与行为反应，以达到与新环境的和谐。

（一）人际关系适应维度

人际关系是人们为了满足某种需要，通过人际交往形成的彼此之间比较稳定的心理关系。研究表明，良好的人际关系有助于促进大学生形成正常的心理和人格，保持身心健康。人际关系适应就是人面对发展变化的交往环境及心理关系做出相应的心理和行为的调试，期望达到交往环境平衡的目的。因此，大学生了解人际交往的基本理论，学习人际交往的技巧和艺术，树立端正的人际交往的动机和积极的人际交往观，这是大学生发展自我、培养与他人合作与沟通的重要途径。

（二）学习适应维度

学习适应性是指学生能够正确地对待学习，保持适当的学习动机，掌握科学的学习方法，取得预期的学习成效等综合学习行为过程，是衡量学生对学生角色的适应，对学习职责的承担以及对学习效果的获得等学习适应状况的重要指标。学习是大学生活的主旋律，学会学习，主动汲取知识，提高自己的学习能力，树立终生学习的观念，是大学生在学习中应培养的必备能力。

（三）校园生活适应维度

由于高中阶段与大学阶段诸多方面的差异，大学新生生活出现不适应是一种普遍现象。这是由两个方面的原因造成的，一是大学新生自身心理上的不成熟导致的。大学新生多未成年，面对生活中出现的难题思考不全面，出现偏颇等是不可避免的；二是家长的重智力轻能力的教育理念导致的。在高中阶段，家长为了升学的需要，往往只重视子女智力方面的培养，忽视了其独立生活能力的培养，造成很多新生进入大学后不能独立的解决生活中的矛盾。因此，大学新生面对众多生活中各个方面的变化，要主动改变原有生活方式来适应大学阶段的生活即生活适应。

（四）择业适应维度

择业是大学生走向社会从而实现自我价值的起点，也是实现从学生向社会生产劳动者转变的桥梁。从“学生”到“职业人”的过渡过程中，大学生面临着适应新环境，重建新的人际关系和规则等新的问题即择业适应问题。因此，一方面大学生了解社会发展的趋势及其对人才的需求，通过分析自己兴趣与特长，了解自己的个性特征与综合素质，提高自主择业的能力；另一方面，积极挖掘自身的潜力，努力完善自身的心理素质，主动竞争，充分发挥自己的优势，在未来的职业生涯中实现人生的自我价值。

（五）情绪适应维度

情绪是个性成熟程度的标志，是认识和洞察人们内心世界的窗口。情绪系统是个体的社会适应系统，情绪稳定性是一个心理健全的个体必备的重要因素。良好的情绪能激发大学生的学习、工作和生活热情，使个性趋向于全面、和谐、健康的方向发展。反之，一个人如果长期被不良情绪所困扰，其生活会很容易遭受打击或损伤，进而影响到自己的身心健康。情绪调节是影响其情绪适应的重要因素，个体可以通过情绪调节对自身情绪进行管理，调整和改变。大学新生在进入大学后，要不断加强对自身情绪的了解与控制，掌握自我情绪管理的技巧，善于用积极健康的情绪直面环境，带动学习，对情绪进行适度合理的调节。

（六）自我适应维度

自我意识是对自我本身的一种认识，即我对我的认识。前一个“我”指的是意识的主体，后一个“我”指的是意识的客体，所以自我意识也可以说是主体我对客体我的认识。研究表明，自我意识是影响个体社会适应的重要因素，是个人如何认识和评价自我的心理系统。因此，大学生正确认识自我，是正确评价自我、学会与人相处、更好发展自我的重要前提。现实生活中许多大学生存在的理想与现实的矛盾，在情绪方面出现的大起大落，在挫折面前产生的自怨自艾、颓废，性格上存在的多疑、偏执等，都是由于自我意识的偏差导致的。因而，培养正确的自我认知能力，正确对待、评价自己和他人，有助于大学生处理好理想我与现实我、我与他人、我与社会之间的关系，确立一种健康良好的自我形象。

（七）大学生活满意度

满意度是指个体对自我、生活环境、自我与环境之间关系的客观性认识。许多研究把个体的生活满意度看成是影响以及解决个体心理健康的重要指标，大学生对大学生活的满意度也成为衡量其心理健康的标准之一。大学生的生活满意度受自我意识的影响，所以提高大学生对其生活的满意度有赖于培养大学生客观洞察世界和认识世界的能力。

二、大学生适应不良的表现

大学新生从中学跨入大学，面对全新的学习生活环境和陌生的人群，所处的自然和社会环境、学习方式、人际关系和生活方式等都产生了很大的变化，任何事情于他们而言都有一种未知的新奇。而与之相对应的，很多新生都不同程度地存在适应性问题，诸如理想与现实反差较大；难以适应专业学习要求，学习方法亟需改进；缺乏正确的自我认知，人际交往沟通困难；独立生活经验不足，生活自理能力较差等。这些适应问题的出现，主要是由大学新生面对自身的新角色或所处的新环境进行心理调适失败导致的，大学新生在客观上无法适应环境的变化，并且在心理发展上打破了他们原有的心理结构水平。

(一) 理想现实落差较大，容易产生焦虑情绪

进入大学校园之后，新生实现了从高中生到大学生的角色转变。由于社会因素和个人因素的制约和影响，大学生活的理想与现实之间存在着比较大的悬殊。有的同学感觉校园环境、宿舍环境、校园周围环境等都没有他们的想象美好。还有的同学对所学专业不感兴趣，感到前途渺茫，从而产生了焦虑、失望逆反和厌学等不良心理。不仅如此，大一新生还会出现不同程度的攀比，对他人和自己的成绩、外貌、经济、环境做出比较，往往会产生己不如人的自卑情绪。

(二) 难以适应学习要求，学习方法亟待解决

专业学习是大学生的主要工作任务和目标，学好专业知识是大学生成功走向社会的先决条件。大一新生大多习惯了中学传统的教学模式，对大学的教育模式缺乏足够的了解。进入大学后，面对骤然改变的学习环境，学习任务、学习目标、学习形式和内容的不同，大学新生没能了解其中的差异，做好必要的心理准备，心理上和行为上难以应对这些变化，于是出现不同程度的学习适应不良。

大学培养的是全面发展的大学生，因而大学的学习内容兼具专业性和多样性的特点。除了专业课之外，还包括基础课、必修课、选修课、实践实训课等，老师在短时间内讲授很多知识，一部分比例的新生依然按照高中的学习方式和方法，对老师教授的知识理解和消化不了，久而久之，就会产生自暴自弃，甚至产生厌学、退学的想法。大学阶段，学生的学习时间相对比较自由，一般由学生自主安排学习内容和学习时间，有很多同学习惯了中学老师“保姆式”的管理模式，对老师习惯性的依赖导致他们到大学后无法对自己的学习时间进行合理的安排。

(三) 缺乏正确自我认知，人际交往沟通困难

随着大学新生角色的转变，其所处的环境也发生了转变，所以大学新生需要对自我进行重新认识和评价，使自我意识与新环境下的自我相适应。大部分大学新生初步适应了大学生活以后，对自己有一个客观的评价，但是还有一部分学生缺乏对自我的正确评价，认为理想自我与现实自我差距太大，对现实中的自我评价远达不到所期望的理想自我标准。进入大学，新生的个体自我意识不断增强，但要形成关于自己的稳固形象还需要相当长的时间。他们自我意识缺乏稳定性，看问题倾向于主观且不全面，加上心理的易挫性，一旦遭遇暂时的挫败，往往产生消极的自我评价，出现怯懦和自卑。

进入大学校园后，大一新生面对来自不同家庭、不同社会背景的同学，不知道如何相处，

从而出现人际交往的困难，主要表现在交往意识和交往能力两个方面。在交往意识上，由于思想、性格、习惯和地区之间的差异，大学新生会遇到很多困难，但是他们不愿向别人敞开心扉，消极的交往态度难以交到新朋友，内心不免会出现孤单感和苦闷；在交往能力上，由于交友经验不足或缺乏交往技巧等原因，不少大学新生在人际交往上会遭遇挫折，产生很多问题。

案例分析

小张是大一新生，性格较内向，从来没有住过校，从小都住在属于自己的房间里，进大学后与7名同学同住。在条件优裕的环境中成长的他，看不惯寝室同学“不良”的卫生习惯，更不喜欢他们随便的作息制度，尤其不喜欢他们的高谈阔论，总之，看谁都不顺眼。由于内向，他本来就不擅长与人沟通，再加之看不起那些同学，于是就以独来独往来减少与同学们的交往。时间一长，他发现寝室同学说说笑笑，进进出出都结伴而行，似乎视他为不存在。他开始感到失落了，孤独感油然而生，曾经多次萌发过主动与他们交往的念头，可都事与愿违。他回寝室时总觉得同学们都在议论他，对他评头品足，还窃窃私语，一副嘲笑、鄙视的模样，他觉得受不了，想过换寝室，但没有得到批准。为了不和他们交往，他很少回寝室，只有睡觉时才回去。即使这样避开他们，似乎还是没有减少他们对自己的议论与不满。他开始失眠，食欲下降，精神状态越来越差，身体急剧消瘦，在寝室话越来越少，甚至连笑声都很少听见。他感觉到听课的效率也越来越差，最后终于病倒了。在住院期间，寝室同学轮流守护在病床旁，看到那些平时让自己反感透顶的同学都忙着照顾他，送水喂饭，就像自己的家人生病了似的，他的心被震撼了。他把内心的苦闷与孤独告诉了他们，才知道原来一切都是自己“想”出来的，同学们只是觉得他不愿与他们交往，并不知道由此引发了他内心如此大的震荡。

(四) 独立生活经验不足，生活自理能力较差

大多数新生独立生活能力较好，少数新生存在对独立生活的适应不良。一方面，新生独立意识较强，希望独立自主地支配个人生活，但由于自身缺乏独立生活经验，依赖性强，面对丰富多彩的校园生活无所适从；另一方面，新生渴望生活在集体中，获得团体归属感，但又希望保持自己独自的生活习惯和生活方式，遇到困难希望别人主动关心和帮助自己，而自己却不知道也不会主动关心别人。面临独立生活的矛盾与挫折，多数大学生能自我调节，不断地与现实生活相磨合，改变自我思想和行为，成功实现从非独立生活向独立生活的转变；少数新生认识不足，适应独立生活能力不够，生活不能自理，不能很好地处理学习、生活、工作和社会事务。

第三节 大学生适应不良的心理调适

人本主义心理学家卡尔·罗杰斯说过，“所谓完全发挥功能的人，是适应良好、成熟、能坦然面对过去的经验、不需防卫自己的人，他们信任、接纳自我，以独特、创意的行为来适应

情境，并可以和谐地与人相处。”因此，针对大学新生的适应不良，我们应该采取积极的措施进行心理调适，通过心理调适不断提高其适应能力，使其能够顺利的完成学业，实现更好的发展。

一、树立正确认知，确定适合目标

自我认知是指个体对自我的认识以及对自我进行的评价，包括个体对自我当前的身心状况的认知和个体与客观世界关系的认知。正确的认知是个体适应与发展的前提和基础。个体对生活的不适应，大部分来源于对现实的不合理的认知方式。大学新生对自我的正确认知，应该结合学校的实际情况、自身的实际情况及个人特质制定适合的目标，完成自身发展的准确定位。因此，在适应过程中，要善于在与他人的比较中了解自己，既要看到自己的长处又要看到自己的不足，学会全面客观地评价自己；学会合理规避自身的不足，扬长避短，恰当全面地认识、评价自我；努力做到不盲目乐观，也不悲观失落，确定适合自己的奋斗目标，在现实和理想的匹配中寻找适合自己的道路。

案例分析

小A是一名从边远农村考入大学的男生。他是一个自尊心非常脆弱的人，自己认为没有任何地方能够与同学相比，觉得自己太笨，口才又差。他家庭经济十分困难，总是怕同学瞧不起自己，内心十分孤独与矛盾。进校后，常常独来独往，生活非常简朴，几乎很少和同学说话，总觉得别人瞧不起自己。一年级学计算机课程时，他发现全班似乎只有他一个人没有任何基础，因为害怕同学嘲笑他，不敢告诉别人他根本不知道电脑怎么使用，甚至连开机都是在第一次课后，仔细留意其他同学的操作才学会的。看到其他同学自如地在网上聊天、打游戏、做作业，他恨不得挖个地洞钻进去。上课时他小心翼翼地坐在电脑旁听老师讲解，但觉得周围的同学似乎都在嘲笑他的笨拙，他不敢动手操作，只是低着头，默不作声，每次上计算机课他都弄得大汗淋漓，紧张而焦虑。有一次，上课时另一名同学看到他没有按老师的要求完成相应操作，就在他的计算机键盘上熟练地敲了几个键，他突然感到了莫名的羞辱，愤怒地把电脑关掉了。从此小A更加孤僻，不敢抬头看人，害怕与人说话，自己非常痛苦，甚至想到了退学。而同学们却普遍认为他持重、有耐力、做事踏实，只是不喜欢与人交往而已。

从这个案例我们可以看出，小A的问题主要源自于自我认知的偏差，夸大了自己的不足与不能，自卑导致过度的自我防御，最终使他丧失了与人交往的勇气与信心。类似小A的大学生并不鲜见，其实只要改变一下对自我的评价，全面地看待自己的不足，同时发现自己的优点，在人际交往中就可以抬头挺胸了。

二、积极改变自我，建立和谐人际关系

心理学家丁瓒说过，“人类的心理适应，最主要的就是对人际关系的适应。所以人类的心理病态，主要是由于人际关系的失调而来。”这也足见人际关系在大学生适应能力培养过程中的重要性。人际交往能使大学新生在互动过程中相互了解、相互依赖，形成稳定的心理

联系，满足人们的情感需要；人际交往还可以使大学新生发现其他同学与自己不同的观点，从而更好地认识自己和他人，克服以自我为中心的不良倾向；同学之间的相互交流和指导，也能够帮助大学新生自身更好地克服困难、解决问题。因此，大学生在出现适应问题时，除了积极改变自我之外，还应学会交往，与他人建立良好的人际关系。

三、摆脱不良情绪，进行自我心理调适

自我心理调试是为了最大限度的发挥个人的潜力，消除个人心理存在的问题，保持心理的平衡发展，根据个人环境和发展的需求对自己进行的心理调节和控制。首先，大学新生要持有积极乐观的心态，调整心态，适应理想和现实的差距，最大限度地缩小现实和理想之间的差距而产生的心理落差；其次，大学新生要对自己和他人有一个全面的认识，不攀比，正视自己和同学身上的优点和缺点，对自己的新角色有个准确的定位，克服心理失衡。

四、主动寻求咨询帮助

在新生适应不良需要维护和促进心理健康的过程中，还应该有寻求专业机构帮助的意识。大学生在遭遇适应不良时，不要封闭自己，应及时与自己的朋友或家属沟通，寻求他们的帮助和支持。不要羞于开口，主动寻求帮助并不意味一个人的无能，反而恰恰是心理成熟的表现，也就是运用助力，抵消阻力，以化险为夷，转败为胜。当陷入极端恶劣的情绪中不能自拔，亲朋好友也无能为力时，大学生应该主动放弃偏见，学会寻求心理咨询的帮助，解除学生内心深处的痛苦，在专业咨询人员指导下及时疏导负性情绪，维护身心健康。目前，越来越多的大专院校设置了心理咨询机构，开设了针对大学生学习、生活中的各种困惑的发展性咨询，可以帮助大学生开发潜能，促进自我发展，缓解心理冲突，排解心中烦恼，恢复心理平衡，增进心理健康，健全完善人格，正确地认识自己，适应外界环境。

心理电影

女大学生宿舍

电影名称:《女大学生宿舍》，上映时间:1983 年。

《女大学生宿舍》是上海电影制片厂出品的一部青春、爱情、励志电影，根据喻杉所著同名短篇小说改编。该片获文化部 1983 年优秀故事片二等奖，1984 年政府最佳影片奖，1984 年获捷克斯洛伐克第 24 届卡罗维·发利国际电影节导演处女作比赛奖，1987 年又获《中国电影时报》举办的新时期十年电影评比的女导演处女作奖。

图 3-1 《女大学生宿舍》

评论与分析：该电影中讲述的故事发生在 20 世纪 80 年代初的大学校

园里，来自不同家庭的五位姑娘住进了中文系的205号女生宿舍，她们分别是匡亚兰、辛甘、宋歌、夏雨和骆雪梅。家庭背景的不同造就了他们不同的性格。匡亚兰性格刚毅、自立自强，她的助学金因宋歌的片面汇报被降级后，自己跑到码头干活以维持生活。辛甘从小家庭优越，性格娇气而任性。宋歌入学没多久就担任了班干部，她对工作热心积极，却难以掩盖内心对同学的不信任。夏雨蕙质兰心，具有诗人的气质。来自农村的骆雪梅性格单纯，温和善良。她们在短短的一个学期中，五个性格迥异的姑娘在相处中建立了深厚的友谊，谱写了一曲丰富多彩的青春之歌。

心理自测

大学生心理适应能力自测问卷

指导语：下面的问题能帮助你进行心理适应能力的自我判断，请认真阅读，并决定其与你实际情况的符合程度，然后从每个项目后面所附的三种备选答案中选出一个来。

(1) 我最怕转学或是转班级，每到一个新环境，我总要经过很长一段时间才能适应。

A. 是　　B. 无法肯定　　C. 不是

(2) 每到一个新的地方，我很容易同别人接近。

A. 是　　B. 无法肯定　　C. 不是

(3) 在陌生人面前，我常常无话可说，以致感到尴尬。

A. 是　　B. 无法肯定　　C. 不是

(4) 我最喜欢学习新知识或新学科，它给我一种新鲜感，能调动我的积极性。

A. 是　　B. 无法肯定　　C. 不是

(5) 每到一个新地方，我第一天总是睡不好，就是在家里，只要换一张床，有时也会失眠。

A. 是　　B. 无法肯定　　C. 不是

(6) 不管生活条件有多大的变化，我也能很快习惯。

A. 是　　B. 无法肯定　　C. 不是

(7) 越是人多的地方，我越感到紧张。

A. 是　　B. 无法肯定　　C. 不是

(8) 我的成绩多半不会比平时练习差。

A. 是　　B. 无法肯定　　C. 不是

(9) 全班同学都看着我，心都快跳出来了。

A. 是　　B. 无法肯定　　C. 不是

(10) 对他(她)有什么看法，我仍能同他(她)交往。

A. 是　　B. 无法肯定　　C. 不是

(11) 我做事情总是有些不自在。

A. 是　　B. 无法肯定　　C. 不是

(12) 我很少固执己见，常常乐于采纳别人的意见。

A. 是　　B. 无法肯定　　C. 不是

(13) 同别人争论时,我常常感到语塞,事后才想起该怎样反驳对方,可惜已经太迟了。

A. 是　　B. 无法肯定　　C. 不是

(14) 我对生活条件要求不高,即使生活条件很艰苦,我也能过得很愉快。

A. 是　　B. 无法肯定　　C. 不是

(15) 有时自己明明把课文背得滚瓜烂熟,可在课堂上背的时候,还是会出差错。

A. 是　　B. 无法肯定　　C. 不是

(16) 在决定胜负成败的关键时刻,我虽然很紧张,但总能很快地使自己镇定下来。

A. 是　　B. 无法肯定　　C. 不是

(17) 我不喜欢的东西,不管怎么学我也学不会。

A. 是　　B. 无法肯定　　C. 不是

(18) 在嘈杂混乱的环境里,我仍然能集中学习,并且效率较高。

A. 是　　B. 无法肯定　　C. 不是

(19) 我不喜欢陌生人来家里做客,每逢这个时刻,我就有意回避。

A. 是　　B. 无法肯定　　C. 不是

(20) 我很喜欢参加社交活动,我感到这是交朋友的好机会。

A. 是　　B. 无法肯定　　C. 不是

评分规则:

(1) 凡是单数号题(1、3、5……),选“是”扣2分,选“无法肯定”得0分,选“不是”得2分。

(2) 凡是双数号题(2、4、6……),选“是”得2分,选“无法肯定”得0分,选“不是”扣2分。将各题的得分相加,即得总分。

结果解释:

35~40分:心理适应能力很强。能很快地适应新的学习、生活环境,与人交往轻松、大方。给人的印象极好,无论进入什么样的环境,都能应付自如,左右逢源。

29~34分:心理适应能力良好。

17~28分:心理适应能力一般,当进入一个新的环境,经过一段时间的努力,基本上能适应。

6~16分:心理适应能力较差,依赖于较好的学习、生活环境,一旦遇到困难则易怨天尤人,甚至消沉。

5分以下:心理适应能力很差,在各种新环境中,即使经过一段相当长时间的努力,也不一定能够适应,常常困惑,因与周围事物格格不入而十分苦恼。在与他人的交往中,总是显得拘谨羞怯,手足无措。

如果你在这个测查中得分较高,说明你的心理适应能力较强。但是,如果你得分较低,也不必忧心忡忡,因为一个人的心理适应能力是随着年龄的增长、知识经验的丰富而不断增强的。只要你充满信心,刻苦学习,虚心求教,加以锻炼,你的心理适应能力一定会增强的。

心理互动

脑力激荡

(一) 活动目的:了解别人的建议,扩展自己的思考空间,培养团体合作精神,发挥集体力量找到多种解决问题的方法及途径。

（二）活动时间：约 50 分钟。

（三）活动物品：每个小组大白纸 1 张，粗笔 1 支。

（四）活动步骤：

1. 确定主题，说明规则，鼓励发言，记录所提出的建议，汇总小组提出的意见，商议制定评估标准，根据评估标准共同选取最好的意见。

2. 全体成员分成若干小组，每组 6~12 人，每组在指导者给定的时间内就某一个主题发表意见。活动中遵守三条规则，一是不对他人意见进行评论；二是尽量多提建议；三是争取超过别的小组。

3. 练习带有竞赛性质。每一个题目 15~20 分钟。

4. 题目可根据团体成员的特点或团体咨询的目标而定，要求具体、可操作。例如："如何减轻生活和学习压力"，"怎么愉快的度过大学生活"，"改善人际关系的方法"，"紧张消解方法"等。当指导者宣布开始时，小组开始讨论，提出尽可能多的建议和方法，并做好记录。当指导者说"停"，每一个小组把自己的建议贴在墙上，并推选一位代表解释这些方法。

5. 全体成员一起参与讨论，评出奖项。小组办法最多的可以获"优秀奖"，最适用、最幽默、最有想象力的办法可以评为"幽默奖"、"实用奖"、"有趣奖"、"认真奖"、"好主意奖"。通过评比，帮助成员选择在生活中最适合运用的方法，扩宽思路，群策群力，依靠集体的力量，获得解决问题的方法。

（五）注意事项：暂缓批评，不立即作任何优缺点评价；越多越好，办法多多益善，以量制质；越奇越好，自由联想，不要怕和别人不一样；联合与改进，鼓励巧妙地利用并改善他人的构想。

（六）讨论分享：通过活动你得到别人的帮助和建议时，你的思考空间有无变化？你感受的团体合作精神是什么？

课后思考

你将如何适应大一学习、生活？

第四章　我是谁
——大学生的自我意识

知人者智，自知者明。胜人者有力，自胜者强。

——老子

案例导读

某高校学生林某，在校期间一直担任班级干部，自认为可以将班级的事务处理得井井有条，能得到班级同学的认可和拥护。因此，他认为自己有领导才能，可以胜任行政工作，并打算毕业后到仕途发展。然而在毕业前夕，就在准备发展林某入党而进行班级民主测评时，自以为稳操胜券的林某却看到了意想不到的结果：同意林某入党的同学仅占全班人数的30%，林某没有被发展为预备党员。对于这个结果，林某感到很意外，同时也很难接受，自己在同学心目中的形象竟然与自己想象相差如此悬殊，难道是自己不适合在领导岗位上工作吗？林某不禁对自己毕业后工作去向问题产生了困惑。

学习重点

1. 自我意识概述。
2. 自我意识偏差及调试指导。
3. 自我教育与自我成长。

第一节　我　是　谁

一、自我意识的概述

自我意识是一个人在社会化过程中逐步形成和发展起来的关于自我及其与周围环境关系的多方面、多层次的认知和评价，是个体对自我所有的思想、情感和态度的总和。

自我意识也称自我，是个体意识发展的高级阶段。自我是人与社会、人与人、人与物质世界相互作用的起点，它独一无二地代表着人体的存在。人类一直以来对自我意识都很感兴趣。早在古希腊时期，哲人苏格拉底就提出了“认识你自己”的口号。古希腊哲学家亚里士多德的《灵魂论》对人的心理活动进行探究。人类对自我意识的真正研究始于文艺复兴运动。法国的笛卡尔首先提出了“自我意识”的概念。但真正从心理学角度提出研究自我意识的是美国心理学家威廉·詹姆斯，1890年他在其著作《心理学原理》中首次提出自我意识，之后自我意识一直是经久不衰的研究课题。

拓展阅读

希腊有这样一个神话故事：庇比斯城的人民得罪了天神。天神震怒，在庇比斯的土地上降下一个名叫斯芬克斯的女怪。她背上长着翅膀，上半身是美女，下半身却是狮身。她向庇比斯城的过路人提出一个谜语：“什么东西早晨用四只脚走路，中午用两只脚走路，傍晚用三只脚走路？”对于这个奥妙费解的谜语，过路人没有一个猜中的，全被斯芬克斯吃了。庇比斯城人陷入一片恐惧之中，随时都有被女妖吃掉的可能。于是他们发誓：谁破了这个谜语，谁就是庇比斯城的国王。正在这时，科仁托斯国王波里玻斯的养子俄狄浦斯听太阳神阿波罗说，他将会有大难临头，因此他不敢回家，逃往庇比斯城避难。聪明勇敢的俄狄浦斯会见女妖，猜中了女妖的神秘奥妙之谜。俄狄浦斯的答案是人：在生命的早晨，他是个孩子，用两条腿和两只手爬行；到了生命的中午，他变成壮年，只用两条腿走路；到了生命的傍晚，他年老体衰，必须借助拐杖走路，所以被称为三只脚。俄狄浦斯答对了，斯芬克斯羞愧坠崖而死。

斯芬克斯之谜表明人类在认识自然的同时，提出了认识人自身的要求。对于今天的我们来说，德尔菲神庙前石碑上镌刻着的“认识你自己”几个大字仍然是一个“谜”，迄今它仍是横亘在当代人类面前的一个严峻课题。

二、自我意识的结构

自我意识不是单一的，而是一种多维度、多层次的复杂心理系统。我们可以从形式、内容、自我观念三个维度对自我意识进行多层次的解读。

（一）从形式上看

自我意识具有认知的、情绪的和意志的三种形式，分别称为自我认知、自我体验和自我调节。

1. 自我认知　属于自我意识的认识成分，自我认知是要回答“我是一个什么样的人”的问题。它包括自我感觉、自我概念、自我观察、自我分析和自我评价。自我分析是在自我观察的基础上对自身状况的反思。自我评价是对自己能力、品德、行为等方面社会价值的评估，它最能代表一个人的自我认知水平。

2. 自我体验　属于自我意识的情感成分，是指个体对自己所持的一种态度。自我体验包括自尊、自信、自卑、内疚等，主要集中在“能否悦纳自己”、“对自我是否满意”等方面。自我体验的内容十分丰富，可以包括义务感、责任感、优越感、价值感、自尊心、自信心、羞耻心等。

3. 自我调节　属于自我意识的意志成分，主要表现为个体对自己行为、活动和态度的调控。它包括自我监督、自我教育、自我控制、自我调节等。自我意志的核心内容是“我将如何规划自己的人生”，具体来说包括“我应该做什么？”“我应该成为什么样的人？”“我可以选择如何做？”等。

（二）从内容来看

自我意识分为生理自我、社会自我、心理自我三个方面。

1. 生理自我 是指个体对自己的生理属性的意识，包括对自己的身体、体能、容貌以及温饱感、舒适感、病痛等生理方面的意识。是自我意识的最初形态。这种生理的自我是从婴儿出生以后第8个月开始，到3岁左右基本成熟。

2. 社会自我 是指个人对自己在社会关系、人际关系中的角色、地位的意识，对自己所承担的社会义务和权利的意识等。

3. 心理自我 是指个体对自己心理活动的认识，如对自己性格、智力、态度、信念、理想和行为等的意识。

（三）从自我观念的角度出发

可以分为现实自我、投射自我和理想自我。

1. 现实自我 也称现实我，是个体从自己的立场和观点出发，对自己目前的实际状况的评价和看法。比如，认为自己的学习成绩很好或者自己的经济状况不如别人等。

2. 投射自我 也称镜中自我，是想象中他人对自己的看法和评价，以及由此产生的自我感。比如，觉得别人认为自己很有才能或者别人看不起自己。

3. 理想自我 指个体经由理想或为满足内心需要而在意念中建立起来的有关自己的理想化形象，是个人追求的目标，如个人的生活目标和对未来的期待、抱负、成就，以及自己想成为一个怎样的人。

三、大学生自我意识发展的规律

在个体的发展过程中，童年期是人格开始形成的时期，少年期和青年期则是人格初步形成并定型的时期。自我意识是人格发展的核心因素，在自我认知、自我体验与自我控制三者相互影响、相互作用的过程中，自我意识逐步成熟，期间经历了分化 - 矛盾 - 整合的过程。这一过程推动着大学生个体自我意识迅速发展并趋向成熟。在这一过程中，大学生也品尝了酸甜苦辣，付出了艰难代价，并为解决内心的矛盾冲突进行了不懈的努力。

案例分析

王某，男性，21岁，大二学生，很腼腆，性格内向。小时候，自父母离异后，随父亲奶奶生活在一起，性格更怪异了。加上他的父亲对他的关心不多，学习上要求却很严。而母亲忙于工作，疏忽儿子身心变化，再加上他不善言辞，很少深入沟通。尤其是高考的失利，他遭到了父母的责备，更加自暴自弃，无奈之下选择了一所专科学校。进入学校后，他总觉得遭到别人的歧视和冷眼，感觉干什么事情都没劲，没有奋斗目标，不主动学习，也不喜欢接近其他同学，每天浑浑噩噩地生活。周一到周五，有课就拿着书本到教室找个后面几排的桌椅坐下，随意翻开书本，等待老师上课；若没课就睡觉，睡醒了就吃饭。他说：“我真不知道自己的人生方向在哪里？现在的这种生活很消极也很乏味，我觉得这样不好，但是我能怎样做呢”！

(一) 自我意识的分化

青年期自我意识的发展是从明显的自我分化开始的。原来完整的我被打破了,出现了两个我:主观的我(I)和客观的我(me),即大学生既是观察者又是被观察者。伴随着主观我和客观我的分化,“理想我”和“现实我”开始分化。

自我意识明显分化,使大学生主动地、迅速地关注自己的内心世界和行为,产生新的认识和体验。同时,由此带来的种种激动不安、焦虑、喜悦,自我沉思也明显增多了,并开始考虑自己应怎样做、能怎样做和不应怎样做、不能怎样做等人生观问题,要求有属于自己的空间和世界,渴望被理解、被关怀。

(二) 自我意识的矛盾

自我意识的分化,使大学生开始意识到自己不曾留意的许多“我”的方面和细节;另一方面也带来了主体我和客体我的斗争,出现理想我和现实我的矛盾加剧。由自我意识的分化带来的矛盾是大学生自我意识发展过程中的正常现象。当然,它会给年轻人带来不安与困惑,甚至会影响到他们的心理健康,但如果处理得好,它更会促使大学生努力解决矛盾,完成自我意识的统一,推动自我意识走向成熟。大学生自我意识的矛盾主要表现在以下几个方面。

1. 主观我与客观我之间的矛盾　自我有“主观我”与“客观我”之分。“主观我”用来表示我是什么,我做什么;“客观我”表示怎样看待我,给我什么。主观自我与客观自我应该是统一的,这种统一是个人对客体的认识与个人愿望的统一,是个人与社会的统一,是“自我同一性”的形成,更是良好自我意识的标志。但是由于自我的结构是多种多样的,每个人所处的社会、环境存在着很大的差异,“主观我”与“客观我”并不总是存在着统一。

大学生的人生观、价值观正处在形成过程中,开始考虑“我应该成为什么样的人?”,“我的条件和前途如何?”。侧重点已逐步从与周围同龄人的比较中转移到在社会背景下认识自我。由于他们不能正确看待当前社会的种种负面现象或者假象,造成他们价值趋向的困惑和混乱,产生了各种不正确的认识。如“自我成就,生活幸福美满是我人生追求的最大幸福”,“人生最高理想是自我抱负的实现”等之类的想法。总之,没能把个人的奋斗目标与社会和人民的利益结合起来,甚至个别人把追求个人的利益看得高于一切。

2. 理想与现实之间的冲突　“理想我”是指个人想要达到的完美的形象,是个人追求的目标,它引导个体实现理想中的个人自我。“现实我”是个人从自己的立场出发,对现实中自我的各种特征的认识。在现实生活中,理想自我与现实自我总是存在着一定差距的。这是正常的,它可以激励大学生奋发图强、积极向上,向着心中理想的方向前进;但当“现实我”距离“理想我”太过遥远时,大学生会产生种种心理不适甚至自暴自弃,变得平庸无为、无所事事、没有动力,从而最终导致一系列心理问题。

大学生从入学的那一天起就给自己确定了远大理想和抱负,并对理想的实现充满自信,即为自己设计了“理想自我”。而现实自我的能力、知识、经验与理想自我的实现尚有很大距离。面对理想自我的期望与现实自我的失望落差,往往陷入趋避两难的冲突中:要么积极进取使现实自我向理想自我趋近,要么自认自己“志大才疏”放弃理想自我而自我消沉。

3. 独立性与依附性之间的矛盾　大学生在成长和发展过程中,渴望从家庭、父母和老师的管教和约束下挣脱出来。理想自我给自己设计了一个经济、学习、生活乃至心理上完全独立的蓝图,这种独立意识十分强烈。但是对大学生来说,对学校、家庭、父母、教师、同学的依附心理又是无法摆脱的。在经济上，大学生几乎完全依赖父母或学校的资助；在心理上，由于社会经验的缺乏、能力的限制，更无法摆脱对老师、学校、成人和同学的依附；而对复杂的生活环境和人事关系的决策和应变，也离不开同学、朋友、老师、父母的帮助。大学生带着对独立意向的追求与无奈，在渴望与摆脱不了的依附心理的冲突中徘徊。

4. 交往需要与自我封闭的矛盾　大学生在人际交往中有追求爱与归属的需要。他们从家庭中获取亲情，从同学和朋友中获取友情，他们从异性朋友中获取爱情。他们愿与朋友分享快乐，分担痛苦，沟通信息，交流情感。但大学生出于安全的需要，为了自我保护，在人际交往中往往存有戒备心理，常常把自己内心世界的真实想法自我封闭起来，与他人保持一定的心理距离，不能完全敞开心扉交流，感到没有人理解自己，缺乏知音。

（三）自我意识的统一

自我意识的分化与矛盾，常常给大学生带来不安或者痛苦。这些不安或痛苦促使大学生寻求解决方法，以实现自我意识的统一，即自我同一性。自我统一，主要指主体我和客观我的统一、自我与客观环境的统一、理想我与现实我的统一，也表现为自我认识、自我体验、自我监督的和谐统一。

消除矛盾，获得自我统一的途径有三条：

⑴ 努力改善现实中的自我，使之逐渐接近理想自我。

⑵ 修正理想自我中某些不切实际的、过高标准，使之与现实自我趋近。

⑶ 放弃理想自我而迁就现实自我。

显然，第一种情况是积极的，而第三种是消极的、不可取的。不论采取哪种途径，都是导致原有的自我意识的变化，从而形成新的自我意识。这样的过程不是一次完成的，而是循序渐进的，经过多次反复才能使自我意识渐趋稳定，达到新的发展水平。按照心理健康的标准，不管哪种途径达到自我意识统一，只要统一后的自我是完整的、协调的、充实的、有力的，就是积极和健康的统一。

自我意识的统一和确立是青年心理发展的重要标志之一，对于青年人格的形成、心理的发展起着重要作用。大学阶段的自我意识是大学前的自我意识的继续与深化，同时又有一定的变化。这一时期，大学生自我意识从分化、矛盾走向统一，对于人的一生都有特别重要的意义。

拓展阅读

自我同一性

爱利克·埃里克森被称为“同一性之父”。他在其发展阶段理论中指出，同一性与同一性混乱这一危机都是青少年所必须要经历的。

关于自我同一性的定义，不同的研究者从不同的视角对其做出了解释。一般认为，同一性就是个体对过去、现在、将来“自己是谁”及“自己将会怎样”的主观感受和体验。埃里克森自我同一性的标准是独特性和连续性的，过去、现在和将来的自我都是自己认同的自我。

埃里克森先是从自我功能的意义定义自我同一性的，认为自我同一性的人会体验到一种整合感。然后他又从不同角度来对自我同一性进行描述：在结构方面，认为自我同一性是由生物、心理和社会三方面因素组成的统一体；在适应性方面，自我同一性是自我对社会环境的适应性反应；在主观性方面，自我同一性使人有一种自主的内在一致性连续感；在存在方面，自我同一性给自我提供方向和意义感。

第二节　大学生自我意识的偏差与自我完善

一、大学生自我意识的偏差及调适指导

（一）过度的自我接受

自我接受是指自己认可自己、肯定自己的价值，对自己的才能和局限、长处和短处都能客观评价、坦然接受，不会过多地抱怨和谴责自己。对自我的接受是心理健康的表现，而过度自我接受是指过高地估计自我，对自己的肯定评价超越自身的实际。过度自我接受的人容易产生盲目乐观情绪，自以为是，容易造成人际关系紧张；而且过高的评价容易让人心生骄傲感，对自己容易提出过高要求，却因承担无法完成的任务、义务而导致失败。

调适指导：

1. 要有一个正确的自我观念。俗话说，“人无完人”，要明白“长处与优点固然是我的一部分，而短处与缺点也是我所固有的一部分”的道理。

2. 要有一个合理的、科学的自我评价体验与参照体系。从某种程度而言，生活是在人与人之间的对比中进行的，在这种相互对照下，开始分出相对的长短高低．因此，参照体系的合理与否，直接影响到对比的结果。对于过度自我接受的人来说，不妨多想想“一山更比一山高”的道理，在成功时，多反省自己的缺点与不足，以再接再厉。

3. 加强自己的个人修养和意志品质的培养。事实证明，具有比较独立的、坚韧不拔的意志品质的人，往往在心理发展上也是健康沉稳的，人格品质也是自信而不狂妄，谦虚而不自卑的。

（二）过度的自卑感

自卑感是对自己不满、自我否定的情感，即对自己缺乏信心、缺乏独立主见，遇事从众，其结果捍卫的是虚假的、脆弱的、不健康的自我。当一个人的自尊心得不到满足，又不能合理地、实事求是地分析自己时，就容易产生自卑感。一个人形成自卑心理后，往往从怀疑自己的能力到不能表现自己的能力，从怯于与人交往到孤独地自我封闭。本来经过努力可以达到的目标，也会认为“我不行”而放弃追求。自卑感严重的人看不到人生的光明和希望，更领略不到生活的乐趣，也不敢去憧憬未来。

调适指导：

1. 建立合理的认知。每个人都有自己的优点与缺点，所以不要苛求自己，没有任何缺点的人是不存在的。要清楚地认识到自己的优点，并以此为骄傲。同时，把自己的缺点当作自己独特的特点，慢慢地接受或者改变它。

2. 勇敢向别人展示自己的不足。当你向别人展示了你的不足的时候，就没有什么可顾忌的了，那么这些不足就不会再成为阻挡你的障碍。有的成功心理培训课上，老师让学员们在大庭广众之下做最丑陋的鬼脸，使他们在与人交往的时候能够更自如，这实际上运用的是同样的道理。

3. 克服敏感的特点，增强心理承受能力。自卑的人往往都具有敏感的特点，很在意别人对自己的看法，因而谨小慎微，并常常因为别人的一句批评或者挖苦的话而难过和痛苦。要摆脱自卑的困扰就必须相信自己，对于别人善意的意见可以接受，而那些无所谓的讽刺或者玩笑话可以一笑了之，人只要自己接受自己就好，不能强求每个人都能接受自己。

（三）盲目心理和消极懒惰

对于大学生而言，还有一种常见的心理偏差就是对自我缺乏正确的评价，导致盲目心理。进入到大学校园后，面对丰富多彩的大学生活，对什么都感兴趣，什么都想去尝试。不分主次，眉毛胡子一把抓，往往会失去目标，这实质上是一种无目标的盲目心理，结果往往影响到了学习成绩或工作效率。

消极懒惰混日子是另一种缺乏目标意识、不能形成积极的理想自我的心态。有的大学生认为寒窗十余载，到了大学可以轻松自由了，对专业学习不感兴趣，对今后的人生无规划，很少主动积极地对个人发展、个人和社会的关系进行自我探索，也不能主动把自我的命运与集体和国家民族的命运结合起来。这类大学生不学无术、沉溺于游戏、玩乐之中，在他们身上丝毫看不出青年人应有蓬勃的朝气与振奋的精神。

调适指导：

1. 反省自己，思考人生的意义。有些盲目或者消极的人没有认真审视过自己，不知道自己真正想要的是什么，不明白自己生存的意义所在。在这种情况下，适当的思考对于他们来说是十分必要的。

2. 确定合理的目标。合理的目标才能给人以极大的推动力，过高的目标会给人带来焦虑和压力，而目标过低则起不到推动作用。合理的目标应该是略高于自己目前的水平，稍微作一下努力就可以达到的程度。

3. 从小事做起，积极行动起来。与其茫然地消磨时光倒不如从身边一点一滴的小事做起，使自己的生活学习出现新的变化。哪怕就是简单收拾一下房间或是认真上好一节课这样的小小的成功也会使人心情舒畅，如此日积月累起来就会改善生活状态，同时会形成良好的心态。

（四）过度的自我中心

当代大学生，大多数是家中的独生子女，在家里家长过度溺爱，容易任性自私；在学校对学习不感兴趣，自制力差，学习成绩并不是很突出，很少得到尊重与重视。因而他们对同学和老师帮助教育会表现出严重的对立情绪，家长或教师要求做的事情他偏不做，不让做的事情他偏主动做。大学是自我意识发展最强烈的阶段。大学生们强烈关注自我，往往从自我的角度和标准去认知、评价和行动，从而容易出现以自我为中心的倾向，但过度地以自我为中心会扭曲自我。

调适指导：

1. 摆正自己的位置，既重视自己也不贬低他人，自觉地把自己和他人、集体结合起来，走出自己的小天地。

2. 实事求是、恰如其分地评估自己，既不骄傲自大，也不妄自菲薄。

3. 学会移情，多设身处地地从他人的角度思考问题，尊重他人的感受，关心他人。

（五）过分追求完美

尽管“爱美之心，人皆有之”，追求完美是人类健康向上的本能，但过分追求完美则容易引发自我的适应障碍。其主要表现为:不顾及自己的实际情况的前提下,对自己持有过高的要求,期望自己完美无缺。对自己“不完美”的地方过分看重,不能容忍自己“不完美”的表现,甚至把每个人都普遍出现的问题也看成自己“不完美”的表现。

调适指导:

1. 目标合理恰当。在充分了解自己的基础上对自己有恰当的目标和要求,目标要符合自己的实际能力,不苛求自己,不被他人的要求左右。

2. 接纳自己的不完美。尺有所短,寸有所长,每个人都是独特的、与众不同的,我们应该欣赏自己的独特性,不断自我激励。

拓展阅读

总会有一粒种子适合它

一位女孩没考上大学,高中毕业后被安排到村里做代课教师,结果上课不到一周就被学生轰下了讲台。

这时,母亲对她说:“满肚子的东西,有人倒得出来,有人却倒不出来,也许有更适合的事情等你去做。”

女孩外出打工被老板辞退了,嫌她手脚慢。这时,母亲对她说:“手脚总有快慢差别,你再去找找其他事情做。”后来,这个女孩做过纺织工、市场管理员、会计……结果无一例外都被“遣送回家”。

而每次,母亲都会安慰她,从未有丝毫抱怨。

女孩30多岁的时候终于成了一名聋哑学校辅导员,并开办了一家自己的聋哑学校,还经营了多家残障人用品商店。

有一天,已经成功的女孩询问母亲为何她对自己如此有信心。母亲说:“一块地,不适合种麦子,可以试试种豆子;豆子也种不好的话,可以种瓜果;瓜果也种不好的话;那就撒上些荞麦种子吧,荞麦也许能开花。只要是一块地,总会有一粒种子适合它,也总会有属于它的一片收成……”

二、自我教育与自我成长

(一) 正确地自我认知

认识自己并不容易,这不仅仅是因自我是丰富、复杂的,而且还由于自我是随着个体的成长在不断地变化着。要想不断了解自己,人们不能单凭自己的主观想象,而是要在与他人的交往活动中、在社会实践中逐渐形成对自己比较客观、合理的认识。

人对自己的认识是一个不断探索的过程。在一定阶段,人对自己的认识是有局限的,要更全面、更深入地了解自己,需要多方面、多角度,使用多种方法。

1. 用反观自我的方法认识自己　反观自我就是我们把自己作为一个客体来观察,观察我们自身外表、体质状况、社会中自我形象,观察我们内在的情绪、情感、思想等。

2. 用横向比较的方法认识自己　所谓横向比较,就是拿自己和别人比较,和自己周围的人比较。与任何一个人比较,我们都能发现自己与他人的相同点或不同点,从而认识自己。然而,我们和别人比较什么、怎么比较对我们深入全面认识自己更有意义呢?如果我们与他人比较长相、家庭出身等难以改变的内容，就不如我们去比较努力程度、成果等可改变的内容。

3. 用纵向自我比较的方法认识自己　我们把现在的自己与自己的过去、未来进行纵向比较，发现自己的变化、提高或退步等情况。这样能更很好地激发自己，激励自己，同时很大程度上会满足自己，还会产生一种自我成就感。

这是一名大学生的自述："在上大学之前，我除了学习很少与人交往，见到陌生人就紧张，不知如何交流；进入大学后，我担任班干部，还参加社团，我觉得我比以前活跃多了，交往能力有了很大提高。"

4. 用征求他人评价的方法认识自己　认识自己有时候的确比较难。一般来说，当局者迷，旁观者清，周围的人对我们的态度和评价能帮助我们认识自己、了解自己。他人的评价不一定客观、全面，甚至会有误解。但我们要尊重他人的态度与评价，冷静地分析。对他人的态度与评价，我们既不能盲从，也不能忽视，要把他人评价与自己对自己的评价进行对比，才能更加清晰地认识自己。

（二）积极悦纳自我

悦纳自我是培养健全的自我概念的核心和关键。积极悦纳自我就是做到：

1. 接受自己，比较满意自己，有自豪感、成就感、价值感和愉悦感。
2. 开朗乐观，感受到生活的乐趣和温暖，对未来充满憧憬。
3. 冷静而又理智地对待自己的得失，正确地对待自己的成败，客观看待自己的长处与短处。
4. 既不以虚幻的自我补偿内心的空虚，自欺欺人，又不以消极回避漠视自己的现实，更不以哀怨、自责甚至厌恶来否定自己。

在现实生活中，只有无条件地接受自己的一切，才有可能理智地看待自己的优势，冷静地分析自己的得失，扬长避短、取长补短，更好地发挥自己的潜能。保持适度的自我期望水平，不断调整目标和行为，以提高个体的自我接受水平。

（三）合理有效地控制自我

自我控制是主动定向改造自我的过程，也是个体对待自己的态度的具体化过程。同时，它是大学生健全自我意识和完善自我的根本途径。

一般来说，大学生要有效控制自我包括以下几点：

1. 根据自我实际情况，确立合适的理想自我。即根据自己的实际，确定自己的具体奋斗目标，把远大的理想分解成一个个阶段的小目标，化整为零，逐步实现。关键是每个阶段的小目标都应该是合理的，经过自己的努力可以实现的，否则就会丧失信心。
2. 增强自尊和自信，使自己有强大的动力来实现理想自我，不断激励自己奋进。
3. 培养顽强的意志、坚韧的性格和正确地荣辱观，增强自制力和挫折耐受力，使自己能自觉主动地认清目标，并为实现目标而努力排除干扰、克服困难。

（四）不断完善自我、超越自我

不断加强自我修养，进行自我塑造，达到完善自我、超越自我的境界，是健全自我意识的终极目标。健全自我、塑造自我的过程，亦是一个超越自我的修养过程。对大学生来说，塑造自我、实现理想才是终生目标，所以加强自身修养是大学生的重要课题。大学生应该有远大的理想和抱负，但是要从点滴的小事做起，从行动中开始，根据社会的需要和个人的能力特点，在自我的三因素协调统一的基础上，行与知并重。行动中，无论对人还是对事均需全力以赴，使自己的能力和品格得到最大的发展。行动之后经常反省，汲取经验和教训后再投入行动，在积极的学习、实践、创造中，自我逐渐得到地完善。超越自我，就是要把昨天的成就当作今天的起跑点，用今日之我战胜昨日之我，使明日之我比今日之我更进步。

自我意识的健全并不是一帆风顺的过程，它需要付出艰辛的努力和沉重的代价。用“4A论”可以表述整个心理路程：①接纳（Acceptance），接纳自我与自我所在的现实环境；②行动（Action），对自己决定的事，付诸行动，并全力以赴；③情感（Affection），工作时投入情感（乐在其中）；④成就（Achievement），是努力奋斗的回报，也是以上三步完成的自然成果，如果每个大学生都经历了这个过程，他基本就领到了一张健全自我的合格证。

心理电影

本　　X

英文名字：Ben X，上映时间：2007 年。

剧情介绍：

本 X 是本在游戏《霸王》里的名字，游戏里他是网络大侠，技压群雄、所向披靡。然而现实中的本却是一个患有自闭症的少年。他不跟人交流，在同学们眼中是个异类，并且受尽那帮同学的欺负和侮辱。游戏和摄像机是本观察世界的途径，腕上的心率表是确认自己的途径。本游走于现实和游戏之间，两者的界限逐渐模糊起来。本在游戏中结识一个叫斯嘉莱的女孩，斯嘉莱从幻觉走向真实，然后又从真实走向幻觉，在这个过程中，斯嘉莱用她的真诚和勇气鼓舞着本重拾自我。

评价与分析：影片给我们讲了一个现实的故事。也许本的经历也曾在我们的周围发生，尽管本是最后的胜利者，但他失去了太多的东西，也许这些东西对我们来说是不足为奇的，但对本，那些抑郁症困扰的自闭人群来说，别人的宽容，别人的接纳，别人的关爱是多么的弥足珍贵。

图 4-1 《本 X》

斯嘉莱究竟是谁，是本的潜意识吗，一个如此悄然出现的幻象，富有新意，丰富了剧情，还告诉人们，在面对个人情感的彷徨与成长时，只有自己才能够拯救自己。

心理自测

自我同一性测验

本问卷是由 Rhona Ochse 和 Cornelis Plug 设计的，主要用于评估自我同一性对角色混乱的冲突。问卷可以让你了解你在同龄人中所处的位置，初步了解自我同一性的状况。

以下呈现的问题，如果哪一种适合你自身的实际情况，请在对应的括号里画上记号。

	没有	偶然	一般	经常
1. 我常常想我是一个什么样的人。	(　)	(　)	(　)	(　)
2. 人们似乎改变了对我的看法。	(　)	(　)	(　)	(　)
3. 我对人生中应当做什么相当确定。	(　)	(　)	(　)	(　)
4. 对某些东西在道德上是否正确，我感到不能确定。	(　)	(　)	(　)	(　)
5. 对我是一个什么样的人，大多数人的看法是一致的。	(　)	(　)	(　)	(　)
6. 我感到我的生活道路适合于我。	(　)	(　)	(　)	(　)
7. 我的价值被其他人所认同。	(　)	(　)	(　)	(　)
8. 当远离那些非常熟悉我的人群的时候，我感到非常轻松。	(　)	(　)	(　)	(　)
9. 我感到生活中做的许多事情不那么有价值。	(　)	(　)	(　)	(　)
10. 我感到我在自己生活的社区里很融洽。	(　)	(　)	(　)	(　)
11. 我很骄傲自己成为这种类型的人。	(　)	(　)	(　)	(　)
12. 别人看我和我看自己的方式不太一样。	(　)	(　)	(　)	(　)
13. 我感到被别人忽视。	(　)	(　)	(　)	(　)
14. 人们似乎不赞同我的观点。	(　)	(　)	(　)	(　)
15. 我改变了向生活索取的观点。	(　)	(　)	(　)	(　)
16. 我不确定别人是如何看我的。	(　)	(　)	(　)	(　)
17. 我对自己的看法改变了。	(　)	(　)	(　)	(　)
18. 我感到我正在付诸行动，或努力使一些事情生效。	(　)	(　)	(　)	(　)
19. 我为成为我所生活的社会中的一员而感到骄傲。	(　)	(　)	(　)	(　)

记分标准：题目 3、5、6、7、10、11 和 19 得分：没有为 1 分，偶然为 2 分，一般为 3 分，经常为 4 分。题目 1、2、4、8、9、12、13、14、15、16、17 和 18 得分相反记分，没有为 4 分，偶然为 3 分，一般为 2 分，经常为 1 分。

结果解释：每项得分加起来得到总分。我们提供一个平均分为 59、标准差为 6 的常模对照表，可以帮助你了解你的自我同一性以及在同学们中的大致水平。

得分	70	67	64	62	61	59	57	55	53	50	48
百分比	95	90	80	70	60	50	40	30	20	10	5

心理互动

画“自画像”

（一）活动目的：

1. 通过画“自画像”，学生进一步认识自己，展示一个“内心的我”。
2. 通过交流，学生读懂你、我、他，促进彼此的理解。

（二）活动时间：大约需要 20 分钟。

（三）活动道具：各种笔和 16 开大小的白纸。

（四）活动过程：

1. 每位同学准备一张 16 开大小的白纸，把彩色笔放于场地中央，供需要者自由取用。

2. 在 8~10 分钟内，每人在白纸上画一幅“自画像”。

3. 小组内交流“自画像”的含义，同组成员可以提出质疑。

4. 小组内发现典型的案例做全班分享。

（五）注意事项

1. “自画像”可以是形象的肖像画，也可以是抽象的比喻画；可以是一色笔画成，也可以是多色笔画成。

2. 本游戏不是绘画比赛，不要因为自己的绘画技能差而感到为难，只要求大家画的内容、形式等形象地反映对自我的认识。

3. 小组内寻找典型案例，向全班同学介绍自己的“自画像”。

课后思考

你怎样进行自我教育，完成自我成长？

第五章　快乐学习
——大学生学习心理与调适

未来的文盲不是目不识丁的人，而是那些没有学习能力的人。

——阿尔文·托夫勒

案例导读

神奇的鹅卵石

一天晚上，一群牧民正想扎营休息时，忽然被一束强光所笼罩。他们知道神要出现了。带着热切的期待，他们等待着来自上天的重要信息。最后，神说话了："尽力收集鹅卵石，把它们放进你们的鞍袋里。明晚你们会感到快乐，同时也会感到后悔。"

神离开后，这些牧民都感到失望与愤怒，他们期待的是伟大宇宙真理的揭秘，使他们实现因此创造财富、健康或其他世俗的目的，然而他们却被吩咐做这件卑贱而无意义的事。但无论如何，神奇的亮光仍促使他们各自拣拾了一些鹅卵石，并且放在各自的鞍袋里，虽然他们并不怎么高兴。

他们又走了一天的路，当夜晚来临开始扎营时，他们发现鞍袋里的每一颗鹅卵石都变成了钻石。他们因得到钻石而高兴极了，却也因没有收集更多的鹅卵石而后悔。

学习重点

1. 学习概念及特点。
2. 大学生常见学习问题及调适。
3. 大学生快乐学习方法。

每年九月，新生们编织着梦想走进大学校园，每个人都希望大学能让自己实现抱负和理想。但是开始大学生活后，同学们会面对许多生活和学习上的改变，很多同学从上课的第一天起，脑海中不断萦绕这些问题：为什么要学这门课？这门课好枯燥啊！我一点都不喜欢这个专业，学起来太没意思了！不上课我要去干嘛？等等，各种问题困扰着大学新生。"学习"在当时也许是一件辛苦的负担，但假以时日，学会的技能必会成为生活的最佳动力。就像《神奇的鹅卵石》这个小故事告诉我们的：大学学习的过程就是一个收集鹅卵石的过程，总有一天，你要将鹅卵石变成你生命中璀璨的钻石。

第一节 大学生的学习心理

一、学习的概念

每个人对学习都不陌生。可以这样说，从我们出生的那天起，我们就处于不停的学习中，不断地学习各种知识和经验。随着年龄的增长，我们开始在幼儿园、小学、初中、高中接受教育，接下来成为高职生、大学生，进一步接受高等教育。在这个长期不断的学习过程中，我们每个人对学习都有不同的感受，有的人在学习过程中获得了快乐和充实，有的人对学习某一学科或某些学科的知识提不起兴趣，甚至有的人每天寒窗苦读但也不能获得好的成绩。总之，关于学习的滋味，可以说酸甜苦辣都有。

从心理学解释，学习有广义和狭义之分。广义的学习是指由于经验所引起的行为或思维的比较持久的变化。其特点包括学习的发生是由于经验所引起的，学习引起的变化见诸于行为，不是所有行为的变化都意味着学习，学习不是人类所特有的，动物也存在学习。狭义的学习是指学生在学校中的学习。其特点以掌握间接经验为主，是在有计划、有目的和有组织的情况下进行的，学习的主动性和被动性并存。

二、学习动机

动机是推动个体进行活动以满足其某种需要的内部动力。所谓学习动机，是指直接推动学生进行学习的内部动力。它是以一定的需要为基础，是由一定的需要所唤起。学习动机是贯穿整个学习过程始终的动力因素。学习动机决定着学习方向、学习进程、学习效果。

学习动机往往和学习目的相混淆，事实上它们是两种不同的心理现象。学习动机是促使学生去从事学习活动的内部动因，而学习目的则是学生所预想的通过学习活动要取得的结果。

学习动机和学习效果之间是什么关系呢？心理学研究表明，动机的中等程度的激发或唤起能最佳的达到学习效果。动机过弱不能激发学习的积极性，动机过强造成压力过大，而起反效果。

然而，缺乏学习动机，学习效果无从谈起。大学生一般的学习动机有：①以后为社会多作贡献；②实现自我价值；③学而优则仕；④出国深造；⑤个人兴趣所在；⑥将来找份好工作报答父母；⑦拿奖学金；⑧证明自己比别的同学强；⑨对自己负责，等等。你的学习动机是什么？只有确立了学习动机，才能为你的学习提供持久的动力，达到良好的学习效果。

三、大学生的学习心理

大学生的学习心理主要是指大学生学习过程中产生的心理现象及其规律等。了解大学生学习中的心理特征和心理障碍，对于培养健康的学习心理、提高学习水平、成为学有专长的人才具有十分重要的意义。

相对于前一阶段的高中学习情况而言，大学生的学习具有鲜明的特点。

(一) 大学学习的专业性特点

高等教育的三大职能之一是服务社会，大学生学习的最终目标就是为以后走入社会打好基础。在我国,大学生在入学前就已选好专业,学习具有显著的职业定向性,学习定向的专业知识和培养专业技能。比如,医学类院校的学生在校学习的都是医药类相关的知识,培养的也是和医药相关的技能,将来就业时医药类职业也是首选。现代社会对大学生专业有更高的学习要求,不但要求学生要有专业的操作能力,还要有专业的思维能力。况且专业的思维能力还涵盖有专业的思想、学识、学问等方面。

(二) 大学学习的自主性特点

大学学习是自主的,存在很大的自由空间,在当今信息化背景下,学习资源更充裕,自主性特点更明显。无论从学习内容、学习时间及学习方式,都更加强调个体在学习活动中承担的角色。

1. 大学学习的目的和奋斗目标是个性化的,是需要自己去思考和规划的。

2. 大学学习具有课程不固定、教室不固定、教师不固定、同学不固定的特点,这种特点使大学的学习生活更富有张力,增加了很多自主选择的机会。

3. 在大学里,需要老师讲解的内容相对较少,而同时需要学生自主学习的知识较多。大学是一种智慧性教育,在大学里要求学习者要具有独立的思维和见解,要有自主寻求知识关联性的习惯,拥有判断问题、独立思考的能力和掌握创新的能力。

4. 当今社会信息化程度非常高,多媒体、因特网、微信等现代技术给信息获得带来了便利,这一转变给大学生带来挑战。怎样正确利用现代信息技术,亟须现代大学生具有自主决策能力。因此,大学学习要求学生学会独立生活,独立做人,自我教育,自我规划。

(三) 大学学习方式的多样性、选择性和广泛性特点

大学生学习空间大大扩展,有知识密集的教师群体,有设备先进的实验室,有藏书丰富的图书馆。学习方法有课堂讨论、看参考书、写读书笔记或论文,学习途径多样,如上选修课、听学术讲座、参与教师的科研、自学、实验、生产实习、社会实践等,增加了学习的选择性和广泛性,使大学生可以积极主动地获取知识。

(四) 大学学习的实践性特点

实践学习是相对于理论学习而言的,是大学学习的基本形式之一。理论学习的目的主要是让学生明了学科知识的原理、框架、内涵等,发展学生的智力。而实践学习则是以动手操作为主,将学生置于真实的社会情境中解决实际问题,促使学生学会更深刻地理解、验证以及运用理论知识,提升学生的技能及思维能力。当今世界瞬息万变,知识日新月异,注重实践学习显得更加重要。

案例分析

王某,男性,21岁,大学二年级学生,身高1.75米,身体健康。他从小学到高中学习成绩优秀,各方面表现都比较突出,一直担任学生干部。进入大学后仍然保持以前的学习习惯,但是成绩只能达到班级的中等水平,只在大一时得过一次三等奖学金,为此他很苦恼。面对以前轻松应对的考试,他逐渐显得有些手足无措,且在大二上学期参加大学英语四级统考时总想上厕所,手发僵,写不出字来,浑身出汗,平时记得熟记的单词也记不起来,最终英语四级考了24分。从此,一提到考试王某就紧张、害怕。现在马上又要考试了,他最近一个月总是觉得很烦,经常莫名其

妙发脾气，还出现了失眠、肠胃不适等现象。

第二节　大学生学习心理问题及调适

在大学生活中，我们常常发现这样的现象：有一些智商较高的同学，他们的成绩反而中等水平，也有的较差，但那些智商中等的同学，学习成绩反而很好。这是什么原因呢？主要原因就在于大学生是否能具有良好的大学学习适应能力和健康的心理。心理卫生学家陈家诗说："心理健康的学生，成绩优于心理不健康者；心理健康的成人，其工作效率必胜于心理不健康者。"在大学学习中，大学生的心理问题主要表现在以下几个方面。

一、学习适应不良

学习适应不良是大学新生中普遍存在的一种心理困惑，对他们造成不同程度的影响。

（一）学习适应不良的表现

学习适应不良是大学生常见的一种心理问题，其具体表现有：

1. 对学习缺乏应有的兴趣、紧迫感和自觉性。

2. 学习没有独立性，沿用中学时期的方法进行学习，凡事都要等老师安排，自己不能制定学习计划，没有自学能力，不能合理安排学习时间，离开了老师就不知道该学什么。

3. 不了解大学的学习规律和特点，不能有效的开展学习。

4. 学习注意力不集中，不能认识专业学习中对知识和技能的基本要求，没有建立本专业的知识结构，不能熟练养成专业技能，学习缺乏目的性。

（二）学习适应不良的对策

产生学习适应不良的主要原因如下：

1. 大学的教学相对于中学，在特点、方式和内容上有很大不同。大学老师一堂课的容量较大，很多时候老师讲授的都是补充的内容，教材上并没有；教师的教学方法也与高中时的不一样，而且学生新到大学，环境不熟悉，人与人关系不是熟悉，思念父母的心理不能摆脱等，这些使心理处于发展期的大学生产生情绪上的波动和不安，甚至会影响到学习。

2. 大学生心理发展不成熟。他们没有太多的社会经历，在学习环境发生变化时，往往适应环境的能力较差，不能很好地调整自己以适应环境的变化，以致影响学习。

克服学习适应不良的主要对策是：适应角色，适应生活，形成自身的适应能力。

在实际的生活中，我们的生活环境是不断变化的，我们要学会适应，不断地调整自己。对于大学生来说，大学学习和生活环境变化了，自己也要随着"角色"的改变融入到新生活中，在新的大学生活中找准自己的定位，尽快适应新生活。另外，要树立自信心。大学可以说是人才济济，正所谓"天外有天"，大家都曾是在一个地区的精英，来到精英汇聚的地方之后可能过去的优势不存在了，在这种变化的面前，一些没有准备好的同学就有了自卑感，心理产生了问题，导致学习自信心的丧失。因此，我们要培养自己的自信心。

二、学习动机缺乏

大学生学习动机缺乏是指学习动力没有明确的方向，在学习时不象中学时那么有劲头，甚至厌倦学习。

（一）学习动机缺乏的主要表现

1. 无明确的学习目标。学习只为应付考试或尽快完成学业，所以在学习上不求甚解，只是死记硬背，不会把所学知识融会贯通，更不会对学科作深入研究。既无长远目标，也无近期目标，极少调整学习方法，对自己在大学期间及每个学期究竟要达到什么要求，心中无数。

2. 无学习计划。每天的时间怎么安排，学习什么，学习多少内容，如何在多门课程中合理分配时间和精力，没有计划。过一天少两晌，做一天和尚撞一天钟。没有适合自身的职业生涯规划方案，也没有系统的学习体系。

3. 学习动机弱。缺乏理性抱负，没有成就感，缺乏求知欲，没有上进心，缺乏压力，没有紧迫感。一些同学没有学习目标和榜样，整日虚度光阴，对自己的学习方法因循守旧，不思进取，在新的学习生活消极对待，“淡然”于自己的成绩。

4. 无学习兴趣。不明确专业学习的意义，未能将自己的学习与社会的需求相联系，对专业学习缺乏兴趣。有些同学没有学习劲头，不遵守学校纪律，课堂不认真听讲，只知道玩手机，老师课堂上讲什么无所谓，整天上课一本书，对老师布置的作业淡然处置。久而久之，丧失了学习兴趣，但又有愧对父母的心理，导致矛盾消极，不能坚持完成自己的学业，中途退学。

（二）大学生学习动机缺乏的对策

1. 大学生应接受学业规划和职业规划教育。入学教育内容应重点设置学业规划和职业规划教育，使学生根据自己的专业特点和职业兴趣制定切实可行的学业计划和职业规划。合理的职业规划能够使大学生学习目标明确，提高学习的目的性。

不断完善就业指导，搭建就业的平台。学习的主要目的就是就业，就业的思想要融入到大学教育的全程。不同年级要有不同的就业指导体系，每个学校从新生入学开始对学生进行专业教育，在专业教育的基础上逐步引导学生对自己的未来做合理、科学的规划，在日常教学中不断提高学生分析和解决问题的能力。这样在就业时遇到不同状况时，学生能够有应对的能力。在择业教育的同时，提供给大学生锻炼的各种平台（如竞赛、社团活动、志愿服务等），培养其综合素质，提升价值，增强就业能力，同时也推动其学习积极性。

2. 激发学习兴趣和独立思考。有了兴趣才能真正踏实学习，减少学习动力中功利化的成分，因此应从根本上激发学习兴趣。而独立思考也是当代大学生所缺乏的品质，而这一品质对于做学问来说是非常关键的，因此应该在教学中努力激发学生的学习兴趣。

3. 营造适宜的学习环境。诸如寝室环境、教室环境都会对学生的学习产生一定的影响，而学校正是这些硬件条件的提供者，应在这些方面尽量创造好的条件。而班级学风、寝室文化又是另外一种“学习环境”，营造一个良好的学习氛围也是学生管理工作中重要的一个方面。

三、学习拖延

学习拖延是指学习者有意而无必要地推迟启动或推迟完成学习任务的行为。大学生学习拖延现象在我国比较普遍，研究显示，当前我国大学生中有高达39.7%的人存在明显的学习拖延；尽管专业不同、区域不同、类别不同，大学生中学习拖延现象并无多大差异。就具体学习任务来说，从调查来看，自主学习任务是大学生拖延程度最高的，达到48.1%；其次是考前复习方面的拖延，也达到 47.1%；作业完成方面的拖延尽管相对较低，但也达到 32.9%。研究还显示，有 69% 的大学生受到学习拖延的消极影响，包括情绪低落、成绩不好、不适新生活等；78.5% 的大学生具有强烈意愿去改变学习拖延现状，积极参加这方面的辅导，对心理状态进行矫正。不管是拖延程度多还是少，他们都能认识到学习拖延在自己学习生活中的危害，都有改变学习拖延这一现象的愿望。

（一）学习拖延的主要表现

1. 自我管理缺乏，不善于对自我的时间和行为进行管理。

2. 自我价值保护，通过拖延心理使自我或他人将学习或其他任务的失败归结为精力投入不够而非能力缺乏，以维护自尊。

3. 盲目追求完美，在学习或其他任务中，对自己要求过高，甚至无意义重复，形成更多拖延行为。

（二）大学生学习拖延的对策

1. 提高对学习拖延的现象的重视程度。高校应该在大学生入学教育和日常学习管理中把学习拖延作为重要内容，潜移默化中使学生认识到学习拖延的危害性，树立克服学习拖延的决心。

2. 加强学习拖延干预的针对性。注意突出干预学习拖延时间上的针对性，在入学教育和日常管理之外，有针对性地在大学二年级开始作业拖延迅速增加之时，进行专题教育，时间可以选在大一期末或大二开学之初，防患于未然。

3. 区别对待。在干预学习拖延时，由于男女生不同，要区别对待，就男生来说，他们的主要问题是作业拖延，主要措施是对他们加强作业检查的力度，督促他们及时完成作业。对女生来说，主要关注情绪问题，因为女生思想细腻、敏感，往往由于学习问题引起思想问题，影响到情绪。在处理女生学习拖延问题时，要防止情绪障碍的发生。

4. 策略性教学、任务要求和心理疏导相结合。在干预学习拖延的方法上，应采取策略性教学、任务要求和心理疏导相结合的方法。

（1）任务的有趣性：要求教师在布置学习任务时，要考虑多种因素，使学习任务包含多种技能，富有趣味，并且要求清晰，使学生知道完成规范，这样学生出现学习拖延的现象就会减少。另外，分解作业，化整为零，把一个大的作业任务分解成几个互有联系的小任务，减少难度，也能增加学习兴趣，有效减少学生的学习拖延。

（2）改进教学模式，培养学习兴趣：教师要不断探索新的教学模式，让学生学会一些学习的策略，对自己的时间进行管理，学会自我控制，不断培养自主学习的能力，使其自觉减少学习拖延现象。

（3）加强情绪管理：有的学生因为学习动机不强，导致学习拖延，对于这样的学生，要有针对性地进行心理疏导，让他们学会情绪管理，不断加强学习目标教育。对他们的不良情绪及时疏导，也可以有效减少学习拖延。

四、学习倦怠

调查显示，高校中大学生基础课逃课率在 25% 以上，专业课逃课率在 20% 左右，思想政治教育等公共课的逃课率则在 50% 以上。在一些高校，因不喜欢所学专业而厌学的学生高达 40%，甚至少数大学生有退学思想或提出了退学。可见学习倦怠是大学生常见的学习心理问题。学习倦怠不但造成学习质量的下降，更会影响大学生身心的健康发展，从而造成教育资源的浪费。学习倦怠是一种持续的、负性的与学习相关的状态，是指学生对学习没有兴趣或缺乏动力却又不得不为之时，就会感到厌倦、疲乏、沮丧和挫折，从而产生一系列不适当的逃避学习的行为。大学生的学习倦怠即是大学生沮丧、疲乏、不满意、焦虑、抑郁、冷漠、迷惑、无力、低自尊等消极学习心理的反映。

（一）大学生学习倦怠的主要表现

1. 生理上身心俱疲，经常感到精力不足，学习时疲劳。

2. 情绪上缺乏热情与活力，对学习失去兴趣，消极被动，情绪容易波动，感到压抑、焦虑，自我评价降低，缺乏自信，学习成就感降低，觉得学习没有价值。

3. 行为上效率低，纪律松懈，对学习敷衍了事，态度散漫，出现逃课、不听课、迟到、早退、不交作业等行为，对教师和同学冷漠、悲观、不尊重。

（二）学习倦怠的对策

1. 坚定正确的专业学习信念和理想。学习的信念和理想是学习倦怠的最好解毒剂。因此，坚定正确的学习观念和积极的学习信念，培养专业学习的兴趣与需要，增强对所学专业的认同感，形成积极的职业意识和职业动机，对防止学习倦怠是至关重要的。

2. 树立明确的目标。第一，在教育教学中要引导大学生树立清晰的人生目标，使学生自己明确自己的历史使命，有强烈的社会责任感，有选择、有目的的学习。第二，在正常的学习活动中，大学生要保持学习动机的适当性，既不能动机过强，也不能动机不足。每个人在确定学习目标时，要把学习任务和自己的实际情况相结合，结合自己的时间情况确定自己的学习目标，制定切实可行的学习计划，在自己努力的基础上能够逐渐取得一些较好的成绩，体会到学习成功的快乐，增强学习的自信心。

3. 加强自我锻炼，优化人格。人格因素是非智力因素的一种，与学习倦怠关系密切。因此，在教育教学中，要注意大学生人格的培养和塑造，特别注意培养大学生具有坚强的意志，增强耐受力，减少学习倦怠的。

4. 学习心理知识，增强自我调适能力。在教育教学中要教育学生涉猎心理学知识，增强个体心理自我调适能力。当学生发现自己有学习倦怠的征兆时，要能够勇于面对自己的问题，正确认识学习倦怠的各种症状，分析自己产生学习倦怠的原因，积极向同学、老师寻求帮助，寻求学校心理援助，让心理老师采取正规的心理治疗方法进行疏导。

五、考试焦虑和怯场

考试焦虑是指担心自己考试失败而忧虑的一种负性情绪反应。考试焦虑容易分散和阻断注意过程，不能集中注意力，学习和应试不能专注，但是对于各种各样的担忧却过分敏感；考试焦虑还妨碍记忆和回忆，使本来能记的反而记不住，能想起的反而想不起来；过度的考试焦虑，还可以使思维变得凝固呆滞，影响思维能力的正常发挥，无法进行创造性思维。

考试怯场是指考生在应试中的应激反应。考试紧张是一种正常现象，但是要注意“适度”。适度会使人的活动变得积极，思维变得清晰。“过度”紧张使人的活动受到抑制。考试怯场的主要原因是缺乏自信。这种缺乏自信是由于过去考试失败而造成的心理定势，生怕考试再遭失败而产生的心理压力。在现实生活中，我们经常看到这样的学生，在应试过程中紧张恐惧，思维迟钝，记忆力下降，甚至还引起生理上的不适，如腹泻、失眠、恶心等。这些都是考试心理偏差的表现。

拓展阅读

有位心理学家曾做过这样一个实验：在给小小的缝衣针穿线的时候，越是集中注意力，越是瞄准目标，线却越是难以进入那小小的针眼。也就是说目的性越强，越不容易成功。这种现象在心理学上称为“目的颤抖”，俗称“穿针心理”。其实，出现“穿针心理”现象并不奇怪。科学实验表明，一组儿童在情绪良好情况下平均智商为 105，但在紧张状态下却降至 91，两者相差十分显著。另据心理学家测试，75% 的学生临考前都有紧张、焦虑乃至恐慌的情绪。面对一些重大考试，特别是面对决定人生前途的中考和高考，学生的精神压力、心理负担会大大加重，一进考场便会心跳加快，头晕耳鸣，两眼盯着试卷思维会突然短路，脑中一片空白。而一走出考场，又顿时会感到题题能解，并无什么难度。考试结果也表明，许多同学考试失利、高考落榜，并不完全是因为考题太难，而是因为思想过于紧张，以致记忆混乱，思维阻滞，一时茫然不知所措造成的。因此，考试其实不仅是对学生基础知识和基本技能的考查，更是对学生有无良好心理素质的考验。

(一) 大学生考试焦虑的特点

1. 情境性　大学生考试焦虑主要是受到了考试情境的刺激，所以大学生考试焦虑也被称为状态焦虑(也称情境焦虑)。

2. 短时性　大学生的考试焦虑持续的时间比较短，往往在考试之前或考试之中的几天之内发生。考试结束后，这种焦虑现象也就慢慢消除，而其他性质的焦虑情绪会持续较长的时间。

3. 年级差异性　考试焦虑在大学生中存在年级差异性。一般性质的焦虑大多在新生与毕业生之中发生。大学生的考试焦虑多为轻度焦虑，一般发生在大一与大二的学生中。一般性质的焦虑主要是新生适应与毕业生就业方面的焦虑，而通过对大学考试的适应，大学生的考试焦虑水平会表现出逐渐下降的趋势。

(二) 考试焦虑的对策

对于处在考试焦虑中的大学生，要弄清楚他们的焦虑水平是怎样的，有针对性地采取必要的措施、方式或方法以达到缓解和消除的目的；对于考试焦虑水平较重的大学生，则必须找专业的心理咨询人员，进行必要的心理咨询和治疗。

1. 大学生考试焦虑的应对技巧

(1) 正确认识大学考试的意义，端正考试动机。要让学生明白考试的目的是什么，考试的意义是什么，通过考试只是为了了解教师教学和学生学习的效果，是对自己的学习态度和能力进行检查，能帮助自己形成清晰的自我认识，发现自己的长处与不足，在以后的学习中积极进行调整，完善自己的学习方法，补齐自己专业上的短板。因此，即使考试失败，也没有必要灰心丧气，要从失败中吸取经验教训，分析自己考试失败的原因，对自己学习动机进行适当调整。学习动机在大学学习中有着重要的作用，可以说学习的整个过程都需要学习动机来推动和维持。但是并不是说学习动机越高，学习成绩就越好，大量心理学研究表明，只有中等强度的学习动机才最有利于学生取得好的学习效果。

(2) 要培养大学生积极的学习情感。一般来说,那些在情感上接受和喜爱学习的同学,往往能始保持对学习的热情,在学习行为中积极探索与发现,而且能取得较好的学习效果,对于考试能轻松应对,不会陷入到考试焦虑的泥潭。在大学学习过程中,大学生一定要深化对大学学习的认识,要有明的确学习目的,学习目标要合理,培养学习上的理智感、道德感、美感,在应试时保持和激发良好的情绪,以主动、轻松、理智的态度来对待大学考试。

(3) 平时努力学习,加强准备,树立自信心。平时认真学习,掌握好学科知识是克服考试焦虑最直接的方法。功夫下在平时,考前再进行全面系统的复习,只要做好考前准备工作,考试有什么可怕的呢？在做好准备的同时培养良好的心理素质,在大学考试时树立自信心。在考试中对可能出现的各种因素要正确对待,做题时可以先易后难,保持清醒的头脑,以积极自信的态度,变被动为主动,避免产生不必要的顾虑和困扰,以平和的心态应对考试,减少考试焦虑,取得更好的成绩。

2. 大学生考试焦虑的心理疗法　对于考前过度的焦虑,需要通过心理咨询与心理治疗来消除。

(1) 合理情绪法:其基本观点是情绪并不是由诱发事件本身引起的,而是由经历这一事件在个体在主观上对此事件解释和评价引起的。面对同一事件,由于不同的人持有不同的信念,于是会有不同的情绪和行为反应。改变考试焦虑情绪的最佳途径在于改变对事物的评价和解释,正确认识和评价考试机器对个体的意义和价值。

(2) 放松训练法:又称松弛疗法、放松疗法,是一种通过训练有意识地控制自身的心理生理活动、降低唤醒水平、改善机体紊乱功能的心理治疗方法。当学生处于考试的压力之下,心率会增加,呼吸会加快。全身或者某一部分的肌肉会感到紧张……这时,多做深呼吸和肌肉放松训练能改善自身的压力、生理、情绪和心理反应,这些放松技巧虽然“治标不治本”,但是随着放松训练的进行,压力就会快速缓解。

如果焦虑水平较高且迁延不愈,可以考虑使用药物来缓解焦虑,在药物的作用下,结合心理治疗,其效果更好。

拓展阅读

陶行知学习的“十字诀”

序——由浅入深,循序渐进。
勤——业精于勤荒于嬉。
恒——持之以恒,锲而不舍。
博——从精出发,博览群书。
问——不耻下问。
记——多动笔墨,多做笔记。
习——温故而知新。
专——专心致志,专一博广。
思——多加思考,学会运用。
创——触类旁通,敢创新路。

第三节 快 乐 学 习

孔子曾说："知之者不如好之者，好之者不如乐之者"。爱因斯坦也曾说过："兴趣和爱好是最好的老师"。心理学研究表明，兴趣是我们从事某种活动的原动力，兴趣能对我们所从事的活动起支持、推动和促进作用。就像我们在实际生活中所体验到的一样，只要是我们感兴趣的事，我们就一定会自觉自愿地去学习钻研，并能快乐地、创造性地把它做好。学习知识是为了人生更快乐。因此，我们要把学习当作是一件快乐的事情。在学习中有时可能会遇到困难，只要相信自己的能力，不轻易放弃，努力克服困难，就会体验到学习的乐趣和成功的喜悦。

一、培养自己的学习兴趣

（一）积极期望

积极期望就是从改善学习者自身的心理状态入手。对自己不喜欢的学科充满信心，相信该学科是非常有趣的，自己一定会对这门学科产生信心。学习中的"兴趣"是我们认真学习该学科的推动力，由开始的感性的喜欢，进而导致真正对此学科感兴趣。比如，一位学生对英语学习根本不感兴趣，总是在上英语课时无心听讲，总是盼着下课，他为了培养对英语的兴趣，制定了这样的计划：第一步，每天坚持说："我喜欢你，英语！"坚持几天后，他觉得英语不像从前那样枯燥无味了。第二步，阅读和英语有关的书籍，并且要求自己每天都在固定的时间、用愉快的心情去读这些书，这样坚持了一段时间，他再上英语课时也开始听老师讲解了，并且还参加了英语演讲比赛，获得了不错的成绩，他真的爱上英语了。

（二）从可以达到的小目标开始

学习是一个循序渐进的过程。在刚开始学习时，学习目标定的要小，经过自己的努力能够实现。比如在45人的班中，一个中等生要在考试中前进两三个名次是可行的，如果学习目标定得太高，要前进到前十名，那可能就是十个以上的名次，也许这个学生付出很大努力后仍旧无法达到目标。如果目标总是达不到，就会失去信心，甚至可能导致厌学。因此，在学习中应持之以恒地努力，一个一个小目标的实现，是实现大目标的开始。

（三）明确学习目的，培养间接学习兴趣

所谓学习目的，是指学习为了什么，学习的最终结果是什么。如果某一学科课程对你没有很大的吸引力，这时学习目的就显得尤为重要。学习是一个长期艰苦的过程，需要持久的努力，有很多人都是在这种长期艰苦的努力中不能坚持到底，逐渐丧失了信心，产生厌学、退学情绪。而学生就是来学习的，不能不学，所以要明确每门学科的学习目的，在学习中培养学习兴趣。看书上的绪言部分，听老师介绍学科发展的趋势，或从国家、社会的发展前景的高度去看待各门学科。比如，记医学概念和医学术语是比较单调乏味的，但作为医学生，我们的学习目的是将来能够应用这些知识去治病救人，为人们减轻疾病带来的痛苦，这样就会增添我们学习的动力。而这个学习目的对我们个人和社会都有深远的意义，我们会想方设法实现这个目的，通过老师的指导，我们可以用谐音、编口诀、设情景剧等不同的方法去学习知识，而越认真学习，我们对学科知识了解就越透彻，对学习也就越感兴趣，从而形成良性循环。

（四）培养自我成功感，以培养直接的学习兴趣

在学习的过程中每取得一个小的成功，就进行自我奖赏，达到某一目标，就给自己一个的奖励。有小进步，实现小目标则小奖赏，如让自己去玩一次自己想玩的东西；有中进步、实现中目标则中奖励，如买一本自己喜欢的书画或乐器等；有大进步、实现大目标则大奖励，如周末旅游等。这样通过渐次奖励来巩固自己的行为，有助于产生自我成功感，不知不觉就会建立起直接兴趣。

（五）把原有的其他兴趣转移到学习上来，以培养新的学习兴趣

每个人在少年儿童时期都有自己特别感兴趣的事，如想当护士，成为一个医术高超的医生等。到了高年级后，就应当去发现、了解与爱好有关的知识，如怎样当个好护士？如何成为医术高超的医生呢？医生都要具备什么样的知识呢？我将来要学习那些医学知识才能对我成为医生有帮助呢？这样就把对学习的兴趣在原有的基础上发展起来。例如，爱因斯坦中学时只对物理感兴趣，不喜欢数学，后来他在向纵深研究物理时发现数学是其基础，便又产生了对数学的兴趣。又如，你对语文基础知识的学习不感兴趣，而对写作非常感兴趣，这样你可以通过写作练习，体会出语文基础知识的学习对写作的重要意义，从而增强对语文基础知识学习的积极性。

（六）在解决实际问题的过程中，确立稳定的兴趣

用学得的知识解决实际问题，一是能巩固知识，二是能修正知识，三是能带来自我成功的喜悦情绪。这种喜悦情绪正是建立稳定持久的兴趣所必需的。比如，你刚学习了破伤风的诊断与治疗，刚好遇到一个疑似破伤风的病人，你可以用自己的所学对他的病情进行模拟诊断，看与医生的诊断是否一致。这样学用结合，还能增加自己的实践经验。

（七）不断地提问题是保持学习兴趣最容易的方法

当你为回答或解答一个问题而去读书时，你的学习就带有目的性，就有了兴趣。准备一些问题是很容易的，把每节的标题成问题就是了。例如学习人体解剖时，你可问：人体的基本结构是什么？它是怎样发现的？怎样证明它的结论是对的？它的解剖学意义是什么？如何利用解剖学的知识去诊断疾病？我能否熟练掌握人体解剖的相关知识？为了回答这些问题，一开始你强迫自己详细看下去，但是一旦你真正地往下看，形成了自己的兴趣，你就会被吸引住。

（八）想象学习成功后的情景，激发学习兴趣

如果我们做任何一件事都是满腔热情地去做，我们一般都是希望有良好的预期结果，所以我们坚持去做这件事情。比如，我们要去看某一场电影，为什么要去看这个电影？因为我们可能觉得这个电影比较精彩，这样我们才会花时间和金钱去看。如果我们认为这根本就是比较烂的电影，那么我们还会去看吗？医学生都希望自己将来能成为一个医术高明的医生，所以能勤勤恳恳学习医学知识；作曲家总希望自己创作的曲子无比优美，从而激发出他的创作热情。你可以想象考试成绩优秀，可以顺利进入大学，为家庭为社会做出贡献，为个人创造好的前程，也可以想象出考试成绩优秀，得到老师、家长的赞扬，得到同学们的羡慕等，从而激发学习兴趣，想象会帮你成功。

假如你能坚持用这 8 种小方法激发自己对某门学科的兴趣，相信你不久的将来在这个学科上的学习效果和成绩就会有明显的提高。

二、学会主动自由地学习

(一) 学会与人相处

学会与人相处(learning to live together),可以让你少走弯路,尽早成功。其实,每一个人要取得成功,仅有很强的工作能力是不够的,你必须两条腿走路,既要努力做好自己份内的工作,又要处理好人际关系。比如,你是一个医学生,将来要面对的是病人,良好的沟通能力不仅能有利于和病人交流、了解病情,也更能使医患关系融洽,增加信任与理解,缓解医患矛盾。

(二) 学会追求知识

学会追求知识(learning to know)是21世纪“学习化社会”必备的生存条件。学会寻求对某一事物、某一问题、某一理论或现象分析、解决、处理的方法,从而获得新知识,开启新思维。培养坚持不懈的意志品质,培养思维敏捷、想象丰富、观察敏锐、判断准确、推理迅速的自动化学习习惯。

(三) 学会做事

二十一世纪教育委员会的报告更注重强调的是人的整体能力的培养。报告认为:“学会做事(learning to do),除了继续学习从事一种职业外,从更广的意义上说,还必须能够灵活而有效地应付各种复杂或紧急情况的能力。

(四) 学会发展

学会发展(learning to be)是人类生存的必然选择。新的时代特征要求人类必须学会发展,学会发展是人的自身完善和人的现代化的需要,学会发展是克服现代人发展中存在的各种问题的需要。

(五) 学会改变

托尔斯泰说:“世界上只有两种人,一种是观望者,一种是行动者。大多数人都想改变这个世界,但没有人想改变自己。”要改变现状,就得改变自己;要改变自己,就得改变自己的观念。一切成就都是从观念开始的,一连串失败,也都是从错误观念开始的,要适应社会,适应变化,就要学会改变(learning to change)。

三、提高自己的学习能力

(一) 学习能力

学习能力(学习力)最早是在管理学中提出,后有教育学者引入到教育领域。学习能力是一种综合能力,它包含多方面的能力,可以说学习能力的高低将决定学业成绩的好坏。

(二) 学习能力的要素

学习能力有三要素:规范的学习行为、良好的学习习惯和有效的学习方法。学习能力三要素可具体分解到以下学习的八大环节中。

1. 计划管理　对学习进行时间上的通盘计划。

2. 预习管理　学习温故而知新,预习目的就是要找到不懂的地方,找到自己思维上的断点。预习后听课效果会大幅度提高,成绩才会提高。

3. 听课管理

(1) 跟老师:跟老师思路走。这样预习的内容才体现得出来。

(2) 抓重点:抓个性化的重点。没有预习就形不成自己的个性化重点。

(3) 当堂懂:当堂消化。

4. 复习管理 有效复习核心是“想”、“查”、“说”。

(1) 想:回想。每天睡觉前,第一件事就要回想老师讲课内容,通过回想记忆老师讲课内容,能回想出来的部分,通过这样一遍两遍的回想已经进行很好的记忆了。

(2) 查:查阅。回想以后,有针对性地查阅。这样才有效果、有效率、事半功倍。

(3) 说:复述。对自己说。听明白不是明白,说明白才是真正的明白。这样的练习,2~3个月后会发现,记忆力提高了,概括能力提高了,领悟能力提高了,表达能力提高了,写作能力强了。

5. 作业管理 记录作业时间,限时学习,提高学生在特定时间段内高效率完成任务的能力。考试的高效率来自于平时对高效率的训练。至少45分钟作为一个限时时间段。作业时间长的真正原因是没有在学习,时间越短效率越高。

6. 错题管理 建立错题本。原题、错因、正确答案和举一反三(日后还不会,再次查找原因时进行举一反三)。

7. 难题管理 建立难题本。

有了错题、难题本,就可称为会考试。有此,就好进行归纳、总结。考题有基础分、中等难度分、高难度分。错题、难题就是后两者,把握住了这些题等于把高分握在手里,基础分谁都能拿到。最后还要进行总结归纳,归纳题型还有一个统计功能,哪一部分错题多说明哪一部分没学好,有针对性地重新学习,归纳题型还可以提高复习效率,比题海战术强。复习次数:每隔一段时间复习一遍,复习时先看原题,思考后再看结果对不对。

8. 考试管理 丢分统计表。什么题型、什么知识点丢分,有针对性地解决问题。每隔一段时间需要帮助学生统计一下错题本,复习时备用。

当代社会发展迅速,知识更新快、增量大,只有不断提高学习能力,才能在知识的海洋里遨游。

心理电影

美丽心灵

影片名称:美丽心灵(A Beautiful Mind),上映时间:2001年。

影片简介:主人公纳什英俊潇洒,智商很高,但是患有精神分裂症。他研究发现的博弈理论在社会上引起巨大反响,为他赢得了很大荣誉。但是他的精神分裂症也趋于严重,给他的生活和精神造成巨大影响,他的妻子给他鼓励和安慰,帮助他重拾信心,在科学的王国里继续刻苦前行,潜心研究他的博弈理论以对抗病魔的困扰。在他坚强的意志下,经过十几年的努力,他不仅在科研上取得进一步的成功,而且他也克服了精神障碍拥有了美好情感和美丽心灵。

图5-1 《美丽心灵》

评论与分析:影片为我们讲述了一个天才数学家约

翰·纳什的坎坷经历。纳什在年轻时就有了惊人的数学发现,他的博弈理论在经济学中具有深远影响,他能从表象中发现内在数学联系,能从天空中的点点繁星中构建属于他和爱人的图形。然而,他的妻子偶然的发现,使他陷入精神分裂的泥沼:原来,他那种狂热、那种幻想、那种对祖国热爱的激情竟然是一种病态。这种意识使他茫然,但是他并没有失去生活的勇气,凭着他妻子的安慰和支持,凭着对科学的追求,凭着对祖国的热爱,他最终战胜了自己异样的精神世界,开始了他生活的新篇章。也许他终生不能摆脱幻觉的世界,但是他可以在数学的世界里遨游。

每个人都拥有梦想,每个人又都生活在现实中。梦想很丰满,现实很骨感,作为常人的我们就在梦想和现实之间不停切换,我们在现实中向梦想生长。也许我们都无法摆脱幻想的世界,只是没有影片中反映的那么强烈。影片中主人公是一个科学家,能为事业投入毕生精力,在这种心理作用下,他克服了病症带来的痛苦,最终获得内心的平静。

影片给了我们深刻的启示,现代社会是重视科技、理性、思维的世界,我们常常忽略了情感。而纳什的人生经历却表明仅仅是思想的美丽,并非真正人性的美丽。只有美好的情感才能使思想与心灵相融合,才能建构统一而美丽的心灵。

心理自测

一、学习习惯测试

本测试共16道题目,每题都有三个备选答案:A、是;B、有时如此(或不一定);C、否。

请认真阅读每一道问题并如实回答:

1. 在固定的时间进行学习吗?
2. 学习时周围必须很安静吗?
3. 是否经常查用辞典、字典等工具书?
4. 学习时有下意识动作吗?
5. 是否在按自己制订的计划学习?
6. 在学习中有经常沉迷于空想的时候吗?
7. 学习结束后,收拾书桌吗?
8. 有一边听广播或看电视一边学习的时候吗?
9. 发回的试卷,自己能认真总结、分析缺陷吗?
10. 是否平时不烧香,考前抱佛脚?
11. 你认为自己的预习效果不错吗?
12. 不感兴趣的课程就不愿下大力气去学吗?
13. 对所学的知识能够立即复习吗?
14. 即使有不明白的问题,也不愿去办公室向老师请教吗?
15. 即使有你喜爱的电视节目,是否也要坚持完成当天的学习任务再去看?
16. 是否经常有对书本毫无兴趣而浪费时间的现象?

评分方法：奇数题选 A 记 2 分，B 记 1 分，C 记 0 分；偶数题选择 A 记 0 分，B 记 1 分，C 记 2 分。将各题分数相加，得出总分。

总分在 27 分以上，表明你的学习习惯非常好；22~26 分，学习习惯较好；16~21 分，学习习惯一般；15 分以下，你的学习习惯很差，需要改正。

二、进取心测试

本测验共 28 道题，每题有三个备选答案：A、很符合自己的情况；B 有点符合；C、完全不符合自己的情况。

请仔细阅读每一道问题并如实回答：

1. 碰到阻力或困难时，不改变既定的主意。
2. 凡事求平和，不出乱子，过得去。
3. 在正当的生活竞争中，总想争个高低，比比强弱。
4. 处事待人不大触及是非，甚至躲避是非。
5. 相信事在人为，人定胜天，不愿任其自然。
6. 有矛盾时往往采取让一让的态度。
7. 别人能办到的事，坚信自己也能办到。
8. 在两难问题面前，往往是取功效小但难度也小的方案。
9. 礼要守，但事也要办，礼服于事。
10. 讲礼貌和周到，宁愿把事情办得慢一些。
11. 对班级内能办而不能办的事敢于挑刺。
12. 讲恭敬和温和，把批评降低到最低程度。
13. 为实现某个理想目标，不怕吃苦，以苦为乐。
14. 只讲待人以诚，连必要的防卫也忽视了。
15. 不怕打击，敢于孤立。
16. 凡事只求规范，不办出格的事。
17. 在困难面前有忍耐和承受的意志力。
18. 事不关己，高高挂起。
19. 有独到的见解，没有成见，在有些人眼里是个骄傲的人。
20. 怒而不争，总是以和为贵。
21. 不安于现状，总想改变点什么，在有的老师看来是不大安分的人。
22. 只管三尺门里，不管三尺门外。
23. 对力量有一种崇敬的感情。
24. 不求有功，但求无过。
25. 对强者有一种敬意。
26. 学习上爱和差生相比。
27. 有点倔强、坚持和抗争的脾气。
28. 认为当将军和元帅是和自己不沾边的事。

评分方法：奇数题选择 A 记 2 分，选择 B 记 1 分，选择 C 记 0 分；偶数题选择 A 记 0 分，选择 B 记 1 分，选择 C 记 2 分。将各题分数相加，算出总分。

总分在 50 分以上，你的进取心非常强；40~50 分，进取心较强；28~40 分，进取心一般；27

分以下,你的进取心较差。

心理互动

找出大学最重要的学习目标

过程:

1. 请每人在纸上写出你大学几年所要完成的五件大事。

2. 你发现了这些大事与学习的相关了吗?请满怀信心地体验和分享你对这五件事情的期望与喜悦。

3. 现在有特殊事件发生,你必须在五件大事中抹掉两项,请用笔把它们划掉。抹掉就意味着完全地失去了,这两项你永远也不能接触,与你无关了。体验一下你现在的心情如何?

4. 现在又有特殊事件发生了,请你再抹掉一件。这一件你也是永远不可能再接触,与你永远无关了。这时你的心情如何?

5. 残酷的现实再一次降临,你还要在剩下的两件中抹掉一件,永远地失去。这时你的心情又如何?

6. 现在只剩下一件了,看着你剩下的最后一件事情,这就是你三年或五年内最想干的,对你来说也是最重要的一件大事,这就是你当前为之奋斗的目标。

讨论分享:大家的目标是什么?有什么感想?

课后思考

如何提高自己的学习能力?如何调适心理快乐地学习?

第六章　欣赏、接纳与共赢
——大学生人际交往与合作

一个人的成功，只有百分之十五是由于他的专业技术，而百分之八十五则要靠人际关系和他的做人处世能力。

——卡耐基

案例导读

大一的黄同学早晨和晚上都喜欢打开窗户换换新鲜空气，而其他舍友却觉得黄同学存心让他们生病，一起指责他。黄同学却认为，室友们不注意作息时间，有的同学习惯早睡早起，有的则相反。晚睡的同学不愿关灯，或是“煲电话粥”不注意音量大小，或是用电脑时还用音箱，或是敲键盘声音很大，让自己很是烦恼。早起的人起床洗漱声吵死人。特别是不注意个人卫生的舍友，袜子运动鞋穿了不洗，搞得宿舍怪味难散；吸烟的室友让宿舍烟雾缭绕……黄同学与舍友的关系越来越紧张，情绪也越来越烦躁，焦虑不安，开始不知所措。

学习重点

1. 什么是人际交往。
2. 如何建立良好人际关系。
3. 人际交往中的接纳、欣赏与共赢。

第一节　人际交往与大学生的发展

一、人际交往的概述

（一）人际交往的概念

人际交往也称人际沟通，是指个体之间或个体与群体之间为了达到一定目的，运用语言、文字、动作、表情等表达方式联系和接触他人，使彼此在心理和行为上相互作用、相互影响，从而让人们彼此形成一种心理和社会上的联系。

(二) 影响人际交往的因素

1. 认知因素　在与人交往中,如果缺乏科学的认知就会产生认知偏差。认知因素主要有对自己的认知、对交往对象的认知和对交往关系的认知。首先,对自己的认知。过低的自我评价会感到自卑,过高的评价会盛气凌人,以自我为中心。因此,能否正确的认识和评价自己,会影响自己在交往中的表现。其次,对他人的认知。我们在交往中很容易因为第一印象、刻板印象、晕轮效应等对他人产生偏见,对他人的认识不全面、不客观,从而无法正确对待交往者。再次,对人际交往活动本身的认识。即认为交往活动对自己成长和发展有积极意义的会主动参与人际交往,关注他人与自己的关系以及他人对自己的反应,在交往过程中关心交往需要的相互满足等,如果体会不到,会影响进一步的交往。

2. 情绪因素　情绪反应是否得当、适度,以及情绪的稳定性、以积极愉悦为主导的情绪状态都影响着人际交往的持续性。因此,对交往的情绪反应、交往双方情感的亲疏远近等交往过程中的情绪因素在人际交往中有着重要的作用。一个积极向上的、真诚开朗的人,对别人能给予适当的共情和关注;交往中情绪稳定的人,能使交往顺利进行。

3. 人格因素　人格揭示了人与人之间心理现象的差异性。人际交往中,人格差异难免会带来双方的误解与矛盾冲突,影响人际交往。如不同气质类型的人对同一问题的处理方式不一样,性情急躁的胆汁质类型的交往者言谈举止过于直率、激烈,抑郁质的人对其常感不安而抵触与其交往,造成双方的彼此抱怨和相互不满。人格不健全者可直接造成人际冲突。

二、人际交往的功能

(一) 获取信息,相互学习

人际交往是传递信息的重要途径,是个体学习、掌握科学知识、了解社会信息的主要手段。人际交往信息传播的双向性,使信息在交流中不断的形成、发展和创造,促进交往者相互学习。

(二) 交流情感,愉悦身心

人是社会的人,每个人都有情感的需求,需求的满足要在人际交往中实现,离开人与人的交往,就会产生孤独感、空虚感、失落感。人与人的和谐往来能使个体的安全感、归属感和自尊感得到满足,心情愉悦,精神昂扬。

(三) 彼此影响,认识自我

自我意识的形成需要通过人际交往来实现。首先,根据他人的评价和别人对待自己的态度来认识自己;其次,依据与自己在地位、身份、智力等条件相似的人的比较来认识自己。自我体验和自我调节都是在与人互动中,不断地根据别人对自己的言行反馈来完成的。

(四) 取长补短,实现目标

良好的人际交往能在群体内形成互相学习和取长补短的积极效果,从而加强合作,提高群体的能力;同时形成群体的合力,明确并统一目标,激发个体潜能,实现共同目标。

三、人际交往对大学生成长的意义

(一) 人际交往有助于大学生完善自我意识

自我意识的形成和发展不是与生俱来的,是在社会环境中通过与他人的交往而逐渐形成、发展起来的,是个体在社会环境中与他人的互动中逐渐形成的。具体地说,就是大学生在与别人交往的过程中,从同学、朋友、老师对自己的评价和对自己的态度中认识到我是一个什么样的人。通过与别人的比较,感觉我是怎样的一个人,从而能对自己形成一个比较全面、客观、真实的评价和体验,最终确定我要成为一个什么样的人,该怎么样去努力。

(二) 人际交往有助于大学生获取知识

当今社会日新月异,在这个信息时代整个世界都处于普遍联系中。只从书本上获取知识就有局限性,而人际交往是获取新知识的有效途径。在人际交往中,大学生获得的有关信息对学习会起到积极的作用。良好的人际关系能开发智能,提高学习效率;在与人畅所欲言中能启迪思维,开阔视野。

(三) 人际交往有利于促进大学生的社会化

社会化是个体成长发展的必经之路,个体社会化的实现离不开人际交往这一重要途径。通过人际交往,个体学习社会规范、知识和技能,锻炼和提高个人能力,从而能适应一定的社会环境,参与社会生活,能融入社会,履行自己的社会角色,取得社会认可,最终成为一个“社会人”。

(四) 人际交往有利于大学生的身心健康

研究表明,健康的心理状态离不开健康的人际交往。人们的生理、社会需要如果长时间得不到满足,会产生心理失调;而需要的满足总是在与人的交往中实现的。在交往中形成的良好人际关系,不仅能使个体的生理和社会需要得到满足,维持心理平衡;而且当挫折发生时会给大学生提供良好的社会支持,促进大学生心理健康。

第二节　大学生人际关系

一、人际关系的内涵

人际关系是指人们在交往过程中结成的心理关系。它表现为个体所形成的对其他个体的某种心理倾向及其相应的行为。人际关系是以需要为基础、情感为纽带、交往为手段而形成的,人际关系的变化与发展取决于人际交往中双方社会需要的满足程度。如果双方在交往中都获得了各自的需要的满足,相互之间才能发生并保持一种亲近、信赖、友好的关系。反之,双方的关系就会疏远,慢慢终止。

二、良好人际关系形成与发展

(一) 大学生人际交往特点

1. 平等性和独立性　所谓交往活动的平等性,是指大学生在交往中追求人格的平等。随着自我意识的发展日趋完善,大学生的“成人感”日益增强,自我价值感日渐确立,独立性和自尊心越来越强烈,在与人交往中讨厌对方的居高临下、颐指气使的态度,渴望平等交往,要求彼此平等相待。大学生崇尚民主和自由,具有独立自主精神和主体意识,他们是互为主体、互相影响的交往伙伴。他们在交往中坚持用自己的知识和方法分析、解决问题;主张用自己的眼光看世界,用自己的观点解释社会现象;对与人交往存在较强的独立感,不能容忍任何形式的专制。那些不尊敬他人,傲慢无礼,支配欲、操纵欲、报复、嫉妒心强的人常常不受欢迎。

2. 情感性与理想化　大学生的抽象思维能力迅速发展但还较弱，与人交往情绪化，往往凭自己的好恶选择交往对象。在交往中处理冲突缺乏理智，情绪冲动，依情感亲疏论是非，而不考虑是否客观、全面和正确。并且大学生在经济上还不独立，他们之间的交往经济依赖性不强，主要是互相帮助学习，相互交流思想和感情，共同参与集体活动等，交往基本限于情感上的交流。大学生的人际交往思想纯洁、感情真挚，理想色彩较浓，与人交往不论师长、同学、还是朋友，追求不掺任何杂质，以个人的理想标准要求对方。自己对别人坦诚相见，也要求他人对自己坦诚以待；否则，一旦发现对方某些不好的品质就深感失望，甚至与对方断绝往来。

3. 开放性和选择性　大学生一般不拒绝交往，交往意识很强，交往具有开放性。由于大学生的学习和生活较以前日益丰富多彩，所以大学生的交往内容不再像高中以前那样主要以学习为主。除了学习和情感交流，就业期望、政治和经济等社会现象、社团活动、学术讨论等都是大学生交往的内容，从而使其交往对象不再局限于本班同学，而扩大到其他班级、校内，还由于其他的社会需要会一直扩展到校外、网上交友等。同时，大学生积极主动地联系不同行业、不同层次的人，构建了一个属于自己的新的多维立体结构的人际关系网。

人际交往的多元化和多样性，使得人们在交往时必须进行选择。在人际交往中大学生会根据自己的需要选择交往对象。由于大学生的价值观不尽相同，所以交往目的不同，对交往对象的选择也就不同，从而交往方式也不同。大学生选择与谁交往，交往的对象和目标都是很明确的。一般来说，那些善解人意、真诚坦率、乐观积极和通情达理的人，大学生都愿意与之交往。

4. 功利性与互助性　在当今的社会主义市场经济体制中，人们之间交往的功利性日益明显增强。置身其中的当代大学生交往的目的、交往内容和交往方式都存在功利性特点。有些大学生为个人利益拉关系、套近乎；有用的才交，无用的不交；交往的维系、关系亲疏的衡量依赖于金钱和物质。

人是社会的人，人们之间的交往又具有互酬性，既包括物质上也包括精神上的相互给予。大学生在人际交往中要求自己为社会做贡献，为他人做服务，同时也注重社会和他人对自己的尊重、物质上的回馈或精神上的激励。大学生普遍认同的人际交往关系是互助互利和平等相待。

（二）大学生人际交往的原则

1. 平等尊重原则　平等尊重是建立和发展良好人际关系的基础和前提。平等是指人际交往中人与人之间的平等相待。由于遗传和社会环境等因素的影响，人与人在家庭背景、能力、气质、性格等方面存在差异，但在人格上人与人都是平等的。尊重是指与人交往中不能轻视或贬低自己和别人的价值。每个人都有自己的人格尊严，所以在交往中既要尊重自己，也要尊重别人。在人际交往中大学生要依法、合情合理地维护自己的利益、价值，不妄自菲薄；也要尊重他人的习惯、兴趣爱好、人格尊严和价值；否则是不被他人所欢迎和接纳的。

2. 互助互利原则　交往双方需要的满足是人际关系的基础。在人际交往中，本着互助互利的原则，双方的心理需要才能相互得到满足，人际关系才会持续发展。人际关系中的互助互利表现为，根据交往双方的需要，通过对物质、精神和情感的相互交换而使各自的需要得到满足。因此，在人际交往中积极主动帮助需要帮助的人，以“我为人人”为出发点，享受

"人人为我"的社会效果，从而实现需求和满足的双向性，使交往双方的需求和需求的满足保持平衡状态。交往中互助互利性越高，双方的关系越密切。

3. 诚实守信原则　以诚相待、信守诺言是人际交往中的诚信原则。要与人相处时要坦诚相交，不卑不亢；既不当面逢迎，也不背后中伤诽谤。与人相交言而有信，遵守承诺，践行诺言。"言而无信非君子也"，大学生要认识到诚信是做人之本，是维护正常人际关系的行为准则；所以不应轻易许诺，若真有承诺，能办到一定要尽心尽力，办不到要告知对方原因，否则会给人一种不信任感。

4. 宽容理解原则　宽容理解的原则是交往中宽容待人，忍耐性强；双方能换位思考，互相了解，相互体谅。大学生在交往时要做到心胸开阔，严以律己，宽以待人，不苛求他人；要理解别人，设身处地地为别人着想，从而形成宽容和谐的人际关系。否则，会因为小摩擦陷入人际困扰。宽容理解不是懦弱，而是自信、是美德。

三、影响人际关系的因素

（一）人际吸引的影响因素

1. 时空的接近性　人际交往必然是在一定的时间和空间条件下进行的，所以人际关系的建立自然也要求具备一定的时间和空间条件。在其他条件相当的情况下，与自己邻近的人常常是人们喜欢的交往对象；人们也往往喜欢与自己经常见面的人。邻近的人见面的机会较多，易于了解、熟悉，从而产生吸引力；经常见面也利于相互了解，使得彼此喜欢。在交往初期，接近性是增进人际交往的重要因素之一；同时由于接近性，反而容易产生摩擦，造成冲突。研究表明，交往频率与喜欢程度呈倒"U"型曲线关系，中等强度的交往频率人们彼此喜欢程度较高，过高或过低的交往频率却不利于提高彼此喜欢的程度。

2. 态度的相似性　"物以类聚，人以群分"，言简意赅地道明交往者的相似性对人际吸引的重要作用。相似性指的是人们在人格、思想、兴趣、价值观以及年龄、经验、教育程度、职业、社会地位等方面的相同或相似性。相似性使人有较多机会参加共同的社会活动，增加接触的机会；在交往中相似性可以令双方相互肯定、相互激励，满足心理上的自我价值保护的需求；相似性使双方容易沟通，减少误解和冲突。因此，相似的交往双方会很自然相互喜欢并相互吸引。

3. 需要的互补性　需要的期望和需要的满足是激发人们相互交往的根本原因，当双方的需要以及对对方的期望正好成为互补关系时就会产生强烈的吸引力。需要的互补、职业和社会角色的互补、某些人格特征的互补，可使交往双方相互扬长避短、各得其所，满足需要、相得益彰。例如，不善言辞的人和外向健谈的人往往会建立和谐的人际关系。

4. 外貌与仪表　个人的外在因素，如举止、风度、服饰、容貌、体态等，在人际吸引中的作用不容忽视。初次见面，人们往往根据对方的外在表现来判断其是怎么样的一个人，然后决定是否继续与之交往。姣好的外貌与整洁的仪表容易给人留下良好的印象，外貌美的光环效应有利于人际吸引；但随着交往的进展，人的个性品质和能力将会在人际吸引中起决定性作用。

5. 个人能力　一个人的才能很容易增加自己的吸引力。"桃李不言，下自成蹊"表明人们一般都比较喜欢聪明能干的人。但是，如果这种才能让别人体验到了一种社会比较的压力，使别人感到无能和失败，那么这种才能就不会增加自己的吸引力，因为谁都不会去选择一个总是提醒自己无能和低劣的对象做朋友。研究表明，有才能的人如果犯一些“小错误”，反而会使一般人更喜欢与之接近，比那些看似完美无缺的人更具有吸引力。

6. 人格魅力　随着交往的深入，人格将成为影响人际吸引的稳定因素之一，也是个体吸引力最重要的来源之一。研究显示，影响人际吸引的人格品质中，真诚、诚实、理解、忠诚、真实、可信是受喜爱程度最高的六种个人品质。具有这些良好人格特征的人，或因交往双方人格相似而彼此欣赏、相互吸引，或因受到对方的崇拜而具有吸引力。而那些在人际交往中自私、说谎、有敌意、古怪、粗鲁、自负的人让人讨厌。

7. 沟通技巧　人际交往是一种能力，沟通技巧是通过后天的学习可以获得的。有效沟通技巧的习得，交往能力的提高可以增强人际吸引。

(二) 人际交往的心理效应

1. 首因效应　初次交往时，人们根据能够观察和感知到的一些特征，如对方的体态、表情、年龄、仪表、谈吐、礼节等，形成第一印象。首因效应是指最初接触到的信息在印象形成中起主导作用，对于以后获得信息的理解和组织有着强烈的定向作用。

2. 近因效应　近因效应是指最近获得的信息对人的认知活动具有强烈影响。随着交往的持续深入，最近的信息对认知的影响较大，所留下的印象也相对深刻，以致最近的印象会冲淡或取代以往的印象，对交往行为产生重大的影响。

一般来说，近因效应发生于熟悉的，特别是亲密的人之间；而不熟悉的或者接触频次低的人之间容易产生首因效应。

3. 晕轮效应　个体对认知对象的某些品质一旦形成倾向性印象，就会带着这种倾向去评价认知对象的其他品质；最初的倾向性印象好似一个光环，使其他品质也因此笼罩上类似的色彩，这类现象就叫光环效应，也叫晕轮效应。例如，个体如果对他人的外貌仪表有良好的印象，往往也会对他的人品给予肯定评价。晕轮效应会把一个人的某个优点或缺点夸大，泛化到认知对象的方方面面乃至整体，从而导致不能对其形成正确的认知，是一种以偏概全的评价倾向。晕轮效应的积极意义是帮助人们在认识人和事物时，能由一点而推知全面，迅速地使人们能尽快适应多变的外部世界。

4. 定势效应　定势效应是指人们对某一类人或事物产生的比较固定、概括而笼统的看法，影响着对这类人或事物的认知和评价。定势效应具有社会适应的意义，能简化人的社会知觉过程，使人迅速地了解一个陌生或不太熟悉的人或群体。但这种定势效应会使人对某些群体成员产生先入为主、以偏概全的认识，做出错误的判断，更有甚者会歧视对方。

5. 投射效应　投射效应是指在人际交往中总是假设他人与自己有相同的态度、价值、情感等倾向，即“由己推人”。投射效应的实质就在于个体不自觉地从主观出发去认知他人，对他人的知觉包含着自己的影子，导致认知的主观性、不准确性。

四、大学生常见人际关系类型

(一) 宿舍人际关系

宿舍内的人际关系，对大学生学习、生活以及健康都有着重要的影响作用。友好和谐的宿舍关系对大学生的健康成长起积极促进作用，反之则阻碍大学生的健康成长。宿舍是大学生生活、学习的又一个重要场所。研究发现，30%~60% 大学生具有不同程度的宿舍冲突，对宿舍人际关系感到不满意。特别是宿舍矛盾升级到敌对感较高时，学生易出现更多的躯体化症状，如焦虑、抑郁、偏执和精神病性表现。宿舍冲突不但影响学生心理健康，而且还可能导致伤害等恶性事件的发生，危害学校和社会的稳定。

因此，大学生宿舍舍友相处时要"未雨绸缪"，找到大家共同的利益和目标，摒弃、淡化性格、贫富、习惯等一切有损共有目标和利益实现的因素；制定宿舍契约，用制度约束、规范、调节舍友之间的关系；每个人要鞭策自己，努力奋斗，使自己融于宿舍的规范中，与舍友一起营造和谐、文明、努力、向上的友好宿舍关系，利人利己，有效度过大学生活。

（二）朋友人际关系

大学生的友谊是积极向上的，充满了友爱、互助和忠诚；且不局限于固定的一个人，具有选择性和广泛性。朋友之间的相处提高了大学生与人沟通、理解和包容他人的能力，增强了与人友好交往能力，发展了对集体的接纳和被集体接纳的能力，培养了对他人和集体的忠诚。

大学生的朋友关系是一个多层次、多侧面、多水平的网络结构。在朋友关系中，有的人可能是心灵相通的亲密朋友，有的人可能只是消遣娱乐的玩伴，还有的可能只是相识而已，极少数还可能是竞争对手。

友谊是大学生获得快乐和支持的必不可少的源泉。马斯洛的需求层次理论指出，随着生理需要和安全需要的满足，归属与爱的需求将是个体新的需要。对于当今时代的大学生，同学之间的友谊既能满足个体之间对于亲密的需求，又满足了归属感，具有了稳定感，减少了孤独和寂寞，空虚和恐惧等消极情绪，提高了大学生的自尊心。同时在遇到困难时，又能获得更多的社会支持和帮助，降低了挫折感，提高自信心和勇气，战胜挫折而具有自我价值感。而那些性格孤独不能与他人建立友谊的大学生，往往找不到归属感，郁郁寡欢，体验着更多的孤独和焦虑，当遇到挫折时，因缺乏社会支持和帮助，易发生心理问题及精神疾病等。

大学阶段是父母影响明显减弱，朋友影响显著增强的关键时期，大学生之间的朋友关系对个体自我意识发展、人格健全等有着极为重要的作用。和谐的朋友关系有利于大学生人格的健康发展和社会能力的培养，而朋友关系不良则会引起社会抑制和退缩，进而影响到对社会环境的适应。

（三）网络人际关系

随着信息技术的发展，网络的日益普及，到当今的智能手机的普遍使用，人们的交往也开始借助网络形成网络人际关系。当今大学生使用网络交往已成普遍现象，他们可以在虚拟的网络空间中大胆直抒胸臆，释放个人的情感；可以通过网际的沟通，扩大交往人群的范围，寻求与自己理想、志趣、观念相投之人。有的大学生利用网络的及时性、便捷性与现实好友、亲朋、同学通过电子邮件、QQ、微信等联系，交流思想情感，互相关心和照顾，或进行学习讨论。有的是利用网络交往回避现实交往中的种种压力。

网络交往具有的虚拟性、超时空性、随意性、及时性特点，使网络交往对大学生既有积极的影响，又有消极的影响。网络交往容易使大学生过度依赖网络，影响了大学生正常的学习、生活，严重者可能荒废学业。

第三节 欣赏、接纳与共赢

一、学会欣赏别人

案例分析

在同班女生中，默默是一个聪明伶俐、漂亮的女孩。她学习成绩不错，爱好广泛，但总有别的女生能超过她。于是每次考试后，考试成绩超过她的女生，总要有点小麻烦，比如书本丢啦，床铺上爬了毛毛虫啦。好朋友在文体比赛中突出表现为班级赢得的荣誉，默默却无动于衷、不屑一顾地说：有什么呀，我要是去参加，会拿到更好的成绩，只是太忙没时间。同为学生干部的舍友组织的班级春游活动让同学们赞不绝口，默默却在活动中时时处处刁难，事事有“别出心裁”的建议……

由于每个人的自身条件、个人境遇等不同，所以每个人都有自己的优点和长处。其中有些长处是与生俱来，有些优点、成绩是个人努力的结果，所以对于别人优于自己的地方要学会赞美和欣赏。这种态度不仅不会贬低自己，反而会显示挑战自我的勇气和自信心。

欣赏别人就意味着肯定了他人的优点与成绩，意识到自己的不足与缺点，从而可以找到自己奋斗的目标、努力的方向，鞭策自己勤奋向上。而对于别人先天的优势，要胸怀宽广、慷慨的赞美别人，同时发现肯定自己的优势和长处，寻找、实现自己的价值。

“人外有人，天外有天”。如果你是一位品格高尚的人，不妨试着发自内心的欣赏一位与你正相互竞争的同学或好友，如此能给你带来远见卓识，让你奋发向上。学会欣赏别人是一个人走向成功必备的性格和修养。

二、学会接纳别人

人际交往中的主体都是独一无二的个体。由于每个人的遗传因素、身体状态、家庭教养方式、生活环境、经历等不同，造成交往对象的个性各异，对人对事的态度不尽相同，个人能力也有高有低；有彼此欣赏的，也有彼此不喜欢的。大学生要学会相互接纳，要善于接纳形形色色的人。

要接纳别人，首先我们要接纳自己。在现实生活中，无条件地接受自己的一切，冷静理智地看待自己的得与失、成与败，客观地看待自己的长处与短处，不消极回避漠视自己的现实，也不自责甚至厌恶自己的缺陷。如此才能扬长避短、取长补短，在交往中更好地发挥自己的潜能，才能在交往中充满自信、不卑不亢、自尊自爱，赢得别人的喜欢和尊重。其次要学会接纳别人。接纳别人指在人际交往时，能接受对方的态度，容纳对方的观念与思想，对于其为人处事不但感到兴趣，而且赞许。得体的称呼使交往对象产生个人的价值感和自尊感，获得愉悦的心情；换位思考，设身处地为对方着想，理解其需求、兴趣、利益得失和价值取向等；与其交流沟通注意语气、语调、平等尊重，不因自己的优势而自我炫耀，过分自我欣赏，将对方置于尴尬境地。

三、学会相互信任

拓展阅读

倘若你只信任那些能够讨你欢心的人，那是毫无意义的；倘若你信任你所见到的每一个人，那你就是一个傻瓜；倘若你毫不犹疑、匆匆忙忙地去信任一个人，那你就可能也会那么快地被你所信任的那个人背弃；倘若你只是出于某种肤浅的需要去信任一个人，那么接踵而来的可能就是恼人的猜忌和背叛；但倘若你迟迟不敢去信任一个值得你信任的人，那永远不能获得爱的甘甜和人间的温暖，你的一生也将会因此而黯淡无光。

人际信任是个体在人际互动过程中建立起来的对交往对象的言词、承诺以及书面或口头陈述的可靠程度的一种概括化期望，用日常用语来讲就是“放心”。人际信任的经验是由个人价值观、态度、心情及情绪交互作用的结果，是一组心理活动的产物。信任他人意味着必须承受对方行为伤害的风险。社会变迁带来的不确定性、价值观的改变导致人际信任下降，所以相互信任在当今很不容易，同时也很珍贵。

大学阶段是个体人际信任发展、形成的重要阶段，对同伴的信任感是大学生进行良好人际交往的基础。大学生的人际信任水平对其合作精神、共处意识、和谐人际关系的建立有着直接地影响。研究发现，高校大学生的人际信任水平较低。大学生如何学会相互信任。

1. 提高自身的道德素质，得到他人的信任。不断提高自身修养，优化自己人格，自尊自爱；在与人交往中坦诚相待、言行一致、信守承偌；交往中情绪积极稳定，互惠合作，能给对方以支持；并且珍惜交往者对自己的信任。

2. 树立自信，敢于信任他人。不轻易对别人的态度、言行予以否定和怀疑，真诚接受、信任对方。“信任是开启心扉的钥匙”，如果心中没有信任，那么做任何事只会“以小人之心度君子之腹”；即便是简单的交流也会出现“说者无心听者有意”的怀疑；所以当我们想让别人信任我们的时候必须先信任别人。这就要求我们正确认识自己和他人，优化自身形象，提高人际交往中的自信心。

3. 信任不等于轻信。①善于沟通，促进理解。勤于与别人交流思想，与对方坦率交换意见，不偏听偏信，可以消除误会，增进互信。②客观全面正确认识自己和他人。认识自己可以提高自信心，少些无端猜忌；认识了解他人的气质、性格，待人接物特点，从而能迅速对其言行、能力做出准确判断，不至于轻信而误事害己。

四、学会沟通

（一）主动热情

主动热情地与人沟通表达的是一种接纳、尊重和理解，同时也容易被别人所接纳。不管对方价值观、人生观是否与自己相同，话题自己是否感兴趣，热情表现为我们都耐心倾听；不管别人的表达思路是否清晰，言语是否流畅，我们都耐心等待；是从心里对他人感兴趣，真心喜欢他人，是真诚无私地关心他人。

（二）善于表达

1. 交往的双方都要从对方的角度去组织、表达信息，将自己的情感体验、思维方式等与对方的实际情况如经历、能力、理解能力、性格等联系起来，站在对方的立场去思考问题、进行沟通，人与人之间就会多些理解和宽容，沟通顺畅。

2. 语言运用合理得体。①语言简单、明了、清楚，说话语气、语调合适。②讲究礼貌用语。③称呼得体，根据对方的地域来源、年龄、职业、性别、身份以及交往的场合、彼此的关系亲密疏远状况决定如何称呼对方。

（三）认真倾听

1. 不要轻易转换对方的话题，不要打断别人正兴致勃勃地述说，耐心积极地听对方表达。

2. 在听地过程中要与对方有目光交流，并适时反应，比如点头；并能对信息、情感、态度等进行反馈，不要急于给对方下结论。

3. 倾听时要面向对方，身体前倾，表达自己的尊重。

五、学会共赢

共赢是指合作者双方或多方能够共同的获得利益。人际关系是以需要为基础，情感为纽带，亲密疏远取决于交往者需要满足的程度。因此，大学生在交往中发生冲突时，要本着最初交往的目的，采取有效的方式化解矛盾和冲突，最大限度地满足彼此的需要，实现共赢。

大学生是新时代的构建和谐社会的主力军，共赢有利于大学生人际关系和谐和发展。提高大学生交往双方的沟通能力应对冲突，要善于发现、认识冲突存在的客观性，并积极面对；平心静气地分析冲突，详尽地描述出有分歧的内容；并找出分歧的关键，提出多种解决方法；并对所有可能方案进行全面、客观地评估；选择一个最有效的能实现双方利益最大化的解决方案，并对选择的方案认真执行，对执行结果进行评定，看结果是否能够实现双赢，再进行合理调整，实现双赢，促进社会和谐发展。

心理电影

通 天 塔

影片名称：通天塔（Babel），上映时间：2006年。

影片《通天塔》由一次枪击开始，一个北非的导游，接受了一个日本朋友的一把来福猎枪，交给了自己的两个儿子，让他们在放羊时来对付豺狼。这两个孩子练习枪法时，不幸射中了公路上一辆旅游大巴上的一名女游客。日本警察被照会调查来福猎枪的来历，结果发现不久前日本游客的妻子用这把枪自杀了，并被他们正在青春期的聋哑女儿看到了。聋哑女儿再也找不到能够像母亲那样可以跟她沟通的人，生活开始失去光影。

图 6-1 《通天塔》

评论与分析：影片的名字《通天塔》取自圣经中的故事。通天塔被用来比喻人们之间因为沟通不畅而产生的误解和冲突。影片中讲述了在短短的11天中，不同国家的父母与子女引起了一系列的问题与事故，在其强烈的哲学诉求中表现出了一种宿命论式的冷酷。但影片本身却从头到尾一直保持着扣人心弦的吸引力。影片发生的事情几乎浓缩这世上所有的不幸，而所有的不幸几乎都是源于沟通不畅，这警示我们人际沟通交往的重要性。

心理自测

大学生人际关系的自我测量

这是一份大学生人际关系行为困扰的诊断量表，一共有28个问题，请你根据自己的实际情况，逐一对每个问题做“是”或“否”的回答。为了保证测验的准确性，请你认真作答。

1. 关于自己的烦恼有口难开。
2. 和生人见面感觉不自然。
3. 过分地羡慕和嫉妒别人。
4. 与异性交往太少。
5. 对连续不断的会谈感到困难。
6. 在社交场合，感到紧张。
7. 时常伤害别人。
8. 与异性来往感觉不自然。
9. 与一大群朋友在一起，常感到孤寂或失落。
10. 极易受窘。
11. 与别人不能和睦相处。
12. 不知道与异性交往如何适可而止。
13. 当不熟悉的人对自己倾诉他(她)的生平遭遇以求同情时，自己常感到不自在。
14. 担心别人对自己有什么坏印象。
15. 总是尽力使别人欣赏自己。
16. 暗自思慕异性。
17. 时常避免表达自己的感受。
18. 对自己的仪表(容貌)缺乏信心。
19. 讨厌某人或被某人讨厌。
20. 瞧不起异性。
21. 不能专注地倾听。
22. 自己的烦恼无人可申诉。
23. 受别人排斥，感到冷漠。
24. 被异性瞧不起。
25. 不能广泛地听取各种意见和看法。
26. 自己常因受伤害而暗自伤心。
27. 常被别人谈论、愚弄。

28. 与异性交往不知如何更好地相处。

计分标准:选择“是”的加 1 分,选择“否”的给 0 分。

结果解释:如果你的总分在 0~8 分之间,那么说明你在与朋友相处上的困扰较少。你善于交谈,性格比较开朗,主动关心别人。你对周围的朋友都比较好,愿意和他们在一起,同时他们也都喜欢你,你们相处得不错。而且你能从与朋友的相处中,得到许多乐趣。你的生活是比较充实而且丰富多彩的,你与异性朋友也相处得很好。一句话,你不存在或较少存在交友方面的困扰,你善于与朋友相处,人缘很好,能获得许多人的好感和赞同。

如果你的总分在 9~14 分之间,那么你与朋友相处存在一定的困扰。你的人缘一般,换句话说,你和朋友的关系并不牢固,时好时坏,经常处在一种起伏之中。

如果你的总分在 15~28 分之间,那就表明你与朋友相处的行为困扰比较严重。分数值超过 20 分,则表明你的人际关系行为困扰程度很严重,而且在心理上出现较为明显的障碍。你可能不善于交谈,也可能是一个性格孤僻的人,不开朗,或者有明显的自高自大、讨人嫌的行为。

注:测验的结果仅供参考。

心理互动

收获优点(戴高帽)

(一) 活动目的:

1. 学习发现别人的优点并加以欣赏,促进相互肯定与接纳。

2. 增强个人自信心。

(二) 活动时间:30~50 分钟。

(三) 活动准备:7~10 人一组,围成圆圈坐着。

(四) 活动步骤:

1. 请一位成员坐或站在圆圈中央,向大家介绍自己的姓名、个性、爱好等。

2. 其他人轮流根据自己对他的了解及观察说出他的优点及可欣赏之处(如性格、相貌、待人接物等),然后被欣赏的成员说出哪些优点是以前自己察觉的,哪些是没被察觉的。每个成员轮流坐或站到圆圈中央,让其他人给他戴一次高帽。

(五) 活动规则:

1. 必须说出优点。

2. 夸别人优点时态度要真诚,不能毫无根据地吹捧,这样反而会伤害别人。

3. 参加者要注意体验被别人称赞时的感受;要学会用心去发现别人的长处;学会做一个乐于欣赏他人的人。

(六) 讨论分享:

1. 当你被别人称赞时,有什么感受?当你称赞别人时,又有什么感受?

2. 活动结束后,对参加活动的同学有什么新的认识吗?

课后思考

1. 案例中黄同学与舍友的关系为什么变得紧张?

2. 黄同学如何才能与舍友和谐相处?

第七章　我的情绪我做主
——大学生的情绪管理

那些在不应当愤怒时而愤怒的人，被视为无能；愤怒的方式，愤怒发作的时刻，以及愤怒的对象不适合时，也被视为无能的表现。

——亚里士多德

案例导读

明代李大谏，生长于耕农之家。从小努力学习，长大后得中举人，务农的父亲特别高兴。后来又考中进士，父亲更是大笑不止，逐渐成了狂笑病。李大谏请御医治疗，御医说："这个病可以治愈，治疗过程中如果不失敬之处，还请多多包涵。"随后派人到李大谏的家乡对他父亲说：你的儿子因患急病，不幸去世了。李大谏的父亲听到噩耗后，悲痛欲绝，止住了狂笑的症状。后来又派人说李大谏被御医救过来了，父亲不再伤心，历时十年之久的狂笑病就这样治好了。

学习重点

1. 情绪的概念。
2. 情绪与健康的关系。
3. 如何管理情绪。

第一节　什么是情绪

一、情绪的概念

（一）什么是情绪

每个人都经常处于不同的情绪状态之下。儿童对黑暗和鬼神的恐惧，青少年对爱情的喜悦，中年的焦虑，老年的孤独，等等。情绪可以让人感到快乐和满足，也会让人遭受苦恼和折磨。情绪通常分为喜、怒、忧、思、悲、恐、惊七种，也有一些的常见情绪如嫉妒、惭愧、羞耻、自豪等。俗话说："人有七情六欲"、"人非草木，孰能无情"。人作为有情感的高等动物存在于地球之上，和智能机器最根本的区别就在于人有情绪和情感。

一般认为，情绪是指人对客观事物是否符合自己的主观需要而产生的态度体验。情绪具有心理反应和生理反应的特征，我们不能直接观察到内心的感受，但可以通过外在的行为或生理变化来进行推测。行为表现越强就说明其情绪反应越强，比如高兴时手舞足蹈、愤怒时咬牙切齿、忧伤时茶饭不思、悲痛时痛心疾首，这些都是情绪在身体动作上的表现。

(二) 情绪与情感的区别与联系

情绪和情感并不是一个统一的心理过程，两者既相互联系又有所区别。从产生的基础和特征表现上来看，它们的区别如下。

1. 情绪出现较早，情感出现较晚。情绪常与生理性需要相关，情感常与社会性需要相关。婴儿一出生，出现的哭、笑等情绪表现多与饥饿、口渴、温暖、疲倦等生理性需要相关；情感是随着心智的成熟和社会认知的发展而逐渐产生的，常与知识、交际、艺术、追求等社会性需要有关。因此，情绪是人和动物共有的，而情感是人所独有的。

2. 情绪具有情境性和暂时性。情感则具有深刻性和稳定性。情绪常由身边的事物所引起，又常常根据环境、人物和时间的变化而变化，改变较快，很难持久。情感经过长期情绪体验形成的稳定的态度感受，比如我们对一个人的爱和尊敬，可能会持续一生不变。因此，情感特征常被作为人的个性和道德品质评价的重要方面。

3. 情绪比较外显，情感比较内隐。人在情绪左右下常常不能自控，高兴时手舞足蹈，郁闷时垂头丧气，愤怒时暴跳如雷。情感更多的是内心的体验，深沉而且久远，不轻易流露出来。情绪多为情感的为外在表现。

二、情绪的分类

(一) 基本情绪

原始情绪又称基本情绪，是与本能活动相联系的情绪，为人和动物所共有。

1. 快乐　快乐是个人盼望的目标实现或紧张解除后的情绪体验。例如，经过紧张的面试和层层选拔，取得了心仪的工作机会时常常会有快乐的情绪。

2. 愤怒　愤怒是个人的愿望再三受到干扰和挫折，不能达到相应目的时产生的情绪体验。当所遇到的挫折是不合理的或是被人的恶意阻挠所造成的时候，愤怒最容易发生。

3. 恐惧　恐惧是指个人无能为力摆脱某种危险时产生的情绪体验。人们到了陌生环境、意外的事情突然出现都能引起恐惧，但关键的因素是个体缺乏摆脱危险情境的能力。如古代人们遇到日食月食时，由于不知道日食月食的原因，又无力对付，往往惊惧万分，以为是世界末日来临或者有大灾难即将降临，从而造成恐慌。

4. 悲哀　悲哀是个体失去所盼望的东西或理想不能实现时所产生的体验。如失去亲人或爱人，没有考上理想的大学时产生的情绪。

(二) 情绪状态

根据情绪发生时表现的强度、速度和持续时间，可以把情绪状态分为心境、激情和应激三种。

1. 心境　心境是一种持续的、微弱的、影响人的整个精神活动的情绪状态。心境具有弥漫性和渲染性，当一个人处于某种心境时，会以同样的情绪看待周围的一切事物。例如，人逢喜事精神爽、“感时花溅泪，恨别鸟惊心”等就是对心境的写照。

2. 激情　激情是一种爆发快、强烈而短暂的情绪体验。例如，在突如其来的情境刺激下，人会产生勃然大怒、欣喜若狂等情绪反应。在这样的激情状态下，人的外部行为表现比较明显，如狂喜时手舞足蹈，兴高采烈，愤怒时是怒发冲冠、暴跳如雷等。

3. 应激　应激是出乎意料的紧张状态所引起的情绪状态。在突如其来或十分危险的条件下，必须迅速作出决定的时刻特别容易出现。例如，当遇到抢劫、突发地震等突发意外的时刻，人们都会出现心跳加速、血压升高、肌肉紧张等生理反应。在应激状态下，人可能有两种表现：一种是头脑混乱，陷入困境；一种是头脑清醒，摆脱困境。短暂应激状态可以让人警觉，但长期处于应激状态之中会降低免疫力，导致疾病的发生。

三、情绪反应

人们的身体与表情会随着不同的情绪而变化。如高兴时手舞足蹈，眉飞色舞；羞愧时面红耳赤，低眉颔首；愤怒时暴跳如雷，语速加快；悲哀时，双眉深锁，愁云密布；恐惧时脸色发白，四肢冰凉。身体内部的生理变化和外部的表情动作变化即称为情绪反应。

（一）情绪的生理变化

个体在不同情绪状态下发生的生理变化是不受主体意识控制的，可以利用仪器记录这些生理变化，是评价情绪变化的客观指标之一。

1. 呼吸系统的变化　情绪对呼吸的影响主要表现在呼吸的频率、深度、是否均匀等方面的变化。如人在平静状态时呼吸频率为16~20次/分；在消极悲伤时约9次/分；恐惧时呼吸明显加快，可达到64次/分。

2. 消化系统的变化　情绪对消化系统的影响明显。在愉快情绪下胃液、唾液分泌增多，有助于消化。焦虑、抑郁、悲哀、惊恐等消极情绪会抑制消化腺的活动，通常感觉不到饥渴。长期的这些不良情绪能够引起胃酸分泌异常，可能导致胃溃疡。

3. 循环系统的变化　在不同的情绪状态下，心跳速度和强度、外周血管的舒张收缩都会发生变化。在平静状态下，人的心跳正常，血压稳定，血管舒张；人在愤怒或恐惧时，心跳加快，血管收缩，血压上升；羞愧和气愤时，面部血管时而舒张时而收缩。

4. 腺体活动的变化　情绪发生变化时会引起腺体分泌的变化。例如，在紧张时唾液会停止分泌，感到口干舌燥，在悲伤和极度高兴时，人们会流泪，在焦急和恐惧时会流汗，这些是最容易觉察到的外部腺体活动的变化。情绪状态变化时，内分泌也会发生一系列的变化。如在一定的情绪状态下，肾上腺素、肾上腺皮质激素、胰岛素等的分泌增多或减少。

（二）情绪的外部表现

表情是个体情绪变化的外在表现。根据表情的发生部位和表现方式的不同，可将表情分为面部表情、身段表情与语言表情三个方面。

1. 面部表情　面部表情指的是脸部的表情动作，最能表达人的各种情绪变化。眉毛、眼睛、鼻孔、嘴巴可以根据不同情绪发生相应的变化。如喜悦时眉开眼笑，忧愁时愁眉不展，愤怒时怒目而视，惊恐时目瞪口呆，憎恨时咬牙切齿等。

2. 身段表情　身段表情指的是以不同的身体动作表达情绪的变化。如得意时摇头晃脑，紧张时坐立不安，欢乐时手舞足蹈，悔恨时捶胸顿足，讨好时卑躬屈膝，惊慌时手足无措等。在身段表情中手势最为重要，如表示欢迎和鼓励的鼓掌，表示加油的握拳，表示友好的握手，表示告别的挥手。

3. 言语表情　是指说话时的语调高低、语速快慢、节奏舒缓等表达情绪的变化。如呻吟代表痛苦,笑声代表愉悦,尖叫代表恐惧。不同情绪状态下,言语表情可有显著的差别,如高兴时音调高、速度快、节奏轻快,悲哀时语调低沉、语言缓慢等,愤怒时声音大却尖锐刺耳。同样一句话用不同的口气和语调表达出来,意思和情绪可能完全不同。

第二节　情绪与健康

一、情绪的功能

情绪和情感是人类为了适应环境逐渐发展起来的。情绪和情感在影响人的身心活动过程中具有很大的作用。

(一) 维持和调节功能

情绪具有维持和调节个体活动的功能。我们努力去做某件事,可能只因为这件事能够给我们带来愉快的体验,而这种体验也会促使他人模仿或者重复从事这种活动。那些给人们带来不愉快体验的活动,人们则会减少或者不再从事这种活动。适度的情绪兴奋可以使身心处于最佳的活动状态,促进个体积极的行动、增加效率。情绪高涨时,注意力集中,浑身充满干劲,工作效率会很高;当情绪低落时,会感到精神不济,什么都不想做。

(二) 信号功能

情绪的信号功能是指在交往过程中可以通过情绪和情感来表达自己的思想和意图。情绪的这种信号功能是通过表情来完成的。在人际交往中,人们可以用表情来表述自己的内心想法、态度、观点等。表情还能突破一些环境和语言的限制,发挥独特的信号功能。比如,食指竖起放在嘴唇上代表噤声,微笑代表友好,鼓掌代表欢迎,这些情绪信号可以在不能用语言表达的时候传递信息。

(三) 适应功能

情绪和情感是个体适应生存和发展的一种重要方式。情绪直接反映着人们的生存状况,如愉快的表情常表示处境良好,痛苦经常表示处境困难;人们适应社会过程中也需要通过情绪和情感,如表达友善是微笑,表达愤怒时咆哮。生活中通过观察了解对方的情绪状况,及时采取适当的应对措施。

(四) 感染功能

在人们的交往活动中,一个人的情绪情感会对他人的情绪情感产生影响作用,而他人的情绪情感反过来也会影响这个人的原有的情绪和情感。这种感染功能为情感的传递和学习提供良好的基础。比如,我们参加演唱会的现场会受到现场气氛的感染,激情飞扬。

二、情绪对健康的影响

情绪与健康关系密切。情绪可通过身体各系统引起的生理变化影响身体健康,积极正性的情绪有利于身体健康和长寿,消极负性情绪容易危害身心健康。《黄帝内经》中讲到,七情伤五脏,即为怒伤肝,喜伤心,思伤脾,恐伤肾。情绪适可而止,过犹不及。有许多心身疾病都与人的情绪失调有关,如消化道溃疡、冠心病、高血压、哮喘、恶性肿瘤等。

拓展阅读

关于猴子的心理学实验

1958年一位叫布雷迪的学者进行了一项名为“执行猴”的实验。他把两只猴子同时绑在两个并排的椅子上。一只猴子叫做“执行猴”，它可以按一杠杆来避免电击，如果间隔20分钟按一次杠杆，它就永远不会受到电击。如果到了20分钟的间隔时间它没有按杠杆，就要被电击，另一只猴子同时也受到一次电击；“执行猴”避开电击时，另一只猴也不受电击。也就是说，另一只猴子和“执行猴”所受的电击次数是相等的，所不同的是它无事可做，只有把命运交给“执行猴”。过了一段时间以后，“执行猴”患了胃溃疡，而无能为力的猴子却没有患胃溃疡。

从这个实验我们可以看出，因为那只“执行猴”长期处于紧张和焦虑之中，心理上的不健康最终导致了生理问题的出现。由此说明，不良的情绪会产生过高的应激值，将严重损害身体的健康。因此，保持轻松愉快的情绪对于人和动物都是十分重要的。

（一）积极情绪有利于身心健康

1. 积极情绪能够促进欢乐、愉快、高兴、喜悦的情绪体验。积极情绪的出现能提高大脑及整个脑神经系统的活力，使体内各器官的活动协调一致，有助于充分发挥整个机体的潜能，有益于身心健康和提高学习、工作的效率。心情愉快会改变一个人的精神容貌，使人容光焕发、神采奕奕。正所谓“人逢喜事精神爽”，说的就是这个道理。同时，保持心情愉快可以促进对生活的热爱，增强对自己的事业的信心。

2. 积极情绪能够促进人们增强机体活力，从而提高免疫力。良好的情绪可以减少和消除对肌体的不良刺激，可以直接作用于脑垂体，保持内分泌功能的适度平衡，从而使全身各系统、器官的功能更加协调、健全。

（二）消极情绪不利于人的身心健康

1. 消极情绪影响身体健康　面对生活节奏的加快，学习工作压力的增加，很容易产生焦虑和忧郁等负面情绪。当这些情绪产生时，人体胃肠蠕动会减弱，消化液的分泌会减少；焦虑、烦恼、发怒等消极不良的情绪往往会引起或激发某些疾病的发生；过分的抑郁或恐惧会导致高血压、胃溃疡等多种疾病；消极不良的情绪同时会影响机体的免疫系统，抑制免疫系统功能的发挥，从而导致免疫力降低，增加患上癌症或其他疾病的概率。由此可见，负面情绪对身体健康有着非常大的危害。

2. 消极情绪影响心理健康　处于青年期的学生生理发育成熟，心理发育还在不稳定期，心理变化剧烈，情绪起伏很大，情感体验复杂，容易陷入情绪困扰。持久的负面情绪会使人的大脑功能出现严重失调，影响学生们的身心健康，还会促使一些病症产生，如抑郁症、焦虑症等疾病，甚至发生自杀和校园暴力事件。

拓展阅读

阿拉伯古代著名医学家阿维森纳曾做过一个著名的羊羔实验来证实心理对健康的重要意义。他把一胎生的两只羊羔安置在两个同样的地方,给以同样的食物饲养,但其中有一只羊羔的身边拴着一只恶狼。羊羔日夜与恶狼为伴,面对这只张牙舞爪的野兽,小羊羔整天惊恐不安、不思饮食,最后终于死于恐惧与饥饿之中;而另一只羊羔没有受到恶狼的威胁,所以安然无恙,并健康地成长起来。后来有人用显微镜观察受惊致死的动物和人的心脏,发现这些心脏都有严重的心肌细胞坏死现象。这些病理变化将导致心脏功能的紊乱甚至心力衰竭而猝死。

第三节　大学生情绪管理

一、大学生常见情绪困扰

(一) 焦虑

焦虑十分常见,是个体主观上预料将会有某种不良后果产生的不安感,是紧张、害怕、担忧混合的情绪体验。人们在面临威胁或预料到某种不良后果时,都有可能产生这种体验。

焦虑会明显地影响着一个人的精神状态、认知行为和身体状况。被焦虑所困扰的大学生常表现出烦躁不安、思维受阻、行为迟钝、身体不适、食欲不振等症状。严重的焦虑能使人失去一切情趣和希望,导致心理疾病。

案例分析

胡某,女性,18岁,大专一年级新生,自理能力不强,看到周围同学都能很好地照顾自己的生活学习,感到压力很大。自入学以来每天睡眠不足6小时,容易烦躁。近半月来饮食睡眠较差,一想到自己的起居饮食就容易走神,上课尚能正常出勤。医生诊断确认无躯体疾病。她看着周围同学丰富多彩的生活,自己连照顾自己这样的小事都做不好,觉得能力很差,担心无法顺利读完大学,越想越糟糕,也不愿意与同学们交流,孤僻内向,考虑回家复读,考取离家近一点儿的学校缓解焦虑。心里十分痛苦,寻求咨询帮助。

(二) 抑郁

抑郁是大学生中常见的情绪困扰,是一种感到无力应付外界压力而产生的消极情绪,常常伴有厌恶、痛苦、羞愧、自卑等情绪体验。

情绪抑郁的大学生的主要表现是情绪低落,思维迟缓,兴趣丧失,缺乏活力,反应迟钝,干什么都打不起精神,不愿参加社交,故意回避熟人,对生活缺乏信心,体验不到生活的快乐,并伴有食欲减退、失眠等。长期的抑郁会使人的心身受到严重损害,使人无法有效地学习、工作和生活。

案例分析

小丽，大学二年级学生，2015 年初被诊断为抑郁症而休学。在医院精神科住院治疗 15 天未愈，之后在母亲的陪同下向心理咨询中心求助。

求助者表现为失眠严重，难以入睡，易醒而多梦。身体极度虚弱，每天沉湎于生与死的思考之中，情绪低落，以泪洗面，属于重度抑郁症。同时有明显的躯体不适症状，面色暗沉无光，食欲不振，出现胃下垂等症状。咨询师了解后得知：小丽自小父母离异，她跟随母亲生活。后来母亲下岗后无力赚钱养家。失去了经济来源，母女俩只能靠低保维持生活。父亲离异后又组建了新的家庭，经济也不富裕，又有了新的子女，只能为小丽上学提供学费，小丽觉得自己生活很悲惨，十分苦闷。心理咨询师伸出的援助之手，给她们母女带来了生的希望和勇气。

(三) 强迫

大学生常出现一些强迫症状，包括强迫观念和强迫动作。强迫观念表现为反复而持久的观念或想法，如经常反复考虑某一件事情，认为自己的细小的差错就会引起灾难性的后果，当看到刀、匕首和其他尖锐物品时会有特殊想法等。病人会努力摆脱脑海中的这些观念，但又摆脱不了，所以紧张烦恼、焦虑不安，十分痛苦。

强迫动作又称强迫行为，是病人屈从或对抗强迫观念而表现出来的重复进行的动作或仪式行为，如经常反复洗手而且洗手的时间很长，超过正常需要；有时会毫无原因地重复相同的话语好几次；经常没有必要地反复做某些事情，如检查门窗、开关、煤气、钱物、文件、表格、信件等。同样，病人会因无法停止强迫动作而苦恼。

(四) 愤怒

愤怒是当客观事物与人的主观愿望相悖时产生的强烈情绪反应。大学生正处在热情高涨、激情澎湃的青年时期，有时候激情似乎难以控制。容易发怒便是大学生中常见的一种消极激情。有的大学生因一句刺耳的话，一件不顺心的事，就激动得暴跳如雷，或出口伤人，或拔拳相向，铸成大错。盛怒过后，却又追悔莫及。

(五) 嫉妒

嫉妒是大学生中有一定普遍性的不良情绪。容易引起大学生嫉妒的因素主要有外表、成绩、能力、物质条件、恋人、运气等。而那些自尊心过强、虚荣心过盛、自信心不足、以自我为中心、认知有偏差、自控能力弱的大学生更易产生嫉妒，而且程度也较一般人更重。嫉妒心会影响大学生的人际关系，造成同学间的隔阂甚至对立，同时使自己处于烦躁、痛苦的情绪中。

拓展阅读

有一个人，非常嫉妒他的邻居。他的邻居越是高兴，他越是不高兴；他邻居的生活过得越好，他越是不痛快；每天都盼望他的邻居倒霉，或盼望邻居家着火，或盼望邻居得什么不治之症，或盼望下雨天雷能蹿进邻居家，劈死一两个人，或盼望邻居的儿子夭折……然而每当他看到邻居时，邻居总是活得好好的，并且微笑着和他打招呼,这时他的心里就更加不痛快,恨不得往邻居的院里扔包炸药,把邻居炸死……就这样,他每天折磨自己,身体日渐消瘦,胸中就像堵了一块石头,吃不下也睡不着。

这个故事中的主人就是出于嫉妒,把自己置于一种心灵的地狱之中,折磨自己。但折磨来折磨去,却一无所得。

嫉妒是心灵的地狱。嫉妒的人总是拿别人的优点来折磨自己。德国有一句谚语:“好嫉妒的人会因为邻居的身体发福而越发慌乱。”所以,好嫉妒的人总是40岁的脸上就写满50岁的沧桑。

(六) 恐惧

大学生常常会有恐惧情绪,如入学时、毕业找工作时或者学习过程中对某些特定的对象或处境产生强烈和不必要的恐惧情绪,而且伴有明显的焦虑及自主神经症状并主动采取回避的方式来解除这种不安。病人明知恐惧情绪不合理、不必要,但却无法控制,以致影响其正常活动。恐惧的对象可以是单一的或多种的,如动物、广场、电梯、登高或社交活动等。一位大学生一次在课堂上回答问题,由于一时紧张出现了口误,引起同学们的哄笑,并被老师批评。从此每当上这个老师的课,他都感到极度的紧张、焦虑,后来发展到恐惧,他只好坐到最后一排,但还是恐惧老师注视他的目光,很快严重到不敢进教室、恐惧进教室,恐惧所有的上课老师的目光。这个学生是由于当初偶然事件引发的负性情绪的体验,没有得到很好的处理,逐渐泛化到了所有相似的情境中,造成了学习和人际交往的情绪障碍。

二、大学生情绪的调适

(一) 情绪调适的方法

情绪是由客观刺激引起的主观体验,可见客观的事物与主观的信念同时影响着人们情绪的变化。因此,要改变一种情绪,便可以从两个方面入手,要么改变客观事物的性质,要么改变内心主观认知的倾向。常可以从如下几个方面控制不良情绪。

1. 改变客观现实　客观事物的性质有的是能被人们改变的。如将失败转变为成功,情绪就会由悲转喜;把危险解除,恐惧就会消失;将重要的任务圆满完成,紧张就会变为轻松;找到知心朋友,孤独就被温暖所代替。而有的客观事物是不能被人们改变的,如“天有不测风云”,晴朗或下雨的天气等。

2. 改变主观认知　主观认知和理念则是可以改变的。如把失望当作为成功所交的学费,沮丧就会转为振奋;把沉重的任务、艰难的工作看做是锻炼自己的机会,压抑就会变为兴奋;不用想象中的灾难和不幸吓唬自己,恐惧就会大大减轻;领悟了世间有些路必须一个人去走,就可能学会在一定程度上享受孤独。“塞翁失马,焉知非福”,积极乐观地去看待问题,保持良好的心态很重要。

3. 转移注意力　转移注意力就是把注意力从引起不良情绪的事情转移到其他事情上,这样就可以使人从消极情绪中解脱出来,从而激发积极、愉快的情绪反应。转移注意力可以通过改变注意的焦点来达到目的。当自己情绪不好时,可以做一些自己平时感兴趣的事,使自己从消极情绪中解脱。转移注意力还可以通过改变环境来达到目的。当自己情绪不理想时,到室外走一走,到风景优美的环境中玩一玩,会使人精神振奋,忘却烦恼。把自己困在屋里,不仅不利于消除不良情绪,而且可能加重不良情绪对你的危害。

4. 合理疏导　疏导缓解内心积累的不良情绪方法很多，找到适合自己的就行。最简单有效的途径有四个“出来”：说出来、写出来、画出来、喊出来。也可以通过锻炼如健身、跑步、打球、舞蹈等，想象着坏情绪像球一样被打出去，或者随着汗水挥洒出去，会给人一种痛快的感觉。此外，还可以听音乐、散步、逛街、做按摩、静心冥想、点香熏等。

拓展阅读

有一个年轻人失恋了，一直摆脱不了事实的打击，情绪低落，已经影响到了他的正常生活。他没办法专心工作，因为无法集中精力，头脑中想到的就是前女友的薄情寡义。他认为自己在感情上付出了，却没有收到回报，自己很傻很不幸。于是，他找到了心理医生。

心理医生告诉他，其实他的处境并没有那么糟，只是他把自己想象得太糟糕了。在给他做了放松训练，减少了他的紧张情绪之后，心理医生给他举了个例子。

“假如有一天，你到公园的长凳上休息，把你最心爱的一本书放在长凳上，这时候走来一个人，径直走过来，坐在椅子上，把你的书压坏了。这时，你会怎么想？”

“我一定很气愤，他怎么可以这样随便损坏别人的东西呢！太没有礼貌了！”年轻人说。

“那我现在告诉你，他是个盲人，你又会怎么想呢？”心理医生接着耐心地继续问。

“哦，原来是个盲人。他肯定不知道长凳上放有东西！”年轻人摸摸头，想了一下，接着说：“谢天谢地，好在只是放了一本书，要是油漆或是什么尖锐的东西，他就惨了！”

“那你还会对他愤怒吗？”心理医生问，“当然不会，他是不小心才压坏的嘛，盲人也很不容易的。我甚至有些同情他了。”

心理医生会心一笑：“同样的一件事情——他压坏了你的书，但是前后你的情绪反应却截然不同。你知道是为什么吗？”

“可能是因为我对事情的看法不同吧！”

对事情不同的看法，能引起自身不同的情绪。很显然，让我们难过和痛苦的不是事件本身，而是对事情的不正确的解释和评价。这就是心理学上的情绪 ABC 理论的观点。情绪 ABC 理论的创始者埃利斯认为，正是由于我们常有的一些不合理的信念，才使我们产生情绪困扰，所以想摆脱这些情绪困扰，重点是改变自己的不合理认知。

（二）良好情绪的保持

1. 养成快乐的习惯　快乐是一种心理习惯，一种心理态度，如果现在不加以了解和实践，将来也很难体会到快乐。快乐不是在解决某个问题后产生的，因为一个问题解决了，另一个问题又会出现，生活本身就是由一系列的问题组成的；快乐也不只是在到达某种目的、获得某种满足后才会到来的，因为快乐更存在于生活实践的本身。

2. 学会宽容悦纳　宽容不仅是一种美德，也是交往成功的重要保证和情绪健康的前提条件。宽容既表现为对他人的宽厚容忍、不斤斤计较，也表现为对自己的悦纳包涵，不过分苛求。一个不肯宽容别人的人，既容易被别人怨恨，在人际关系中不受欢迎，也往往会使自己的身心受到伤害；一个不肯宽容自己的人，则常常会处于自责、悔恨之中。

3. 适当的自我定位　从中学到大学是一个巨大的转折，环境的变化和竞争的加剧，会使不少同学感到心理不适，失落感明显。因此，在大学生活中给自己一个适当的自我定位十分重要。

大学生血气方刚、积极进取、竞争意识强，这是积极的一面。然而，由于自身的不成熟以及某些错误的认知方式，容易造成一些同学争强好胜、相互攀比、盲目竞争的现象，这很不利于心理健康。大学校园人才济济，每个人都具有各自的优势，假如盲目地与他人竞争攀比，就有可能因为自己在某些方面处于劣势，而产生自我挫败感，有的甚至会自我否定，陷入深深的自卑之中。同时，事事与人竞争、攀比还会给自己造成过度紧张，心理上承受过大的压力，从而对身心健康产生不良影响。

4. 善于与人交往　人是社会的人，交往是人生发展的内在需要。当一个人的交往需要没有得到满足时，就会情绪低落，甚至会产生孤独、空虚、抑郁、自卑和恐惧等不良心理，严重的会在行动上表现出自我封闭、逃避现实、自暴自弃，或与外界冲突、对抗，甚至丧失生活的信心和勇气。善于交往的人常常更容易成为健康、快乐和成功的人。

5. 学会自我解脱　遇事要想得开，要心胸开阔。须承认，生活中不只会有快乐，还会有痛苦；不仅有成功，也会有失败；不仅有圆满，也会有缺陷。只有这样，才会在顺境时，格外觉得幸运；在逆境时，也承认这是理所当然。从而使自己拥有一种良好的心境，而这样良好的心境往往能创造出更多的收获。

拓展阅读

一个年轻人问智者：我怎样才能成为一个自己愉快、也能使别人快乐的人呢？

智者回答：我送你四句话。

第一句是：把自己当成别人。即当你感到痛苦、忧伤的时候，就把自己当做别人，这样痛苦自然就减轻了；当你欣喜若狂时，把自己当做别人，那些狂喜也会变得平和些。

第二句话是：把别人当做自己。这样就可以真正同情别人的不幸，理解别人的需要，在别人需要帮助的时候 给予恰当的帮助。

第三句话：把别人当成别人。要充分尊重每个人的独立性，在任何情形下都不能侵犯他人的核心领地。

第四句话：把自己当成自己。

年轻人问：如何理解把自己当自己，如何将四句话统一起来？

智者说：用一生的时间、用心去理解。

心理自测

小测试：你的情绪稳定吗？

对下列题目作出：“是”或”否“的回答：

1. 尽管发生了不快,仍能毫不在乎地思考别的事情。
2. 不计小隙,经常保持坦率诚恳的态度。
3. 习惯于把担心的事情写在纸上并进行整理。
4. 在做事情时,往往具体制定有可能实现的目标。
5. 失败时仔细思考,反省其原因,但不会愁眉不展,整天闷闷不乐。
6. 具有悠闲自娱的爱好。
7. 常常倾听众人的意见。
8. 做事有计划地积极进行,遇挫折也不气馁。
9. 无路可走时,能够改变生活方式和节奏,以适应生活。
10. 在学业上,尽管别人比自己强,但仍保持“我走我的路”的信条。
11. 对自己的进步,哪怕只是一点点,都会高兴的表示。
12. 乐于一点一滴地积聚有益的东西。
13. 很少感情用事。
14. 尽管很想做某一件事,但自己估量不可能时也会打消念头。
15. 往往理智、周密地思考和判断,不拘泥于细枝末节。

测试结果:

每题选择“是”记1分;“否”不记分。然后将各题得分相加,算出总分:

0~6分:你的情绪不是很稳定,经常患得患失,又不能很好地生活。常常拘泥于一些小事情,无论做什么事情都过分认真,总是忙忙碌碌,耗费心机。难于做出重大的决策,一丝不苟反而使自己感觉迟钝。

7~9分:情绪一般稳定。

10~15分:你的情绪很稳定,大多擅长于处理事物的方法、判断及思考等,不拘泥于细微小节,能积极大胆地处理一些事情,在各种困难面前毫不动摇。

心理电影

愤怒管理

影片名称:愤怒管理(Anger Management),首映时间:2003年。

大卫本来是一个很正常的生意人,至少看上去非常正常,他有着温文尔雅的外表和漂亮的女朋友琳达。但是不幸的是,在一次飞行旅行中,他失去了控制,被认为不能控制自己的情绪,并被遣送去进行“情绪管理”训练。被逼入绝境的大卫,该如何应对以后的生活……

图7-1 《愤怒管理》

评论与分析:现有的教育告诉我们要宽容,要淡定、要忍耐,因此现实生活中很多人都不会发火。但每一个人都需要情绪发泄的渠道,所以怎样发火、应当多大程度的发火就显得十分重要,这也是愤怒管理的精髓。每个人要正确认识自己的需要，不被其他事物干扰，清楚自己的极限和底线，管理好自己的情绪。

心理互动

心 理 诊 室

（一）活动目的：探讨情绪管理在生活中的具体应用。

（二）活动时间：30~40 分钟。

（三）活动用物：白纸、笔。

（四）活动过程：通过一个小故事，让同学们分组讨论，当不良情绪出现时如何进行更加积极有效的情绪管理？

案例：你好！我是高二学生小张。最近，我的生活似乎一片黑暗。我总是控制不了自己的情绪，往往因为一点小事就大发脾气。有次上课时，老师提问我回答问题，我一紧张就没回答出来。事后同桌小李说："你怎么这么笨，连这种问题都不会？"当时我就火冒三丈，一拳向他挥去，幸亏被同学们拉开。现在我和小李的关系降到了冰点，我该怎么办呢？请你帮帮我。

苦恼的小张

心理专家：请结合所学知识，针对小张存在的问题，分组交流帮助小张，讨论对策，小组代表发言。

老师适时点拨：

(1) 小张遇到烦恼，有没有值得我们借鉴的地方？

(2) 小张的做法合适吗？

（五）讨论分享：小张的做法不合适，但在生活中有很多人采取这样的处理方法，让心情更加糟糕，人际关系受到很大的影响。通过同学们互相讨论，可以发现自己生活中处理问题的不足，寻求到更多地解决办法，让每个人都有更大的收获！

课后思考

你如何做自己情绪的主人？

阅读推荐

朱彤《日常生活中的心理学》。

第八章　挑战与成长
——大学生的挫折与应对

不幸，是天才的进身之阶，信徒的洗礼之水，能人的无价之宝，弱者的无底之渊。

——巴尔扎克

案例导读

李同学是个聪明好学、积极进取、乐于助人的学生，从小学到高中一直是班上的干部，深受老师和学生的喜爱。进入大学后，美丽的校园、浓厚的校园文化气息让其对大学充满憧憬，对学习和生活等给予很高期望，踌躇满志。李同学认为通过努力付出定能有所回报，但入学不久在校学生会的一次招录新人的竞聘中失利落选。李同学被这一次“意外”打懵了。这突然的“失宠”让他心里像打翻了“五味瓶”，情绪一落千丈，不愿说话；认为在如此重要的场合，在全校精英们面前表现笨拙，很是没面子；害怕别人对自己品头论足，开始怀疑自己，并对自己以前的表现和成绩也开始持怀疑态度，避免与人交往。渐渐地，以前那个阳光灿烂的李同学不见了，沉默寡言、学习困难 、凡事消极被动的李同学走进了学校心理咨询室。

学习重点

1. 挫折的含义及作用。
2. 大学生常见挫折类型。
3. 大学生应对挫折的方式。

第一节　什么是挫折

一、挫折及其作用

(一) 挫折的含义

挫折是指一个人在实现行动目标的过程中遇到无法克服的障碍或困难，使其需要得不到满足，目标无法实现时所产生的紧张状态或情绪反应。

挫折的内涵包括三个方面：挫折情景、挫折认知和挫折反应。

1. 挫折情景 是指人们的需要不能获得满足的内外障碍或干扰等情景因素。如参赛失败、考试失利、就业不顺等都是造成挫折的情境因素。

2. 挫折认知 是指人们对挫折情景的知觉、认识和评价。挫折认知既可以是对实际遭遇的挫折情景的认知,也可以是对想象中可能出现的挫折情景的认知。对挫折情境的知觉判断受个体生理、心理状态、阅历和价值体系的影响,所以不同的人对相同的挫折情境产生的挫折认知不尽相同。

3. 挫折反应 是指伴随着挫折认知,个体的需要不能满足时产生的情绪和行为反应。常见的有紧张、愤怒、焦虑等情绪反应,以及攻击或逃避等行为反应。挫折反应中的核心因素是挫折认知,挫折认知决定挫折反应的性质和强度。

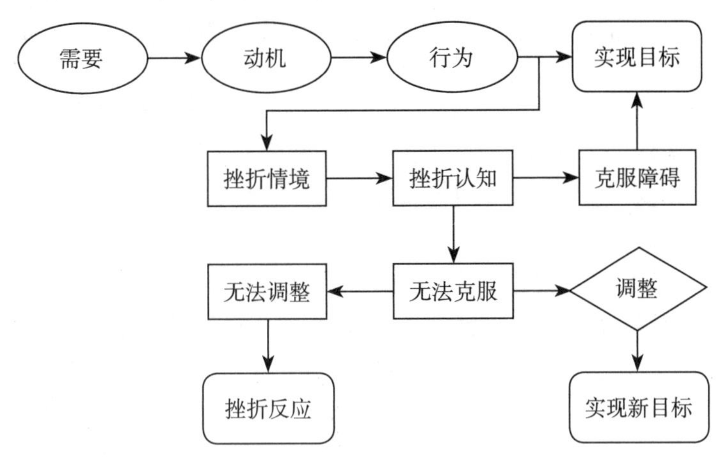

图 8-1 挫折的产生

(二) 挫折的作用

个体在遭受挫折时常伴随着强烈的紧张、愤怒、焦虑等情绪,会做出各种各样的反应,或表现为强烈的内心体验,或表现为特定的行为,以维持心理平衡。

1. 积极作用 挫折可使人变得冷静,重新审查需要和目标,再次审视自我;总结经验,汲取教训,改变目标或策略,战胜挫折,不断提高个体的挫折承受力。

2. 消极作用 挫折也可使人们产生不安、焦虑、愤怒等负向情绪,并采取攻击、退化、逃避等消极的防卫方式来应对挫折,使受挫者处于不良的心理状态和行为反应中。

二、挫折产生的影响因素

(一) 生理因素

身体健康状况影响人对挫折的承受力。体弱多病的人比体质强健的人容易遭受挫折,且挫折承受力不如后者。体质强健者比体弱多病者容易克服行为过程中遇到的生理上困难,比如熬夜工作,长时间持续工作而不感到疲乏厌倦。研究发现,体弱多病者比身体健康者在丧偶后一年内发病率高 78%,死亡率高 3 倍之多。

(二) 心理因素

1. 人格因素 不同气质、性格的个体对情景的知觉、体验不同,采取的行为方式不同,对于挫折的承受力也不同。性格开朗、意志坚强的人面对不利情境能自如应对;有较强虚荣心的人对挫折比较敏感,承受力低;黏液质比抑郁质的人的挫折承受力更强。

2. 自我认知　自我认知影响着挫折的应对。具有正确的自我认知的人往往能够客观地看待挫折,评估自身的能力,调节情绪,增强动力,采取适当的方法克服困难,战胜挫折;反之,会陷入精疲力尽,自暴自弃,甚至一蹶不振。

3. 动机冲突　人们有多种需要就会形成多种动机。人们的行为受诸多动机中的最主要动机驱使,但是由于同时存在的诸多动机的性质和强度非常相似,使主导动机难以确立,难以取舍形成的矛盾心理状态即为动机冲突。动机冲突有三种基本形式。

(1) 双趋冲突:“鱼,我所欲也,熊掌,亦我所欲也;二者不可兼得”。如此吸引力和强度相当的两个目标同时出现,由于主、客观原因只能选择其中之一时,个体往往会表现出难于取舍的矛盾心理,称为双趋冲突。比如即将毕业的大学生是选择就业缓解家庭经济困难,还是继续升学提升发展中间,就是双趋冲突。

(2) 双避冲突:“前有埋伏,后有追兵”、“进退维谷”是指两种违背需要、具有威胁性的目标同时出现,使个体产生同等的逃避动机,由于情势所迫不能同时避开,必须接受其中一个才能避免另一个,这样就会产生左右为难的矛盾心理,称为双避冲突。例如,个别大学生既不想用功读书,又怕考试不及格。

(3) 趋避冲突:某大学生想进入学生会锻炼自己,又怕繁忙的学生会工作影响到自己的学习。这种对个体具有利与弊的双重意义的事物,使人同时产生接近和回避两种矛盾的心理,称之为趋避冲突。

4. 心理预期　当心理预期过高,远远超出自己实际能力时,个体就会遭遇挫折,遇到的心理打击越大,挫折感就会越强。因此,自我的心理预期要贴合实际,要能够“跳起来摘桃子”。高校是一个人才辈出、竞争激烈的场所。大学生在设定心理预期和行为目标一定要符合自身的实际能力和现实环境,实现目标采取循序渐进、小步前进的原则,这样才能有效避免挫折。

5. 挫折承受力　每个人的耐挫能力不相同。耐挫能力强的人,面对挫折时不会过分紧张,情绪困扰体验不强烈,头脑清醒,采取有效的办法适应和应对挫折情境,使心理和行为维持正常状态。而耐挫能力弱的人,遇到挫折便会惊惶失措、敏感和紧张,陷入不良情绪的困扰中,甚至不能自拔,而造成心理和行为的异常。大学生的耐挫能力的提高需要经历磨练,正所谓“宝剑锋从磨砺出,梅花香自苦寒来”。

(三) 社会因素

1. 生活阅历　生活阅历丰富的人,承受挫者能力较强。他们面对挫折时能客观地分析挫折情境,正确地审视自我能力,在挫折中锻炼成长。

2. 社会支持　社会支持会影响个体对挫折承受能力,影响自己对挫折事件的评估、决策。当一个人感到有人在关心、爱护和尊重自己,特别是自己信任和依赖的人的支持时,会增强挫折承受力,减轻挫折反应强度。正所谓“有人分享,快乐加倍;有人分担,痛苦减半。”一个拥有良好人际关系的人,遇到挫折时能获得更多帮助和支持,获得精神援助也更多,易出走挫折情境。

3. 社会环境　大学生价值体系尚处于建立和完善阶段,对社会的认知不甚客观和全面,在当今社会里,人才竞争日趋激烈;他们面对复杂的社会现象、严峻的就业形势,个体的需求常带有更多的茫然和不确定性，极易产生挫折感。

第二节　大学生常见的挫折

一、大学生常见挫折类型

（一）生活挫折

广义的生活挫折泛指在社会生活中遇到的所有挫折；狭义的生活挫折主要是指生活上的一些困难和不适应，如生活自理问题、交往问题、经济困窘、意外事故等。挫折越大，对人的打击就越大。

（二）学习挫折

学习挫折指学习上遇到各种困难时所产生的消极感受。尤其是刚刚进入大学的新生，要适应大学学习的内容、方法以及对学习时间的管理等。在这一过程中，一些适应能力较差的学生可能会产生学习挫折，主要表现为对所学专业的学习内容不感兴趣，对教师的授课方式不适应，对宽松的学习环境缺乏自我管理，学习方法不当，虽然极尽全力但学习成绩仍不尽人意，对学习失去兴趣，产生厌学情绪或抗拒心理等。这些学生中的一部分学生会因挫折造成不听课、逃课等现象的发生。

（三）人际挫折

主要表现为不擅长交往或人际关系不和谐。

1. 交往不畅　表现在入学后很想与人交往，想结交一些朋友，但是不会主动与人交往沟通，甚至不知道如何与同学相处；或因性格内向、腼腆胆小、自卑，虽然内心十分渴望与别人建立良好的关系，但是又不敢与人交往；有些同学自我为中心，在人际交往中常常挑剔别人，过于理想化，孤芳自赏不愿与人交往。

2. 交往冲突　是指在与他人交往中，由于缺乏人际沟通技巧不擅长交流沟通，在交往中与交往者产生矛盾，发生冲突，导致人际关系紧张，与人相处不和谐不友好，易产生挫折感。

（四）情感挫折

大学生的情感挫折是多方面的，主要表现在友情、亲情与恋情等方面。

1. 亲情　对父母、长辈的期望、要求不理解，个人的想法、做法得不到亲人的理解和支持，常常造成大学生内心的苦闷。

2. 友情　有些大学生交友趋于理想化，以理想的标准衡量对方，在相互交往中产生误解，导致关系渐行渐远，感觉总交不到知心朋友。

3. 恋情　这种挫折的伤害更深更持久，表现为失恋、单恋、多角恋等。失恋的丧失感、单恋的相思之苦使人感到孤独和受到极大的伤害，产生自卑和屈辱感；多角恋的心力憔悴让人感到愤怒和屈辱。恋爱挫折深深伤害了大学生的自尊心，不理智者容易情绪失控而导致害人害己的行为。

（五）就业挫折

大学生在就业过程中遇到了各种困难与阻力即产生就业挫折。一些大学生对自身职业能力、素质、兴趣及就业形势没有正确认识，盲目乐观、眼高手低，在寻找工作中遭受到各种挫折。在就业竞争中逐渐丧失择业、就业勇气。就业挫折使得大学生害怕毕业，畏惧走上社会。

（六）理想与现实落差

大学生怀揣美好憧憬、远大的理想走进大学校园，对未来生活充满了美好的愿望与期待。随着校园生活、学习的深入，对现实了解和感触日益增多，对自己和社会也有了新的认识和评价。由于现实社会还存有一定的弊端，当他们的社会认同受当前社会存在的种种问题与弊端影响，妨碍了其对社会现实作出正确评价。看到的多是消极一面的时候，对理想与现实落差感到失望和沮丧，产生挫折感。

二、大学生受挫后的心理行为表现

（一）积极的心理行为反应

1. 仿同作用　大学生在学习和生活中常常把历史名人、伟人、科学家、身边优秀的同学、爱戴的师长作为人生的榜样，特别是那些与自己家境条件、经济状况、社会经历相似或者相近的人，更是他们仿同的对象。当个体遭遇挫折时，以成功者为榜样进行效仿，从仿同对象身上获取信心、增添勇气和战胜挫折的力量，运用仿同的作用战胜挫折。

2. 幽默效应　幽默是化解痛苦、避免尴尬的一种积极的心理防御机制。当人们处于窘迫的困境时，以幽默风趣的方法巧妙地化解尴尬，摆脱困境，维持心理平衡。大学生在生活和学习中学会幽默，既可以缓解紧张情绪、化解痛苦和人际关系的僵局，又可以展现你的开朗、自信，从而促进人际交往、维护人际关系和谐，有利于身心健康。

3. 升华作用　人们通过升华作用把本能的欲望和动机导向比较崇高的目的和行为上。它是一种积极的心理防御机制。就个人来说，升华减轻了本能的压力，使原来具有破坏作用的本能冲动转化为追求社会成就的活动，使不良情绪得到合理宣泄，减轻痛苦，取得成就，发展自我。屈原遭放逐而赋《离骚》，司马迁受辱而著《史记》，都是受挫后升华防御的经典范例。

4. 补偿作用　在生活中由于主客观条件的限制，使个体的某一个目标无法实现时，人们便会改变目标，以实现新目标的成功体验去减轻原有目标失败的痛苦，这就是补偿作用。所谓“失之东隅，收之桑榆”。例如，在日常生活中有的大学生学习成绩虽然不好，但是他会在社团活动中以优异的组织管理能力做积极的补偿，不仅可以减轻受挫后的消极情绪的压力，又可获得心理平衡和满足感。

5. 调整目标　当个体受挫后，冷静理智分析主客观条件，正确地评价自身的实力和社会现实。对目标审时度势地重新进行调整，若经分析发现挫折经过坚持和努力能够克服，会更加坚定自己的目标追求，增强前进的信心和勇气，潜心钻研思考，奋起拼搏，达成目标，满足需要。调整目标的过程是一个积累人生经验，促使个体成长和成熟的过程，所以学会调整目标是一个人成熟理智的表现。

（二）消极的心理行为反应

1. 攻击行为　攻击是受挫后个体在非理智情况下把愤怒等消极情绪指向使其受挫的对象——人或者事物，表现为对他人讥讽、漫骂、殴打甚至伤害以及损坏物品等行为。这是一种破坏性的行为，也是出现最多的挫折反应之一。从表现形式上可分为直接攻击和间接攻击。如在大学发生的打架斗殴、损坏公物乃至一些恶性事件，多与大学生受挫后的攻击行为有关。攻击行为虽然可以暂时发泄心中的不满、愤怒，缓解愤懑情绪，却不能从根本上解决问题，甚至可能造成更严重的后果，引起新的挫折，既伤害他人又危害社会。

2. 反向作用　是一种用相反的态度和行为把自己一些不符合社会规范、不被允许的愿望和行为表现出来，同时掩盖自己的本意，避免或减轻心理的痛苦的行为反应，称为反向作用。大学生在日常生活学习中遭受挫折后会采取的一种与自己的动机、心愿相反的态度或行为，以避免或减轻自尊心受到伤害的行为方式。比如，自卑的人会表现出反常自负；很想与某个异性交往，但又害怕对方不接受自己，表现出对对方不屑一顾的态度。

3. 退化　退化是指受挫者表现出与自己的年龄不相称的诸如幼稚等反常行为。当个体遭受挫折以后，以退化的行为方式来避免感受因挫折而产生的不安、焦虑等负性情绪的困扰，以求得别人的同情和照顾。如遇到困难时像孩子般的大哭吵闹、耍赖或喋喋不休，而不愿承认错误；有的大学生用离校或离家出走等行为应对自己认为无法摆脱的困境。可见，退化行为是一种倒退现象，降低人的判断能力、学习和工作效率，不能有效地应对挫折。

4. 合理化　又称为文饰作用，当个体追求的目标达不到时用在外部寻找某种理由或托辞对自己的行为给予某种合理的解释，以避免或减轻焦虑，维护自尊的方法。合理化的行为表现形式有两种：一是"酸葡萄"反应，二是"甜柠檬"反应。"酸葡萄"反应是当个体面对其难以达到的目标时，借助讥讽或否定而夸大目标的缺点，来平衡因不能满足需要的失衡的心理。"甜柠檬"反应则是夸大既得所有的利益，减小或者否定它的不足之处，合理化起着自我安慰和自我麻痹的作用，不能实事求是分析挫折情景，不能为实现目标满足需求做出任何有意义的行为改变。

5. 压抑　压抑是一种"主动遗忘"，是指个体把自己意识不能接受的痛苦经验压抑到潜意识中，从而避免痛苦。其实被压抑的东西并没有消失，冲突并没有真正解决，并且在日常生活中一旦出现相近的场景，被压抑的东西就会冒出来，对个体造成更大的威胁和伤害。它不仅影响个体的正常活动，严重的会引起心理异常和心理疾病。

6. 无助和自怜　无助是一种对失败、挫折、惩罚无能为力、听天由命、被动挨打的行为状态。它产生在人们反复应对而无法奏效时，是一种无能为力的表现。无助使人放弃努力，甚至对自身产生怀疑，认为自己没有能力、无可救药，从而对个体造成伤害性影响。自怜是自己怜悯自己可怜自己。自怜的同时还包含着对自身的不满、焦虑和愤怒等成分。自怜多见于独居者，自怜者在遭遇挫折时常独自哀叹、缺乏安全感和自尊心。

7. 回避与逃避　回避是指对即将要出现的挫折情境在未接触之前所采取的远离行为。比如，知道自己本学期参加技能竞赛，缺理论课太多，一时补不上，参加考试会影响成绩。就在期末考试前提出缓考申请。逃避是指接触到挫折情境后，认识到自己无法逾越，而采取的远离挫折情境的行为。例如，恋爱失败后就不敢再恋爱，当众演讲失败受别人嘲笑后再也不参加集体活动等。回避和逃避虽然可以降低个体因挫折产生的紧张感或者避免再次受到挫折的伤害，但是当事人现实生活中的挫折问题并没有解决，这些问题是回避不了的。而逃避只能滋生当事人害怕困难、不求进取的心理，长期下去将大大降低他们的适应能力和自信心，甚至可能会导致适应不良。

消极的心理行为反应在一定时期一定程度上能暂时缓解受挫者的紧张心理和消极情绪，但这种行为反应缺乏积极的意义，其后果一方面对大学生身心发展不利，产生心理问题甚至心理障碍，另一方面还可能危害他人和社会。因此，大学生要学会面对挫折采取积极应对方式，避免消极的心理行为反应。

三、挫折对大学生成长的意义

(一) 挫折的积极意义

1. 提高大学生的认知水平。遭遇挫折后，有坚强意志的人能勇敢地面对困难、接受挑战；重新审视自我，再次衡量目标，积极总结经验，找出不足，使自我认知和自我评价趋于客观，调整目标适合自己，解决问题。正所谓“吃一堑长一智”。经历挫折可以积累应对挫折的经验，提高自己的认知水平和解决问题的能力。

2. 激发大学生的潜力。“井无压力不出油，人无压力轻飘飘”。在适度的紧张和压力情况下，可以促使个体最大限度地激发身心潜能。这时人的注意力会更加集中，思维更加敏捷，反应速度更快，使自己的知识经验、技能技巧和智力能力达到激活状态，从而有利于克服障碍，达成目标。

3. 磨炼大学生的意志。遇到挫折后，大学生面对挑战，果敢机智、不屈不挠地战胜挫折，取得成功。而成功应对挫折的这一过程，磨练了大学生的意志。

4. 修正目标和处世方法。这是面对挫折时的冷静、理智和重新自我认知，它往往使个体在偏离目标或脱离实际情况下清醒过来，看到自身的缺陷及客观条件的限制，进而重新调整、修正目标。同时，在挫折中逐渐改变自己不适应的处世方法，促使自己奋发努力，不断进步、成长为个性坚强有力的人。

(二) 挫折的消极影响

1. 降低大学生的智力活动效率。研究表明，在不良的情绪状态下大脑会释放出一种有害物质而使人身心疲劳，抑制个体对问题的分析和解决；在不良的情绪状态下，人的大脑神经元之间的联系还会不够精确，影响到思维的敏捷性、准确性，从而降低智力活动的效率。

2. 降低大学生实现目标的积极性。挫折会使人陷入不安、烦恼、焦虑、郁闷等负性情绪之中，会损害大学生的自我效能感，表现为高估困难，低估自己的能力，降低行为的积极性，降低抱负水平，导致目标任务难以完成。

3. 伤害大学生的身心健康。遇到挫折时，人的精神处于极度紧张状态，如果不能采取积极有效应对方式，这种状态持续时间过长，会导致身心功能的紊乱，甚至会造成心身疾病的发生。

第三节　大学生面对挫折，击败压力

一、树立正确的挫折意识

(一) 挫折普遍存在性

纵观人类历史，人们在创造文明、推动社会进步的过程中，无一不是曲折式前进、螺旋式上升的。“一帆风顺”只是人们美好的愿望。个人的一生发展也与挫折和战胜挫折相伴随，个人成长的每个阶段，发展的每个过程中都有挫折的磨砺。世界充满了成功的机遇，也充满了失败的可能。作为一个现代大学生，应有迎接挫折的心理准备，调整自己，要不断提高自我应对挫折与干扰的能力，增强社会适应力。

(二) 挫折的两重性

挫折的两重性是指挫折对人的积极作用和消极影响。挫折的消极影响表现在会降低个体的创造性思维水平,影响个体实现目标的积极性,损害个体的身心健康;积极作用表现在促进个体在经历挫折中成长,克服挫折中得到历练、提高和升华。因此,大学生要学会辩证地看待挫折。“塞翁失马焉知非福”,充分利用挫折对人的积极作用,变困境为机遇;在崎岖不平的人生的道路上,正确地认识挫折、勇敢地战胜挫折,将挫折作为阶梯,永攀高峰。

(三) 挫折的差异性

面对同样的情景和考验,不同的人有不同的感受,会做出不同的反应;有的人顺利完成任务,有的人知觉为障碍而不安焦虑,有的人感受到挫折而绝望。对同一个人,在不同的时期,对待相同的事,感受挫折的因素不同,挫折容忍力也不一样。

(四) 挫折磨练意志

爱迪生一生有1328项发明,其中每项发明都不是一帆风顺的。“失败也是我所需要的”,这是爱迪生一生奋斗的经验总结。爱迪生在发明电灯之前做了两千多次实验,有个年轻的记者曾经问他为什么遭遇这么多次失败。爱迪生回答:“我一次都没有失败,我发明了电灯,这只是一段经历了两千步的历程。”爱迪生对每次的失败都诠释为:知道了又一个试验不成功而已。坚信失败乃成功之母,若每次失败之后都能有所“领悟”,把失败当作成功的前奏,就能化消极为积极,变自卑为自信。

衡量一个人的内心世界强弱与否,如何认识和对待挫折便是一面镜子。经历挫折、承受挫折是人生的一门必修课。大学生必须不断克服困难,历经磨难,战胜挫折和险境,才能成为卓越的人。

二、面对挫折进行自我调适

(一) 正视挫折,正确归因

当我们遇到挫折时,能否进行挫折的正确归因,是应对和解决挫折的必要基础。对造成挫折的原因进行实事求是地分析,搞清楚挫折的原因是外部原因,还是内部因素,或是内外因素共同作用造成。进行外归因的人,对行为不能做自我控制和自我调节,面对挫折会失去行为的动力,无所适从。进行内归因的人,把挫折理解为个人准备和努力不够,过于责备自己,不能对行为进行冷静思考,对行为结果不能给予合理评价,无法有效改善所受挫折。所以面对挫折,应当实事求是理智地作出准确归因。从本人的实际条件出发,结合所处环境,以积极的态度认真分析挫折的主客观原因,及时找出挫折的症结所在,才能找出形成挫折的真正原因。

(二) 宣泄情绪,增强自信

对于挫折产生的不良情绪,不能简单地靠压抑或攻击发泄来调节,要进行适时适度的情绪宣泄疏导来恢复并保持健康良好的情绪状态。

每当受到挫折的打击时,我们对自己的评价都会差到极点。这时我们更要客观地看待、认识自己所遇到的挫折,分析自己的优点和长处、缺点和短处,扬长避短,重新选择,振奋精神,增强自信心,为实现目标继续努力。

(三) 调节目标,知足常乐

挫折体验总是与要实现的目标联系在一起。不论想象性挫折还是实质性挫折,都是目标不能实现、需要未能满足而产生的。因此，当我们受到挫折以后要重新衡量自己的目标。目标是否定的过高，远远超过了自己的能力范围；如果目标确实不切实际而无法实现，那就要进行调整，重新确立适合自己的目标。对确立的长远目标，应分为由近及远、由简至繁、由易到难的各种子目标，形成一个不断递升、循序渐进的目标层次；如此经过自己的努力，才能不断实现一个个具体目标，从而实现最终目标。

"知足常乐"。简单地说，也就是在目标的物欲满足上和自己比、和过去比、和不如自己的人比。采取这种比较法，容易说服自己以求得心理平衡，调整挫折情绪。

（四）总结经验教训

个体受挫后，会产生失望、烦躁等恶劣情绪，思维不冷静，行为失去理智而导致新的挫折，如此会形成恶性循环。在人生的旅途中，我们不会总是一帆风顺，挫折会不期而至，要学会利用挫折，使自己愈发坚强有力。因此受挫时无论什么样的挫折，都沉着对待，冷静分析，善于从中学习，及时总结经验教训，使挫折成为磨练自己的砺石、成功的基石。

三、培养挫折承受力主动寻求社会支持

（一）优化自身人格品质

挫折承受力是指个体在遭遇挫折时对挫折的忍受程度。具体是指在遇到挫折情景时个体适应挫折、抵抗和应对挫折的能力，摆脱和排解困境而使自己避免心理和行为失常的一种耐受力。每个人的性格特征、个人兴趣爱好、世界观都对挫折承受力有重要的作用。性格开朗、乐观、坚定、自信的人，挫折承受力强；性格孤僻、多疑、内向、懦弱、心胸狭窄的人，对挫折的承受力弱。大学生在生活和学习中要有意识地不断培养自身的优良品格，提高挫折承受力。

（二）勤于实践，学会选择

大学生要主动将自己置于千变万化、错综复杂、矛盾重重的社会环境中去磨练，在实践中挑战挫折，在挫折中学习和成长，不退缩、不逃避，从而积累处世经验，具备应对挫折的心理准备和行为能力。实践证明，个体所定目标与其抱负水平相关；过高或过低抱负水平的人，所定目标一般与个人的实际能力不相匹配，不是无法实现，就是太过容易而空虚苦闷。大学生在积极投身社会实践的过程中，要学会根据自己的实际情况调节抱负水平，选择适合自己的努力目标。

（三）提高挫折认识

大学生要学会辩证地看待挫折，充分利用挫折对人的积极作用，变不利为有利。毛泽东说过："错误和挫折教训了我们，使我们变得聪明起来，我们的事情就办得好一些。"全面、客观、辩证地看待所遇到的挫折，认识到挫折存在的普遍性、挫折作用的双重性、挫折因人的差异性是十分重要的。

（四）主动寻求社会支持

顺利克服挫折，成功战胜挫折，离不开他人的支持、帮助和关爱。当我们在实现既定目标的过程中遇到挫折，需要不能满足时，主动寻求社会支持；可以从朋友、亲人那里得到物质上的支持，精神上的鼓舞。因此大学生在与人交往的过程中，客观认识自己，正确认识他人，克服以自我为中心等不良的交往态度，使自己受人欢迎，同时又要关爱他人，与他人和谐友好相处。

四、面对挫折，击败压力

（一）勇于面对，正确分析

遇到挫折后不得回避，要勇敢面对挫折，进行冷静地分析，从客观、主观、目标、环境条件等各方面找出自己受挫的原因。

第一，不能过于理想化地看待社会，要正确面对社会现实。衡量社会的公平性不能用自己的标准，而应客观正视社会，承认差异，接受差别，努力去缩小自己与别人的差距。

第二，要认真分析引起挫折的原因。挫折情景、挫折认知和挫折体验能否消除或改变；如果能，则通过各种尝试和努力，设法将其消除、改变或降低它的不良作用程度。

第三，要有辩证的挫折观，学会自我鼓励，进行激励自己，减轻挫折引起的不良情绪。"自古雄才多磨难"，人在一生的成长、发展过程中会遇到许多挫折，如何战胜挫折，并从逆境中勇敢地走出来是最重要的。

（二）重新评价自己和目标

自我评价过高的人，因为设立的目标常常不切合实际，愿望难以实现，需要不能满足，而受到挫折打击。遇到挫折，需全面、客观、正确地评估自己，既要欣赏、肯定自己的优点和长处，又要勇于承认自己的不足，确立一种自信、自强、自立的心态。依据新的自我认知，重新确立适合的奋斗目标。只有这样，人的心理才不会出现失衡现象，也就不会产生心神不宁、无所适从的情况。

（三）接受挑战，击败压力

大学生遇到挫折后经过冷静分析，认真评价自己的实力，重新确立目标后，就要接受挑战，果断地采取措施，实施行动，以坚持不懈的努力战胜困难和挫折。

心理电影

风雨哈佛路

影片名称：风雨哈佛路（Homeless to Harvard：The Liz Murray Story），上映时间：2003 年。

图 8-2 《风雨哈佛路》

这是一部催人警醒的励志电影，讲述了一位生长在纽约的女孩莉斯，经历的艰难和辛酸的人生，承受着家庭的千疮百孔，凭借自己的努力，最终以优异的成绩进入世界著名学府——哈佛大学。表现了一个贫穷苦难的女孩用执著信念和顽强的毅力来改变自己、改变命运、改变人生。

评论与分析：莉斯是一个敢于与命运抗争的女孩，有着强烈自卑感，同时也有着强烈的自尊，她的自卑推动着她的努力。她讨厌周围人异样的眼光，面对逆境与绝望，她是不屈服的勇者，她以自身的发展和成功来克服自卑。她知道自己的家庭环境，她会看在垃圾堆里找到的百科全书。莉斯付出拼命的努力,换取了班里的第一名去波士顿旅游的机会,得到去哈佛大学求学的机会。

影片带给我们的思考是如何面对挫折和逆境,如何克服自卑感。

心理自测

挫折承受力自测

每个人的生活中都不同程度地受到挫折,人们在受挫后恢复的能力却各不相同。有些人弹性十足,有些人受挫后一蹶不振,而大多数人则介于两者之间。下列问题则可以测验出你应付困境的能力。在回答这些问题时,请你用“同意”或“不同意”作答。回答愈坦白,愈能测验出你的受挫弹性。同意划“√”,不同意划“×”。

1. 胜利就是一切。
2. 我基本是个幸运儿。
3. 白天工作不顺利,会影响我整晚的心境。
4. 一个连续两年都名列最后的球队,应退出比赛。
5. 我喜欢雨天,因为雨后常是阳光普照。
6. 如果某人擅自动用我的东西,我会气上一段时间。
7. 汽车经过时溅了我一身泥水,我生气一会儿便算了。
8. 只要我继续努力,我便会得到应有的报偿。
9. 如果有感冒流行,我常是第一个被感染的人。
10. 如果不是因几次霉运,我一定比现在更有成就。
11. 失败并不可耻。
12. 我是有自信心的人。
13. 落在最后,常叫人提不起竞争心。
14. 我喜欢冒险。
15. 假期过后,我需要调整一天才能恢复常态。
16. 遭遇到的每一否定都使我更进一步接近肯定。
17. 我想我一定受不了被解雇的羞辱。
18. 如果向我所爱的人求婚被拒绝,我一定会精神崩溃。
19. 我总不忘过去的错误。
20. 我的生活中,常有些令人沮丧气馁的日子。
21. 负债累累的光景叫我寒心。
22. 我觉得要建立新的人际关系相当容易。
23. 如果周末不愉快,星期一便很难集中精力学习和工作。
24. 在我生命中,我已有过失败的教训。
25. 我对侮辱很在意。
26. 如果聘任职务失败,我会愿意尝试。

27. 遗失了钥匙会叫我整星期不安。
28. 我已达到能够不介意大多数事情的地步。
29. 想到可能无法完成某项重要事情，会使我不寒而栗。
30. 我很少为昨天发生的事情烦心。
31. 我不易心灰意冷。
32. 必须要有百分之五十以上的把握，我才敢冒险把时间投资在某件事上。
33. 命运对我不公平。
34. 对他人的恨维持很久。
35. 聪明的人知道什么时候该放弃。
36. 偶尔做个败北者，我也能坦然接受。
37. 新闻报道中的大灾难，使我无法专心工作。
38. 任何一件事遭到否决，我都会寻求报复的机会。

统计与解释：上列问题，列入“不同意”者为：1、3、4、6、9、10、15、17、18、19、20、21、23、24、25、27、28、29、32、33、34、35、36、37，其余题为“同意”。

依上列答案，相符者给 1 分，相反为 0 分。如果只得到 10 分或者更少，那么就是那种易被逆境、失望或挫折所左右的人，易于把逆境看得太严重，一旦跌倒，要很久才能站起。不相信“胜利在望”，只承认“见风转舵”。总分在 11~25 之间者，遇到某些灾祸或逆境的时候，往往需要相当时间长才能振作起来。不过这类人却能找到很多的技巧和策略来获取个人的利益。如果总分高于 25 分，则显示应付逆境的弹性极佳。不理想的境遇虽然会造成伤害，但不会持久。这类人在情感上通常相当成熟，对生活也充满热爱，他们不承认有失败，纵或一时失败，仍坚信有“东山再起”的一天。

心理互动

在挫折中站立

（一）活动目的：

1. 生活中凡事不尽是一帆风顺，挫折总是不期而至。
2. 对于逆境，该如何应对。

（二）活动时间：30~50 分钟。

（三）活动准备：

1. 16 人分成一组。
2. 小组中两两为一组。

（四）活动步骤：

1. 开始时，大家都处于“蛋”在状态，然后每两人一组，进行猜拳，赢的升为“小鸡”，输的继续在蛋的状态。

2. 接着，赢了的队员再两两一组，进行猜拳，赢了升为小鸟，输了的回到蛋的状态。

3. 处于“蛋”和“小鸡”状态的成员再两两进行猜拳。赢的队员相应升一级，输的队员全部再回到“蛋”的状态。

4. 升为小鸟的队员再两两一组，进行猜拳，赢了升为猴，输的队员全部再回到“蛋”的状态。

5. 依此类推，直到连赢四次，经历完从蛋 - 小鸡 - 小鸟 - 猴 - 人的“五步曲”，才算胜利。

心理导语：这个游戏正象征着人生的曲折、坎坷。我们正是在不断的挫折中成长、进步。人生中有许多进进退退，正如这个游戏的进化过程，很多时候当我们付出很多努力，却不得不从头再来时，你是否依然有勇气？

这个游戏内容、规则方法都很简单，但却意味深长。如果把人生比作五步的话，我们开始都是平等的“蛋”。但一轮过去了，赢的长成小鸡，输的仍然是蛋。做小鸡的想继续升级，做蛋的想变成小鸡。每个人都是盘算看自己的下一步，竞争无处不在。在游戏中最郁闷的莫过于在猴变人那一关被打回蛋。因为只差一步就成功了，到最后却又得从头再来，真有种前功尽弃的感觉。然而，差别出现了，有的人放弃了，有的人却心不甘，继续“抗战”……命运完全掌握在你手中，抱怨与嫉妒只会让你意志消沉，萎靡不振；信心和勇气才会让你成功。

（五）讨论分享：这个游戏象征着人生的曲折、坎坷。在人生中你是否面对挫折，依然有勇气从头再来时？为什么？

课后思考

1. 案例一中李同学在升入大学前后的表现和结果有什么异同？
2. 李同学为什么需要心理咨询老师的帮助？

第九章　塑造健全人格
——大学生人格与健康

气质之美与其说是来自内心的修养，不如说它是来自一种对美好事物的欣赏能力。这份欣赏力就使一个人的言谈举止不同流俗。

——罗兰

案例导读

大银行家的儿子杜加文，是一名英俊聪明、风流倜傥的大学生。他有一个阔绰的家庭，有灵活的头脑，本来是极有前途的，然而可悲的是，在台湾社会走向现代化的过程中，他选择了错误的人格模式。他觉得，人的现代化就是现代的穿着、现代舞姿和现代的玩乐。他的这种选择完全背离了人的现代化的正确道路，开始是女友的离去，后来沉醉于游乐，不务正业，最后陷入赌窟，将万贯家财花光，父亲气死，妻子病死，儿子流落街头，本人也死于赌徒的刀下。究其原因，是人格选择的结果，选择了正确的人格模式，才能走向成功。在文化多元化和社会变革的今天，大学生面临人格模式的选择，只有选择了适应时代需要的人格模式，才能有美好的现在和光明的未来。

学习重点

1. 人格概念及结构。
2. 人格与健康关系。
3. 塑造健全人格的方法。

为什么有些人成功，有些人失败；有些人伟大，有些人渺小；有些人高尚，有些人平庸？这一切源头在哪里？心理学家奥尔波特说过："人的鲜明的特征是他个人的东西，从来不曾有一个人和他一样，也永远不会再有这样一个人。"人的鲜明的特征是由人格决定的。这就是本章所讲的主要问题——人格。

大学阶段对于一个人的人格形成是非常关键的。大专学生相对本科院校学生而言，入校录取分数线相对低，注重实际操作，专业理论相对于本科教育有适度的压缩。然而近年来，高职生心理问题日趋严重，出走、轻生、非法犯罪等校园危机事件屡有发生。这些人格异常、人格扭曲的现象给我国高职教育健康发展提出了新挑战。这就决定了在人才培养的过程中，高职院校不仅要加强对学生职业技能和职业道德的教育，同时还必须重视学生健全人格的培养，从而提高人才的培养质量。

第一节　人 格 概 述

一、人格的概念

最早的人格概念源于古希腊语的面具(persona)一词，是指舞台上演员的面具，不同的面具体现了不同角色的特点和人物性格。如同我国京剧中的脸谱：红脸代表忠义，白脸代表奸诈，黑脸代表刚强。现代“人格”一词广泛运用于社会学、法学、伦理学、心理学等众多学科。心理学沿用面具的含义，转意为人格，其中包含了两个意思：一是指人格所具有的外壳，就像舞台上根据角色要求所戴的面具，表现出一个人外在的人格品质；二是指一个人由于某种原因不愿展现的人格成分，即面具后的真实自我，这是人格的内在特征。

由此，我们对人格给以完整的概述：人格是现实中的独特的个人，由社会化获得的，具有内在统一性和相对稳定性的个人特质结构，是人思想和行为的综合。

二、人格的特征

人格是一个具有丰富内涵的概念，其中反映了人格的多种本质特征。

(一) 独特性

每个人的人格都是独特的，这种独特性不仅仅表现在某些个别的心理和行为特征上，更主要的是表现在整个模式上，从而使得人与人之间相互区别开来。人与人没有完全一样的人格特点，所谓“人心不同，各如其面”，正说明了人格是千差万别、千姿百态的，这就是人格的独特性。

(二) 稳定性

人格具有稳定性。在行为中偶然发生的，一时性的心理特征，不能称为人格。例如，一位性格内向的大学生在各种不同的场合都表现出沉默寡言的特点，这种特点从入学到毕业不会有很大的变化，这就是人格的稳定性。俗话说，“江山易改，秉性难移”，这里的“秉性”就是人格说的稳定性。但是要注意的是，人格的相对稳定性并不意味着人格是一成不变的，我们相信，在一个人的一生当中，人格具有可塑性和可变性。

(三) 功能性

人格的功能性是一个人生活成败、喜怒哀乐的根源，一定程度上会影响一个人的生活方式。正如人们常说的“性格就是命运”。比如，当面对挫折与失败时，坚强者能顽强拼搏、逆境而生，懦弱者会一蹶不振、怨天尤人。

(四) 统合性

人格是由多种成分构成的一个有机整体，是依据一定的内容、秩序与规则有机组合起来的动力系统，具有内在的一致性。受自我意识的调控，人格的统合性是心理健康的重要指标。当一个人的人格结构各方面彼此和谐一致时，人们就会呈现出健康的人格特征，否则就会出现各种心理冲突，导致“分裂人格”。

三、人格的结构

人格包括个体的人格倾向性、人格心理特征及自我意识三个方面。

(一) 人格倾向性

人格倾向性是决定个体对事物的态度和行为的内部动力系统，由需要、动机、兴趣、目的、志向、理想、信念、价值观等构成。主要是在后天社会化过程中形成。

(二) 人格心理特征

人格心理特征即心理特征系统，是个人身上经常表现出来的稳定的心理特征。它影响个人活动的效能与风格，包括气质、性格、能力等。主要受先天遗传因素的影响。

1. 气质　气质是表现在心理活动的强度、速度、灵活性与指向性等方面的一种稳定的心理特征，即我们平时所说的脾气、秉性。人的气质差异是先天形成的，如孩子刚一出生时，最先表现出来的差异就是气质差异，有的孩子爱哭好动，有的孩子平稳安静。

有关气质类型的理论很多，如体液说、阴阳五行说、血型说、体型说、激素说、高级神经活动类型说等。在这些学说中，由于时代和科技的限制，多数是片面的，缺乏科学的根据。本章只陈述最具有影响的两种学说。

气质这一概念源于古希腊医生希波克拉底的体液说，认为人体内有四种液体：黏液、黄胆汁、黑胆汁、血液。黏液生于脑，黄胆汁生于肝，黑胆汁生于胃，血液生于心脏。这四种液体“形成了人的气质”。以后，罗马医生盖伦对气质进行了分类，并认为每种气质类型的特点的表现是由于四种液体中的某种液体在体内占的优势决定的。血液优势者为多血质，黏液优势者为黏液质，黑胆汁优势者为抑郁质，黄胆汁优势者为胆汁质。

巴甫洛夫用高级神经活动类型学说解释气质的生理基础。他依据神经过程的基本特性，即兴奋过程和抑制过程的强度、平衡性和灵活性，划分了四种类型：①弱型；②强而不平衡型；③强而平衡灵活型；④强而平衡惰性型。这 4 种类型分别相当于希波克拉底的 4 种气质，即抑郁质、胆汁质、多血质、黏液质（表 9-1）。

表 9-1　高级神经活动类型与气质类型表

高级神经活动过程	高级神经活动类型	气质类型
强、不平衡	不可遏制型	胆汁质
强、平衡、灵活	活泼型	多血质
强、平衡、不灵活	安静型	黏液质
弱	抑郁型	抑郁质

气质类型的特征如下：

(1) 胆汁质：这种人情绪体验强烈、爆发迅猛，思维灵活但粗枝大叶，精力旺盛，争强好斗，勇敢果断，为人热情直率、朴实真诚、表里如一，行动敏捷、生气勃勃、刚毅顽强；但这种人遇事常欠思量，鲁莽冒失，易感情用事，刚愎自用。典型的胆汁质特点的人物代表：《水浒传》中的李逵、《三国演义》中的张飞。

(2) 多血质：这种人情感丰富、外露但不稳定，思维敏捷但不求甚解，活泼好动，热情大方，善于交往但交情浅薄，行动敏捷，适应力强；他们的弱点是缺乏耐心和毅力，稳定性差，见异思迁。典型的多血质特点的人物代表：《红楼梦》中的王熙凤、《三国演义》中的曹操。

(3) 黏液质：这种人情绪平稳，表情平淡，思维灵活性略差但考虑周到，安静稳重，踏踏实实、沉默寡言、喜欢沉思，自制力强、耐受力高，内刚外柔、交往适度、交情深厚；但这种人行为主动性较差，缺乏生气，行动迟缓。典型的黏液质特点的人物代表：《水浒传》中的林冲、《西游记》中的沙和尚。

(4) 抑郁质：情绪体验深刻、细腻持久，情绪抑郁、多愁善感，思维敏锐、想象丰富，不善交际、孤僻离群，踏实稳重、自制力强；但他们的行为举止缓慢，软弱胆小，优柔寡断。典型的抑郁质特点的人物代表：《红楼梦》中的林黛玉。

气质是人的天性，无好坏之分，不能决定人的社会价值，更不具有社会道德评价含义。另外，气质也不能决定一个人的成就，任何气质的人只要经过自己的努力都能在不同实践中取得成就，相反，也可能平庸无为。

2. 性格　性格是一种与社会相关最密切的人格特征，在性格中包含有许多社会道德含义。性格表现了人们对现实和周围世界的态度，并表现在他的行为举止中，是个体对社会、对自己和对他人的一种心理倾向，它包括对事物的评价、好恶和趋势等方面。性格表现了一个人的品德，受人的价值观、人生观、世界观的影响，如有的人大公无私，有的人自私自利。性格是在后天社会环境中逐渐形成的，是人的最核心的人格差异。性格有好坏之分，能最直接地反映出一个人的道德风貌。

性格的类型如下：

(1) 根据知、情、意三者在性格中何者占优势，把人们的性格划分为理智型、情绪型和意志型。理智型的人，通常以理智来评价、支配和控制自己的行动；情绪型的人，往往不善于思考，其言行举止易受情绪左右；意志型的人，一般表现为行动目标明确，主动积极。

(2) 根据人的心理活动倾向于外部还是内部，把人们的性格分为外向型和内向型。

(3) 根据个体独立性程度，把人们的性格划分为独立型和顺从型。独立型的人善于独立思考，不易受外来因素的干扰，能够独立地发现问题和解决问题；顺从型的人，易受外来因素的干扰，常不加分析地接受他人意见，应变能力较差。

(三) 自我意识

自我意识即自我调控系统，是人格中的内控系统或自控系统，是指人对自身以及对自己与客观世界的关系的意识。它能使每个人与周围世界打交道的过程中对自己有认识、有体验、有控制。自我意识包括自我认知、自我体验、自我控制三个子系统，其作用是对人格的各种成分进行调控，保证人格的完整、统一、和谐。

四、影响人格形成的因素

(一) 生物遗传因素

双生子的研究被许多心理学家认为是研究人格遗传因素的最好办法。研究表明，遗传是人格不可缺少的影响因素。但遗传因素对人格的作用程度因人格特征的不同而不同，通常在智力、气质这些与生物因素相关较多的特征上，遗传因素较为重要；而在价值观、信念、性格等与社会紧密相关的特征上，后天环境因素更重要。人格发展过程是遗传与环境交互作用的结果，遗传因素影响人格发展方向及形成的难易。

（二）社会文化因素

社会文化熏陶和影响着一个人的个性，并伴随从出生到死亡。它使一个人的人格结构朝着相似性的发展，逐渐塑造一个人具有稳定性的人格特征，稳稳地“嵌入”整个文化形态里。社会文化对人格的影响力一直被人们所认可，它对人格的形成与发展具有重要的作用。

（三）家庭环境因素

家庭虽然是一个微观的社会单元，但它对人格的培育起到了至关重要的作用。俗话说，“有其父必有其子”，其中不无一定的道理。强调人格的家庭成因，重点在于探讨家庭间的差异对人格发展的影响，探讨不同的教养方式对人格差异所构成的影响。例如，在权威型教养方式下成长的孩子，容易形成消极、被动、依赖做事缺乏主动性等；成长在放纵型教养方式环境下的孩子，多表现为任性、幼稚、自私、无礼、独立性差、惟我独尊等。研究表明，民主型教养方式，父母与孩子在家庭中处于一个平等和谐的氛围中，父母尊重孩子，给孩子一定的自主权，并给予孩子积极正确的指导，可以使孩子形成了一些积极的人格品质，如活泼、快乐、自立、彬彬有礼、富于合作等。

（四）学校教育因素

学校是培养人们掌握系统的科学文化知识，形成科学的世界观、人生观、价值观的重要场所。一个学校的学风、校风、教风对学生的影响重大，学校的办学精神和管理思想无不针对着学生的个性发展和品格形成。教育者的胜人之处在于以德化人，教师人格对大学生人格的成长和发展具有重要的影响，教师的人格魅力有利于激发学生学习的积极主动性，培养学生自主学习能力和创新精神。另外，一个学校的校园文化能够给学生以文化熏陶，提高他们的主观幸福感和正确的价值观念，全面塑造健全人格的形成。

（五）自我调控因素

人格的自我调控系统就是人格发展的内部因素。具有自知的人能够客观地分析自己，不会把遗传或生理方面的局限视为阻碍个人发展的因素，而会有效地利用个人资源，发挥个人长处，努力地改变自己和完善自我。

第二节　大学生人格发展特点与心理健康

大学生人格发展正处于身心急剧发展和自我意识由分化、矛盾逐渐走向统一的特殊时期，所以大学阶段仍然是人格不断发展的重要时期。此时他们智能结构也逐渐健全且合理，开始能正确认识自我，学会反思自省，并对社会环境的适应能力逐渐加强，不断地进行社会化活动。同时，情绪上稳定性与波动性、外显性与内隐性并存，情感丰富多彩，且富有事业心，具有一定创造性和竞争意识。

一、大学生人格发展不足的常见表现

（一）无聊

无聊心理的典型特点是空虚、被动、无所事事，内心感觉不到自我的存在的意义价值，根源在于没有确立合适的人生目标。目前，在校园里经常会有学生生活没有动力，出现茫茫然混日子的现象以及对责任的恐惧；还有的没有明确的目标，为学习而学习，为考试而考试，疲于应付，学习生活中缺乏主动性和创造性。克服无聊心理的根本方法是确立恰当的人生目

标，从而由目标的牵引来实现自己的人生价值。

（二）心理失衡，价值迷失

大学生入校前就承受着社会、家庭等压力，大专生视己为“高考生活的失意者”，进校后全新的学业教育、严峻的就业压力使他们不同程度地表现出心理失衡。如一些学生会出现学业和人际上的自信心不足，从而产生敏感多疑，久而久之抑郁、焦虑的状态。

（三）成功意识强，调控能力弱

这个阶段的大学生终于摆脱家庭的牵绊、学校教师的牵制，自主意识增强，成才欲望强烈且兴趣广泛。对社会现实和外界压力有一定的认识，所以他们把学校当做是锻炼自己、提高自己的重要场所，对学校的各种学习文化活动极其重视广泛参与。但是整体来讲，他们对自己的未来还比较笼统，具体目标还不明确，心态浮躁，而且自我约束和控制能力较差，往往出现三天打鱼两天晒网的情况。

（四）独立意识强，抗挫能力差

当代大学生很大一部分是独生子女，他们崇尚自由、自主、独立思考，渴望摆脱父母的控制。然而由于这一阶段他们自身所具有的矛盾性和特殊性，他们应对挫折的承受力较差，有较严重的依赖和盲从心理。学习上和生活中还需要家长、老师的监督和共同解决，遇到困难容易退缩不前，稍有不顺就可引起挫折感。

（五）行为张扬，内心闭锁

目前有些大学生热衷于标新立异和特立独行，扮“酷”要“疯”，沉迷于感官刺激、超前消费和个性张扬。但他们的行为表现和内心体验往往处于矛盾中，往往借以张扬的行为掩饰闭锁的内心，内心深处实际上强烈希望被人理解、关注。

二、大学生常见的人格障碍

人格障碍是指人格发展的内在不协调，在没有认知障碍或智力障碍的情况下，个体出现的情绪反应、动机和行为活动的异常。值得重视的是，人格障碍与精神病是相互转化的。严重的人格障碍如果得不到及时有效的矫正，会成为精神病的高发人群。

（一）自恋型人格

自恋型人格的核心特征是以自我为中心。自恋型人格的大学生，自我评价过高，主观自我高于客观自我，因而在生活中爱听表扬忌听批评，且具有高度幻想性。一般而言，这类大学生天赋较好，一直处于被关注的中心，自信心与自尊心都较强，缺乏失败的生活经历与亲身体验，因而生活在理想世界中，当面临挫折甚至失败时，无法面对现实世界而导致心理崩溃。

（二）回避型人格

回避型人格表现的特征是：对社交感觉不适，害怕负面的评价以及害羞、胆小；心理自卑，行为退缩；在社交场合因为害怕说话、行为不当或无法回答别人的问题而保持沉默，甚至避开重大的社交活动；除了至亲之外，没有好友或知心人，很难同别人进行深入的感情交流；安分守己，按部就班地，但总觉得自己的精力不足。

（三）偏执型人格障碍

偏执型人格障碍主要特点是：对自己能力估计过高，惯于把失败归咎于别人。对批评或挫折过分敏感，对侮辱和伤害不能宽容，长期耿耿于怀。多疑，易将别人无意的或友好的行为误解为敌意或轻蔑而产生歪曲体验。好胜心强，有强烈的自尊心，看问题主观片面，工作和学习上往往言过其实，心生嫉妒。

案例分析

来访者为某师范院校外语系三年级学生，因与同寝室五名同学关系紧张，要求休学，家长和老师都不同意，致使近两个月以来夜不能寐、经常失眠、上课精力不集中、成绩下降。来访者认为自己的事情不能自己做主，活着还有什么意思，不如死了好。

来访者生活背景分析：来访者因自己身材矮小、相貌平常，内心具有自卑感，希望自己成为英俊的大个子。但他不允许他人因身材看不起自己，要为矮个子正名。因此，他收集过世界上矮小身材的伟人事迹，说明矮子聪明。例如，拿破仑身高只有 168cm，鲁迅只有 158cm，并声称大个子四肢发达、头脑简单、自恃聪明、固执己见、很难接受别人的意见。原来很崇拜父亲，热爱母亲，相信母亲。一次老师来家访，反映他在学校打坏玻璃、要求赔偿之事，其母将此事告诉其父，他为此受到父亲惩罚，于是对母亲产生报复心理。一次他告诉父亲，自己亲眼看见母亲与一位乡政府干部的不轨行为，由此导致父母离婚。他由不信任母亲、父亲，到不信任老师和同学，认为世界上没有可以相信的人，只能相信自己。例如，他悔恨自己听了老师的话，入了师范院校而从事自己不喜爱的工作。他嫉妒同寝室其他五人经常在一起说笑及相互帮助，又怀疑他们专门孤立自己。有一天天气很冷，他回寝室吃药、喝水，药已入口，却发现自己暖壶中没有水，一看其他五个壶，都装着满满的开水。他认为他们组成了小集团，为了报复他们，他将五个暖壶的斑疙瘩都打掉了。他写了求爱信被拒后，扬言长得漂亮的女生是绣花枕头，外表好看，内是草包，犹如说大个子是四肢发达、头脑简单一样。

(四) 分裂型人格障碍

分裂型人格障碍特点是情绪冷淡，缺乏亲切感，不能表达对他人的温暖、体贴以及愤怒，对赞扬或批评无动于衷。没有愉快的情感体验。缺乏亲密、信任的人际关系。过分沉湎于幻想，孤僻自处，行为怪僻。

案例分析

病人，女性，22 岁，无业，在家。初一时，她学习成绩不错，在学校排名前一二名，还曾代表学校去参加数学竞赛等。虽性格内向，寡言少语，独来独往，但对于同学们主动找她玩，她能融入并跟同学一起玩。初二时家里出了变故，她从小最疼爱的弟弟突然病逝，对她打击很大。母亲对她寄予很高期望，她觉得压力过重，开始变得更孤僻寡语、对人冷漠、怕羞敏感，对同学不搭理，成绩下滑，初三中考时只考入普通高中。

进入高中后，她从不主动与同宿舍的同学一起聊天、谈话，只有少数原初中同学主动来找她聊天，关心她。但她对同学的关心不做任何反应，同学问一句，她才开口，且话不对题。她虽然坐在同学旁边，但好像是在想其他事，好像她跟同学是两个世界的人。

她终日离群独处，冥思苦想，有时躺在床上蜷缩着一动不动，睁着眼睛盯着一个地方，同学叫也不反应，偶尔交谈亦不能与人合拍。在一段时期里，她突然经常无故旷课，背着书包在校园里瞎逛，自言自语，一路痴笑，令人莫明其妙，还在背后戏称她为"怪人"。

关心她的同学曾带她去看心理医生，医生教她找一种方式发泄出来，比如跑步，但去到操场，没跑几步，她就停下来不跑了，说是听见另一个声音叫她不要跑。五一期间她留宿在校，一夜之间把宿舍同学的水桶衣架全都打烂折断，舍友假期回来，看到宿舍一片狼藉，心中甚为害怕，最后学校让她的母亲带她回家了。

诊断分析：病人属于典型的分裂型人格障碍。

（五）反社会型人格障碍

反社会型人格障碍或称悖德型人格障碍，行为与整个社会规范相背离而令人注目。这种人对他人的感受漠不关心，缺乏同情心。忽视社会道德规范、行为准则和义务，长期行为不负责任。他们的认知完好，但行为未加深思熟虑，不考虑后果，常因微小刺激便引起攻击、冲动和暴行。他们从无内疚感，不能从经验中吸取教训，一犯再犯而不知悔改。不能与他人维持长久的关系，容易责怪他人，或为自己的粗暴行为进行辩解。

（六）冲动型人格障碍

冲动型人格障碍或称暴发性人格障碍，其特点为对事物往往作出暴发性反应，稍不如意就火冒三丈，易于暴发愤怒冲动或与此相反的激情。行为有不可预测和不考虑后果的倾向。不能在行动之前事先计划，有不可预测和反复无常的心境，行为暴发时不可遏制。易与他人冲突和争吵，特别在行动受阻或被批评时。不能维持任何没有即刻奖励的行为。这种人经常变换职业和酗酒。

（七）表演型人格障碍

表演型人格障碍是以过分感情用事或夸张言行吸引他人注意为主要特点的人格障碍。特点为：表情夸张，像演戏一样，情感体验肤浅；暗示性高，很容易受他人的影响；自我中心，强求别人符合他的需要和意志，不如意就给别人难堪或强烈不满；经常渴望表扬和同情，感情易波动；寻求刺激，过多地参加各种社交活动；十分关心自己是否引人注目，言行方面竭力表现自己以吸引他人；情感易变，完全按个人情感判断好坏；说话夸大其词，掺杂幻想情节。

（八）强迫型人格障碍

强迫型人格障碍是一种以要求严格和完美为主要特点的人格障碍。特点为：做任何事情都要求完美无缺，按部就班；不合理地坚持别人也要严格地按照他的方式做事，否则心里很不痛快，对别人做事很不放心；犹豫不决，常推迟或避免做出决定；常有不安全感，反复考虑计划是否得当，反复核对检查，唯恐疏忽和差错；拘泥细节，甚至生活小节也要程序化，不遵照一定的规矩就感到不安或要重做；完成一件工作之后常缺乏愉快和满足的体验，相反容易悔恨和内疚；对自己要求严格，过分沉溺于职责义务与道德规范，无业余爱好，拘谨吝啬，缺少友谊。

(九) 依赖型人格障碍

依赖型人格障碍特点是缺乏独立性，感到自己无助、无能和缺乏精力，深怕被人遗弃。将自己的需求依附于别人，过分顺从于别人意志。要求和容忍他人安排自己的生活，当亲密关系终结时则有被毁灭和无助的体验。有一种将责任推给他人来对付逆境的倾向。

第三节　塑造健全人格的方法

一、健康人格的内涵

一般来讲，健康人格是相对于现实人格和病态人格而言的，是人们在自己心目中塑造出的人格典范，是人格所应达到的最高境界。

人本主义者认为，健康人格意味着视自己是一个自由的人，而不受控于他人；表现出“存在的勇气”，能了解并表达自己的感情和信仰，并勇于承担行为后果，能意识到自己的局限，视自己的生命及如何看待生命为“自己的责任”。

二、大学生健康人格的标准

人格健康的人应该是有利于社会和自我发展的人。从具体特征上讲，健康人格应具有以下标准：

(一) 和谐的人际关系

和谐的人际关系最能直面反映一个人人格健康程度，同时又制约着人格健康的形成与发展。在现实生活中我们会发现，人格健康的人更乐于与他人交往，能够诚恳、宽容地对待他人，很容易与他人建立一种相互信任的关系；而那些人格不健康的人在与他人交往中，对待任何事往往会持怀疑态度，不信任他人，嫉妒对方。

(二) 良好的社会适应能力

社会适应能力反映了人与社会的协调程度。人格健康的人能和社会保持良好的密切的接触，以一种开放的态度，主动关心了解社会；观察所接触到的各种事物和现象，看到社会发展的积极面和主流。在认识社会的同时，使自己的思想、行为跟上时代的发展，与社会的要求相符合，表现出能很快适应新环境的能力。不是让社会去适应自己，而是让自己去适应社会。

(三) 乐观向上的生活态度

乐观的人常常能看到生活的光明面，对前途充满希望和信心，对自己所从事的工作或学习抱着浓厚的兴趣，并在工作和学习中发挥自身的智慧和能力，最终获得成功。即使生活中遇到困难和挫折，也能耐心地去应付，不畏艰险、勇于拼搏。

(四) 正确的自我意识

自我意识是个体对自己及自己与他人、与周围世界关系的认识。具有健康人格的大学生对自己有恰如其分的评价，充满自信，扬长避短，在日常生活中能有效地调节自己，与环境保持平衡。缺乏正确自我意识的人常常表现出自我冲突、自我矛盾；或者自视清高、妄自尊大，做力所不及的工作；或者自轻自贱、妄自菲薄，甘愿放弃一切可以努力的机遇。

(五) 良好的情绪调控能力

情绪对人的活动、对人的健康有重要影响。积极的情绪体验能使人振奋精神,增强自信,提高活动效率;消极的情绪体验会降低人的活动效率,甚至使人致病。情绪标志着人格的成熟程度。

总之,人格健康的人其人格的各个方面是统一的、平衡的。上述标准不仅是衡量一个人人格健康的尺度,同时也为大学生改善自己的人格提出了具体的努力目标。

三、大学生人格塑造方法

大学生健全人格的培养要有一个过程,并且需要用较大的气力才能完成,所以需要我们在实践中对之进行认真的探索。

(一) 准确认识自我,合理整合人格,克服人格弱点

知道自己的长处与不足,进而有目的、有意识地去扬长避短,不断完善自己的性格和气质,做自己气质、性格的主人。从自知之明到自我完善的过程,也是气质和性格的自我悦纳过程。一个人的缺点仿佛是他优点的继续,优点的继续超过了度,表现得不是时候不是地方,就会成为缺点。

(二) 调整认知结构,培养乐观情绪

美国心理学家艾利斯认为,人的大部分情绪困扰的心理问题,都来自于不合理的或不合理思维,即不合理的信念。人们之所以陷入情绪的困扰,很多时候是因为自己使自己感到不快,是自己的不合理的信念所致。我们在出现情绪困扰时,应当检查一下自己的认知是否出现了偏差。如果发现了偏差,应主动地调整自己的看法和态度,保持愉悦开朗的心境。

(三) 锻炼坚强意志,提高心理承受能力

意志的培养则是一个艰苦、长期坚持不懈的过程。"有志者事竟成",任何人都没有理由看轻自己而悲观,怀疑自己以至于自暴自弃。提高自己的心理承受能力,始终保持一种乐观向上的积极心态。

(四) 融入集体,建立良好的人际关系

人格发展塑造的过程是一个社会化的过程,是人与他人、与集体、与社会互动的过程。正如马克思指出的:"只有在集体中,个人才能获得全面发展其才能的手段,也就是说,只有在集体中才可能有个人的自由。"集体是人格塑造的土壤,是一个人展现其人格的舞台,同时也是认识自己人格的一面镜子。通过与集体交往,自己的某些品质或受到赞扬、鼓励,或受到指责限制,从而有助于调整自我,完善自我。

(五) 开展心理健康教育和心理咨询,提升大学生的心理健康水平

心理卫生工作要针对实际,适时、适当、适度。另外,学校应经常举办心理健康、人际关系等方面的讲座,教给他们人际交往技巧,提高其社交能力;指导他们怎样控制自己的情绪,正确对待生活中的挫折;指导他们建立正确的价值观、婚恋观、人生观,加强其品德修养,帮助大学生更好地认识自己,避免自我认知误区。

心理电影

黑　天　鹅

影片名称:《黑天鹅》(Black Swan),上映日期:2010 年。

《黑天鹅》讲述了一个有关芭蕾舞的超自然惊悚故事。女主角黑天鹅是一个资深芭蕾舞演员,她发现自己被困在了与另一个舞者的竞争状态中。随着一场重大演出的日渐临近,许多的麻烦也随之加剧。并且她不确定竞争对手是一个超自然的幻象,抑或只是她自己出现了错觉……

图 9-1 《黑天鹅》

评论与分析:是的,人性是复杂的。片中娜塔莉饰演的妮娜是一名资深芭蕾舞舞者,从小跟母亲一起生活。母亲年轻时因为女儿放弃了自己的梦想,所以从小对她严加管教。受特殊家庭的影响,妮娜是一位美丽、娇弱甚至有些胆小怕事的女孩,凡事追求完美,毫不认输,所以她立志要在本次《天鹅湖》竞选中当选女主角。白天鹅纯洁优雅,与欲望绝缘;黑天鹅大胆叛逆,充满欲望。这种同卵双生分裂的个性放在一个精神脆弱的人上是何等困难!随着这个重大演出的日子逐渐临近,她发现自己被困在了与另一个舞者莉莉的竞争状态中,被一种邪恶的力量牵制着,无法摆脱、抵制,精神世界十分脆弱,充满了挣扎。其实,至始至终只是她自己出现了错觉,她不知道她的竞争对手莉莉只是一个超自然的幻象。最终,她开始尝试欲望,反抗母亲并强迫自己,在心中她杀死了莉莉的并取而代之,其实是通过“被迫自杀”而达到了最终解脱,最后倒在血泊中……

这是一部舞蹈包装下的刻画人性裂变的电影,角色白天鹅和黑天鹅的冲突其实正是“压抑”和“放纵”这两种状态的斗争。对荣誉的欲望,最终导致了毁灭,成为艺术的殉道者!而这部电影告诉我们,黑与白,善与恶、纯真和欲望,每一件事都有它对立的一面,我们要用放松的心态审视双方,才能在混杂的世界中把持住自己。

心理自测

气质调查问卷

下面60道题，可以帮助你大致确定自己的气质类型，在回答这些问题时，你认为：A，很符合自己情况的记2分；B，比较符合的记1分；C，介于符合与不符合之间的记0分；D，比较不符合的记 -1 分；E，完全不符合的记 -2 分。

1. 做事力求稳妥，不做无把握的事。
2. 遇到可气的事就怒不可遏，想把心里话全说出来才痛快。
3. 宁可一个人干事，不愿很多人在一起。
4. 到一个新环境下很快就能适应。
5. 厌恶那些强烈的刺激，如尖叫，噪音、危险的情景等。
6. 和人争吵时，总是先发制人，喜欢挑衅别人。
7. 喜欢安静的环境。
8. 善于和人交往。
9. 羡慕那种善于克制自己感情的人。
10. 生活有规律，很少违反作息制度。
11. 在多数情况下情绪是乐观的。
12. 碰到陌生人觉得很拘束。
13. 遇到令人气愤的事，能很好地自我克制。
14. 做事总是有旺盛的精力。
15. 遇到问题常常举棋不定、优柔寡断。
16. 在人群中不觉得过分拘束。
17. 情绪高昂时，觉得干什么都有趣，情绪低落时，又觉得什么都没有意思。
18. 当注意力集中于一事物时，别的事很难使我分心。
19. 理解问题总比别人快。
20. 碰到危险情景，常有一种极度恐怖感。
21. 对学习、工作，事业怀有很高的热情。
22. 能够很长时间做枯燥、单调的工作。
23. 符合兴趣的事情，干起来劲头十足，否则就不想干。
24. 一点小事就能引起情绪波动。
25. 讨厌那种需要耐心、细致的工作。
26. 与人交往不卑不亢。
27. 喜欢参加热烈的活动。
28. 爱看描写感情细腻、描写人物内心活动的文学作品。
29. 工作学习时间长了，常感到厌倦。
30. 不喜欢长时间讨论一个问题，愿意实际动手干。
31. 宁愿侃侃而谈，不愿窃窃私语。
32. 别人说我总是闷闷不乐。

33. 理解问题常比别人慢。
34. 疲倦时只要短暂的休息就能精神抖擞，重新投入工作。
35. 心里有话宁愿自己想，不愿说出来。
36. 认准一个目标就希望尽快实现，不达目的，誓不罢休。
37. 学习、工作同样长的段时间后，常比别人更厌倦。
38. 做事有些莽撞，常常不考虑后果。
39. 老师或他人讲授新知识、技术时，总希望他讲慢些，多重复几遍。
40. 能够很快地忘记那些不愉快的事情。
41. 做作业或完成一件事情，总比别人花的时间多。
42. 喜欢运动量大的剧烈体育运动，或参加各种文艺活动。
43. 不能很快地把注意力从一件事转移到另一件事上去。
44. 接受一个任务后，就希望把它迅速解决。
45. 认为墨守成规比冒风险要强一些。
46. 能够同时注意几件事物。
47. 当我烦闷的时候，别人很难使我高兴。
48. 爱看情节起伏跌宕、激动人心的小说。
49. 对工作抱认真严谨、始终一贯的态度。
50. 和周围人的关系总是相处不好。
51. 喜欢学习学过的知识，重复做自己掌握的工作。
52. 希望做变化大、花样多的工作。
53. 小时候会背的诗歌，我似乎比别人记得清楚。
54. 别人说我“出语伤人”，可我并不觉得这样。
55. 在体育活动中，常因反应慢而落后。
56. 反应敏捷、头脑机智。
57. 喜欢有条理而不甚麻烦的工作。
58. 兴奋的事常使我失眠。
59. 老师讲新概念，常常听不懂，但是弄懂了以后就难忘记。
60. 假如工作枯燥乏味，马上就会情绪低落。

<table>
<tr><td rowspan="2">胆汁质
（A）</td><td>题号</td><td>2</td><td>6</td><td>9</td><td>14</td><td>17</td><td>21</td><td>27</td><td>31</td><td>36</td><td>38</td><td>42</td><td>48</td><td>50</td><td>54</td><td>58</td></tr>
<tr><td>得分</td><td></td><td></td><td></td><td></td><td></td><td></td><td></td><td></td><td></td><td></td><td></td><td></td><td></td><td></td><td></td></tr>
<tr><td rowspan="2">多血质
（B）</td><td>题号</td><td>4</td><td>8</td><td>11</td><td>16</td><td>19</td><td>23</td><td>25</td><td>29</td><td>34</td><td>40</td><td>44</td><td>46</td><td>52</td><td>56</td><td>60</td></tr>
<tr><td>得分</td><td></td><td></td><td></td><td></td><td></td><td></td><td></td><td></td><td></td><td></td><td></td><td></td><td></td><td></td><td></td></tr>
<tr><td rowspan="2">黏液质
（C）</td><td>题号</td><td>1</td><td>7</td><td>10</td><td>13</td><td>18</td><td>22</td><td>26</td><td>30</td><td>33</td><td>39</td><td>43</td><td>45</td><td>49</td><td>55</td><td>57</td></tr>
<tr><td>得分</td><td></td><td></td><td></td><td></td><td></td><td></td><td></td><td></td><td></td><td></td><td></td><td></td><td></td><td></td><td></td></tr>
<tr><td rowspan="2">抑郁质
（D）</td><td>题号</td><td>3</td><td>5</td><td>12</td><td>15</td><td>20</td><td>24</td><td>28</td><td>32</td><td>35</td><td>37</td><td>41</td><td>47</td><td>51</td><td>53</td><td>59</td></tr>
<tr><td>得分</td><td></td><td></td><td></td><td></td><td></td><td></td><td></td><td></td><td></td><td></td><td></td><td></td><td></td><td></td><td></td></tr>
<tr><td>结果</td><td colspan="16">你的气质是</td></tr>
</table>

气质类型计分表：

如 A 栏得分超出 20 分，并明显高于其他 3 栏（>4 分），则为典型胆汁质，其余类推；

如 A 栏得分在 10~20 分之间，并高于其他 3 栏，则为一般胆汁质，其余类推；

如出现两栏得分接近（<3 分），并明显高于其他两栏（>4 分），则为混合型；

如一栏得分很低，而其余 3 栏得分接近，则为 3 种气质的混合型，如胆汁 - 多血 - 黏液混合型；如 4 栏分数皆不高且相近（<3 分），则为 4 种气质的混合型。

结果解释：

胆汁质（兴奋型）：此类人可以形成热情、开朗、刚强、动作迅速有力、生气勃勃、工作效率高等良好的品质，但也容易形成暴躁、任性、蛮横、粗野等不良品质。

多血质（活泼型）：此类人富有朝气、爱交际、思想灵活，但也容易变化无常、志趣多变、轻浮、粗枝大叶、意志力薄弱等。

黏液质（安静型）：此类人容易养成自制、镇定、踏实等品质，但也容易形成冷漠、迟缓、固执、保守等缺点。

抑郁质（抑郁型）：此类人具有思维敏锐、精细、想象力丰富、情感深刻等优良品质，但也容易形成多疑、孤僻、郁闷、怯懦等缺点。

心理互动

人格魅力训练

我们对自己的气质类型有所了解，也知道了自己的气质、性格有哪些优势或者需要注意的方面。如何养成良好的人格，形成人格魅力需要一些方法和训练。

一、天生我才

（一）活动目的：协助成员了解自己的个性特征，学习自我欣赏、自我肯定、自我悦纳。

（二）活动用物：白纸、笔。

（三）活动步骤：请成员填写下列练习表：

1. 我最欣赏自己的外表是：
2. 我最欣赏自己对家人的态度是：
3. 我最欣赏自己对朋友的态度是：
4. 我最欣赏自己对学习的态度是：
5. 我最欣赏自己对做事的态度是：
6. 我最欣赏自己的性格是：
7. 我最欣赏自己的一次往事是：
8. 如果别人正在谈论你，他们十分了解你的话最有可能选用的一些词是：

（四）讨论分享：小组内讨论，一个题目一个题目进行，每位成员都讲完一项后，再开始下一项。通过自我分享和聆听他人，发掘自我与他人的优点，增强自信和对人的信任。

二、热座

（一）活动目的：相互提供意见，协助成员解决个人面临的困惑。

（二）活动用物：每人 1 个信封，小组 N 个人，发 N—1 张的纸条。

（三）活动步骤：

1. 每个小组成员 N—1 张纸条,1 个信封。在信封上写上自己的姓名。

2. 写下困扰自己最想得到帮助的问题在每张纸条上,纸条上写同样的问题,留足够的回答问题的空间,每张纸条上写上姓名。

3. 把写好的纸条发给每一小组的成员,请他们作答。成员认真思考,以真诚助人和自己独特的方式回答,没有对错之分,回答不署名。

4. 回答完毕,把每个人的问题纸条放到他的信封上,装进信封内。每个成员取回自己的信封,逐一阅读。

(四) 讨论分享:全组集中,分别谈自己阅读完他人意见后的感想。

课后思考

什么是人格障碍? 作为当代大学生,遇到有人格障碍的同学,我们该怎么做?

第十章　性爱谁来买单
——性心理剖析

性和美是不可分割的，就像生命和意识那样。那些随性和美而来、从性和美之中升华的智慧就是直觉。

——劳伦斯

案例导读

一个入校不到半个月的大学生，先后两次实施自杀。抢救过来后，他讲出了自杀的原因。这名同学的父母均在农村务农，他们内向木讷、不善言辞，该生从小学习优秀，但自卑孤僻，从不与人交往。高中住校后，偶然的一次自慰，让其产生了从未有过的感觉。此后，就经常自慰，压力大时有时一天数次。该生平时不太注意个人卫生，几个月不洗澡，很少换洗衣服，所以身边的同学经常因为其身上的味道而指责他，每到这时他就特别紧张，认为自己身上的味道是自慰的结果。他生怕同学知道自己自慰，在他看来，自慰是一件很不光彩的事，若让同学发现，会更让同学耻笑自己。同时也很担心自己的身体，怕这样下去，会有损于身体健康，更怕影响今后的婚姻生活。考上大学后，他感到极不适应，而自慰的频率更高了，更加担心自慰行为被同学发现，可又克制不住自己，整天提心吊胆，焦虑不安，感到生不如死。于是采取了极端的行为，幸好被同学发现送到医院抢救，并及时接受了心理辅导。

学习重点

1. 大学生性与性心理特征。
2. 大学生性心理健康标准。
3. 大学生性心理问题及调适。
4. 维护大学生性健康的途径。

第一节　性爱心理概述

一、性的概念

作为一名大学生，如果不了解自己，不了解性知识，就很容易产生困惑，这必然会给我们的正常学习和生活带来很大的影响。因此，了解、掌握性知识是培养我们健康的心理，把握幸福人生的前提。

性是什么？一谈到性，一些大学生会表现得十分敏感和羞怯。在敏感和羞怯的背后，隐藏着一种狭隘的认识，即认为性是一种狭隘的性心理，是男女之间生理上的性关系。这种认识是十分片面的。实际上，性有着丰富的内涵，性既是一种生理现象，同时也是一种心理现象和社会现象。它分别涉及了生理学、心理学、社会学和美学的知识。

从生理的角度来说，性是人类最基本的生物学特征之一。性的需要，就如人需要饮食、呼吸一样，都是人的一种自然本能。正如《孟子·告子上》所云："食色，性也"。《礼记》所云："饮食男女，人之大欲存焉"。均表明人生来就有食欲和性欲两大欲望。

从社会的角度说，性是人类得以繁衍、进化之本，性活动则是人类社会生活的基本内容之一。无论何时何地，人类的性观念和性行为都受制于一定的社会意识形态和道德规范，而不完全是两个人的私事。

从心理的角度分析，性的基本意思是指与"性"有关的一切心理现象。它不仅包括性交、性爱抚等所有直接的性活动，还包括人们对性的情感、态度、价值观和性方面的喜好等心理方面的表现。尤其是它不仅指人们普遍认为"正常"的性活动，也包括所有被认为是"反常"或"不像话"的性行为。

综上所述，性心理是指在性心理的基础上与性欲、性行为等有关的心理状况与心理过程，也包括与异性有关的男女交往、婚恋等心理问题。性心理可具体为性认知、性思维、性情感及性意志等，是人类对"性"的认识、情感和意志的反映活动。它们互相联系、互相制约，共同体现在与性有关的言行之中。

二、性心理发展阶段

研究表明，人类性心理发展大致分为以下三个阶段：疏远异性期（10~13 岁）、异性向往期（13~18 岁）、两性恋爱期（18 岁以后）。

值得注意的是，由于在整个青春期中青年学生的情绪多动摇不定、容易变化，如果不注意及时引导，常会使某些青年滋长不健康的性心理，以致早恋早婚、荒废学业，有的甚至触犯刑法，走上犯罪的道路。目前，高校的学生年龄一般在 17~24 岁之间，正是处于"异性向往期"向"两性恋爱期"的过渡时期，也正是一个人的恋爱心理开始形成和逐渐走向成熟的重要时期，能否适应社会的要求，使生物性与社会性达到有机的统一，对每所高校的学生来讲都是十分严峻的课题。

三、大学生性心理一般特征

大学生是社会人群中独特的一个群体，从生理上说他们已经发育完全，然而他们还未走向社会，在心理上并未成熟。从年龄特点上看，绝大多数大学生正处于青春期的中期和晚期阶段，他们的性心理不可避免地会带上该年龄阶段的特征；同时，大学生的社会角色和所处的社会环境，也不可避免地会对他们的性心理产生影响。因此，大学生的性心理发展一般具有以下特征。

（一）关注性生理发展

对于性生理体征性的变化，青少年往往关注自己在第二性征上与异性的不同。青少年在进入大学以后，性生理功能和性体征的发展基本完成，许多人都会不同程度地出现自我欣赏，常常在镜中端详自己的外貌，甚至会悄悄与他人进行比较。每个人都希望自己能对异性产生极大的吸引力，可是如果自己的性生理发展并不尽如人意，就会出现各种各样的烦恼与焦虑。对青少年来说，年龄越大，越是接近恋爱、结婚和过性生活的年龄，这方面的烦恼和焦虑可能就越为严重。对有些大学生来说，这已成为他们在性生理发育问题上的一个十分重要的心理负担。

（二）渴望了解性知识，性意识进一步加强

在第二性征发育之后，首次遗精与初潮现象的出现使个体对自身性角色的认识发生了质的变化。个体的性角色基本定位，并产生两性分化。随着性生理的变化，青少年普遍产生了对性知识的强烈渴求。他们非常关心自己和周围同伴的生理变化，对性知识既好奇又敏感，他们心目中有很多疑虑并等待找到答案，他们想知道发生在自己身上的变化是否正常。因此，他们常常会有意识的通过一些途径来寻求性知识。

（三）渴望了解异性，对异性产生兴趣和爱慕

由于性生理和性心理日趋成熟，大学生向往与异性交往的需求十分强烈，会情不自禁地对异性发生兴趣、好感和爱慕。他们喜欢探索异性的心理秘密，希望获得异性的注意，对于异性的评论也明显增多。不过因受到文化传统的影响，他们往往还不敢公开、明显地用行动来表现这种心态，以免受到他人的评论。进入大学以后，他们逐渐进入了性爱期。此时，他们不再满足于朦胧的好感，会明显地流露出想和异性相处的意愿，在行为上也出现一些主动接近异性的举动，在共同活动中相互结识、相互接近、建立好感，最后形成单独接触。这种心理和行为都是很正常的，这是以后建立美满婚姻生活的基础。

（四）渴望性体验

由于性激素的作用，他们渴望在与异性的交往过程中得到适当的性体验。在男女交往过程中，由于性激素的作用，恋人中双方的亲吻和抚摸都会引起性欲望和性冲动。感情的闸门在巨大的性压力下显得极其脆弱。有的通过自慰性行为如手淫、性梦、性幻想等加以调节，而有的则通过性行为得以实现。

（五）性别差异性

大学生的性心理存在着明显的性别差异。在对异性感情的流露上，男生显得较为外显和热烈，女生往往表现得含蓄而温存；在内心体验上，男生更多的是新奇、神秘和喜悦，女生则常常惊慌、羞涩和不知所措；在表达方式上，男生比较主动和直接，女生往往采取暗示的方式等。不过，这种差异近年来有缩小的趋势，在表达方式上女生变得较为主动的情况已越来越常见。

当然，由于个人的生理、心理条件的不同，家庭环境、地区及文化背景的差异，大学生性心理发展的各种特征呈现出参差不齐的复杂局面。需要指出的是，由于性问题本身的复杂

性、敏感性和隐蔽性，加重了这种混乱的状态，使其较之任何心理其他方面的发展状况更为复杂。

第二节 大学生性心理问题及调适

大学生性生理发育趋于成熟，性心理发展趋于激烈时期，他们所面临的性问题，主要是性心理方面的问题。这些性心理问题大致分为两类：一类是性心理困扰，包括婚前性行为、手淫、性恐惧、性压抑、性放纵等；另一类是性心理障碍，包括露阴癖、异装癖、恋物癖等。

一、婚前性行为带来的心理困扰及调适

案例分析

小王在大二的时候交了男朋友小陈，刚开始的时候小陈对自己非常尊重，各方面都关心和照顾得很好，但是在恋爱半年多后，小陈想和小王发生关系。一开始的时候，小王非常的不愿意，结果搞得男朋友非常沮丧，后来非常生气。以后的日子里，总是会因为这件事情而争吵。男友总是对小王说："你如果爱我的话，就给我全部。"而小王觉得，如果男友爱她的话就不会仅仅总是想着这种事情，而是应该喜欢自己的个性特点，更好地互相关心、互相支持，想法使双方的感情更加牢固，而不单单是这些。于是小王指责男友更多是为了满足欲望而找的自己，而不是真爱自己。男友也反过来指责小王思想封建，太过传统，不是现代的女性。小王心里忽然觉得男友不是最开始想象中的那样好了。

于是，两人矛盾逐渐升级，以后的许多次吵架即使一开始不是因为这个事情吵起来，最后也会吵到这件事情上。于是两人分手了，分手后小王突然觉得男友除了个事情之外其他方面都还是很好的。因此，现在小王很矛盾，她想知道自己的男友是怎么想的？是不是所有的男孩都有这种过分的要求？自己到底应不应该同意这件事情？

（一）真爱需要等待

婚前性行为是指男女双方在恋爱期间发生的性交行为。其特点是双方自愿进行，不存在暴力逼迫；没有法律保证，不存在夫妻之间应有的义务和责任；容易产生一些纠纷和严重后果。近年来，由于西方"性自由"、"性解放"的影响和媒体不当宣传，大学生与异性交往和性接触的年龄普遍提前，而且到了大学后期，他们之间的爱逐渐趋向现实，与成年人的爱相差无几，并有了固定的对象。爱情的列车驰向明朗、开放的轨道。由于年轻力壮，性欲强烈、迫切，易于冲动，加上性文化煽动鼓惑，某些大学生性饥饿行为会变得轻率，不考虑后果。当炽烈的爱火扑来之际，有时会发生婚前性行为及其他性罪错行为。

有些大学生错误地认为，生活方式在改变，恋爱方式也在变。恋爱方式就是动辄发生性关系。有的女青年说："既然爱他，那我什么都可以给他。""爱他就给他，何必等到结婚以

后。”在追求新潮的心理支配下，她们很快从初恋进入到热恋，由边缘性性行为上升到核心性性行为。

人类的性行为受到生理层面和社会层面的影响，所以既要考虑到生理方面的需求，更要考虑到社会和伦理的要求。在大学中，恋人之间发生拥抱、亲吻、爱抚等亲昵行为是正常的，但是婚前性行为一旦发生，会使大多数的恋人感到不安。发生婚前性行为后，男生往往产生严重不安、自我否定和焦虑心理，女生往往不能摆脱失贞心理，并且会担心怀孕，从而给双方心理罩上阴影。还导致双方对两性之间的神秘感顿时消失，失去了相互吸引的重要动力，往往也会造成恋爱关系提前结束的后果。

真正的爱情是需要恋爱双方在生理层面、心理层面和社会层面上的认知和行为都达到一致才会产生的。爱情的基础和前提是要互相理解对方，尊重对方，包括尊重对方的选择。作为女性，有权利选择自己做什么和不做什么，并且要清楚自己可以做到什么程度，不要强迫自己做自己不愿意的事情，拒绝对方并不意味着不爱他。作为男性，爱对方就要尊重对方，尊重女性的选择，站在女性的角度去考虑问题，选用其他的方法来证明两人相爱的程度，选用其他合理的方式来缓解性压力。

总而言之，在对待性与爱的问题上请保持严肃认真的态度，男孩要自尊，女孩要自爱。研究表明，越晚发生性行为，双方的爱情之路才会走得更加长远，开花结果。

（二）婚前性行为带来的伤害

1. 意外怀孕　抛开事件背后的隐情，从经验常识而言，如果一个女生因种种原因怀孕，她在大多数高校更可能感受、遭遇和面临到的是无助、屈辱和压力。典型的类似情境下，因为性行为避孕失败而意外怀孕的女生，几乎没有向父母和代表校方的辅导员求助，更可能选择私下处理。大多数情况下，怀孕女生会私下去医院，尤其是那些缺乏资质但可以保护隐私的民营性质医院堕胎。不当的堕胎可能给年轻女性带来一系列身体损害的后果，如子宫穿孔、宫腔粘连、继发性不孕和习惯性流产等。

案例分析

2016 年 3 月 28 日某学院宿舍楼，一名 19 岁女生宿舍产子后被人发现趴在阳台身亡，而她新出生的婴儿就在她身旁。尽管报道措辞谨慎，但不难判断，这是一起因婚前性行为、意外怀孕而导致的悲惨事件。

不当的人流手术对婚后生育可能会带来不良影响：①不孕症：人流术后宫颈和宫腔粘连，影响怀孕，或者因为吸刮过度造成子宫内膜损伤，影响受精卵着床。②异位妊娠：即宫外孕，人工流产后易伴发感染，感染将带来子宫内膜和输卵管炎症，而子宫内膜及输卵管炎症是造成异位妊娠的重要原因。③自然流产率增高：人工流产后常见的并发症为子宫颈损伤，当再次妊娠时会由于子宫颈口功能不全而引起早产或者晚期流产。④围产儿死亡率增高：有些人工流产由于损伤了子宫内膜肌层，造成再次妊娠时胎盘血液循环障碍，引起胎盘功能不全，以致胎儿缺氧、生长过缓、早产死胎和新生儿死亡率增高。

2. 恋爱关系的变化　发生婚前性行为后，恋爱关系会出现不利于女方的趋势变化。在未发生婚前性行为时，恋爱双方是相互平等、自由选择的关系，可发生之后情况则有所不同：

双方吸引力比过去逐渐减弱，原以为两性关系是很神秘的，现在变得“不过如此”；女方再选择机会减少。原来男方十分迁就女方，自女方委身于他之后，便以“她再也离不开我了”为故对女方开始态度随便、任意支配。反之，女方则因把贞洁交给他了，“已经是他的人了”，可又担心男方改变初衷，唯恐被抛弃，于是对男方一再迁就、容忍；也使男方对女方的猜疑开始萌发，是否她对别人也开放。这有可能导致终止恋爱关系或者婚后生活不和谐。

3. 巧妙拒绝男友性要求的技巧　大学生过早发生性行为会影响学习，而且一旦分手，对双方尤其女方可能伤害更大。因此，大多数女生不愿意在没有心理准备前就匆忙地发生性行为，但又怕男友误会。那么该如何开口巧妙地拒绝男友的性要求，可以从以下几点入手：①用你的“情”来安抚他的“性”，告诉他你虽然拒绝他的性要求，但自己仍然爱他。②你婉言拒绝他的要求，向他说明这并非是你的性冷淡，而是不想偷偷摸摸做爱，防止未婚先孕。这是彼此尊重，希望男生能理解和尊重女友的意愿。③说“不”时要直接、清楚而且坚决，口气可以委婉。这时你也可以主动亲亲他、抱抱他，那么他会理解并尊重你的选择。④男性对视觉和主动触觉的刺激比较敏感。减少这方面的刺激强度，就可以减弱或避免性冲动，所以女孩尽量不要穿暴露的衣服，尽量不要在过于隐秘的地方约会。

人们谈情说爱，自然离不开性爱，但是性爱是有条件的，它是爱情发展到一定程度时自然而然的真情流露。爱情是专一的、排他的，最高阶段的性行为只能出现在婚姻关系之中。

二、大学生性心理问题的困扰与调适

大学生性生理发育趋于成熟，性心理发展正趋激烈时期，他们面临的性问题主要是性心理方面的问题。

案例分析

来访者小A自诉：我是一名女大学生，22岁的我还从来没有谈过恋爱，因为我一直认为谈恋爱会影响学业，我现在又要继续深造考研，虽然追我的男生不少，也有令我心动的男生，但我克制自己不要恋爱，可是我时常特别渴望异性……于是，我开始手淫了，还产生性幻想……但是这些并没有让我满足，我不知道该怎么办？书上说要多看书，多交朋友，多参加集体活动，让自己忙起来就会转移注意力，可我最近书也看不进去，集体活动一点也不想参加。内心十分苦恼，我该怎么办？

（一）自慰

1. 自慰行为的三种形式　自慰行为是指在没有异性参与的情况下所进行的满足性欲的活动。常见的自慰行为有手淫、性梦、性幻想等三种形式。

（1）手淫行为：手淫是青春期成熟的一种生理表现，是用手刺激性器官获得性快感的行为；是解除因性紧张而引起的躁动、不安的一种自慰方式。过去不少人认为只有男性才发生手淫，其实女性同样可发生手淫只不过方式更隐蔽。男大学生性能量较高，又处于性饥饿状态，总想以此来解除性焦虑。手淫在一定程度上可以宣泄能量，缓解性焦虑，保持身心平衡，避免性犯罪。但是，一些家长、教师、社会舆论常告诫：“手淫是不健康心理”、“不道德的淫秽行为”，尤其是民间误传“一滴精液，十滴血”、“手淫会造成遗精，流多了伤元气，是百病之源”。这些不恰当夸大手淫害处的宣传，造成了恐惧焦虑不安，甚至神经症的发生，影响了他们的健康和学习。

(2) 性梦：性梦也是青春期自慰行为的一种，是指在睡梦中与异性发生性行为。梦是“通向无意识的管道”，其功能是保护睡眠。大学生的性梦是被压抑的性愿望的表达。男生发生在 20 岁左右，女生则在 20~25 岁间，受教育的层次愈高，愈容易发生。它在大学生全部性行为中并不是一个重要部分，而是作为一种非自愿的行为和自然发泄方式，受到的道德非难较少，因而起着一种安全阀的作用。对于成熟而未婚的男性来说，性梦是缓解性欲冲动的途径之一，可以缓和大学生性饥饿积累的性张力。一般多则每周一次，少则每半月或每月一次。

(3) 性幻想：性幻想属于白日梦，是指自编的带有性色彩的故事，在这个故事里，自己永远是主角。在每一个大学生头脑里都有一个完整的性活动世界。在这个秘密而安全的舞台上，他们往往无休止地彩排着各种幻想。性幻想发生的推动力来源于未满足的愿望，其内容则取决于幻想者的经历、潜在的希望及其想象力，故性幻想对于大学生来说是一种进行自身性行为的快乐源泉，也是对行为的一种替代，或者对现实暂时不能实现目标追求的一种补偿，具有减少焦虑的作用。当人们在头脑里彩排各种性行为计划的同时，同时也产生了更好的控制感。据性学专家统计：大学生将 17% 的谈话时间用来谈论“性”。18~22 岁的人有 20% 的时间想到“性”。

2. 自慰行为的调适　有些学生为了暂时解脱性紧张，获得身体的快感和舒服，会有意识地自慰，形成习惯性自慰。舒服过后内心又充满了这是“不道德的淫秽行为”的自我谴责，进入了自慰 - 负罪的恶性循环的矛盾之中，导致自慰焦虑，这是不恰当夸大手淫害处的后果。自慰是从性成熟到结婚之前唯一合法的、不违背伦理道德并合乎性卫生、满足性欲的方式，是最安全的性行为和性活动。手淫可以说是获得性启发和性乐趣体验的第一站，是一个性心理发育的标志，是性认知感受、自信心和安全感形成的基础。在青少年及未婚成年人中非常普遍的自然行为，男生比女生多见。

从性心理角度来说，自慰是一种性满足行为，即从自己身上获得性快感的一种方法。在一定程度上具有宣泄体内积蓄的能量，缓解性紧张，维持身体及性心理需求的平衡，避免出现越轨行为的作用。适度自慰一般对身体无害处。

但是，过度的自慰行为会消耗身体很多精力，对身体无益。特别是手淫应该适度，否则长时间的手淫会给身体造成不适，比如头痛、头晕、智力减退、精神懈怠等。同时，由于过度依赖手淫，会给个体的心理带来内疚感、负罪感。由于自身行为与社会规范和道德产生冲突，导致内心焦虑和矛盾，认为自己在做“有罪的”事情而产生心理压力，并且认为手淫行为损害身体而产生疑病症状。手淫行为过度会产生心因性早泄问题，因为男性习惯于以手淫快速达到性高潮，他的整个性满足过程非常短，致使他在通过正常途径与异性性交的时候仍然可能保留这种不良的条件反射。频繁自慰行为的不良的循环也将导致这些同学对“性”过分关注，精力分散，无法转移注意力到学习和其他活动上去，影响学业。因此，大学生应该正确地对待它，有节制地自我满足性。要以一种自然态和平常心去对待，就像对待青春期的“遗精”与“月经”等生理现象一样。

那么，什么样的手淫行为算是适度呢？一般以事后是否感到身体舒服、心理愉快、精力充沛、学习有效率等指标来判断是否适度。

(二) 性恐惧

性恐惧是性心理障碍，是指对正常性活动，感到恐惧。甚至仅仅面临性交时，即产生强烈的恐惧情绪，同时可表现出心慌、心悸、恶心、全身出汗等生理反应。性恐惧大多是继发性的，是条件反射或行为学习机制在起作用。对性交产生恐惧的原因多见于对性的无知、讳忌和神秘感。

(三) 性压抑

随着身体进一步发育成熟和完善，青年男女之间便逐渐产生了性冲动和性欲望，这本来是一种正常的生理心理现象，但是由于传统价值观、升学压力等因素的影响，许多青少年在大学之前都将性需要压抑了下来。女生往往谈性色变，把性看成是肮脏的事情，以谈论性内容为羞耻的事情。男生往往在产生强烈的性冲动后强制压抑下来，而不是通过体育运动、自慰等方式来缓解性焦虑，时间久了就会产生失眠、多梦、精力不集中等身心问题，甚至产生性犯罪行为，比如偷窥女性身体、在公交车或地铁里对女性进行性骚扰，甚至强暴女性。

(四) 性放纵

性放纵是指为满足自己的生物本能——性欲，而放弃性伦理道德约束放纵自己的性行为，和不同的异性进行交往、发生性关系。青年时期是人一生中性能量最旺盛的时期，随着大学生性观念的逐渐开放，性行为的日益增多，有一部分大学生却以“性解放”、“性自由”为理由，成为性放纵的群体，他们放纵自己的身体，不为爱，只为性。但是，性放纵不仅对人的内分泌、免疫、神经系统产生影响，还会使得大学生陷入性病、艾滋病感染的危险之中，或者会因多次堕胎引起并发症，导致不孕甚至死亡。

性恐惧、性压抑、性放纵和自慰焦虑严重时形成性心理障碍，需要到医院精神科进行相应的心理治疗，来疏导性障碍。主要用催眠疗法，进入病人潜意识，解开心结，清理负面情绪；培养正气，使其感觉到快乐和温暖，感觉到爱和希望。另外，还可配合食疗和中医疗法。

三、大学生性心理障碍

性心理障碍是指性行为的对象或满足性欲的方式偏离正常，或存在变换自身性别的强烈欲望的一组精神障碍。

性心理障碍一般包括性偏好障碍、性指向障碍和性身份障碍三类，具体包括露阴癖、窥阴癖、恋物癖、易装癖、易性癖等多种类型，其共同特征是性兴奋的唤起、性对象的选择以及两性行为方式等出现反复、持久性的异乎常态表现，且不以生殖为目的，违背社会习俗。

(一) 露阴癖

露阴癖，又称裸露癖，是指反复在不适当的环境中对异性公开暴露的自己的生殖器官，引起异性情绪紧张反应，从而得到快感的一种性偏离现象。基本上以男性居多，男女发病的比例为 4 : 1。

(二) 恋物症

恋物症是指在强烈的性欲望与性兴奋驱使下，不断收集异性使用的物品。恋物症几乎只见于男性，所依恋的物品都是直接与女性身体接触的东西，如胸衣、内裤、月经纸、手绢等，通过抚摸、嗅闻这类物品和伴以手淫，或在性交时由自己或要求性对象拿着这些物品以得到性满足，他们为了获得这些物品会采取各种手段，或不惜冒险窃取妇女用过的东西，并收藏起来作为性兴奋的刺激物。

（三）易性症

易性症也称作性别转换症。男性病人居多，也见于女性。例如，男性病人因为自己的男性生理特征而感到痛苦，心理上具有女性心理特征和心理活动，于是想尽办法变为女性，比如通过变性手术，如果不能达到转变性别的目的，内心会异常痛苦，常常会产生强烈的自杀或自残倾向，严重者会自己动手割除自己的生殖器官。

性心理障碍是精神障碍，一般情况下，在正规医院的精神心理科经过心理疗法精神治疗以后，有些病人症状能够减轻，可以逐渐回复正常的日常生活，而不再需要进一步的激素治疗或手术治疗。

第三节　维护大学生性健康途径

一、性心理健康和标准

大学生们已经到了身体发育成熟的年龄，性的需要是非常自然的事；然而，生理上的成熟并不代表心理上的成熟。那么，什么才是真正的性心理健康呢？性心理健康的标准是什么呢？

（一）性心理健康的内涵

1974年世界卫生组织在一次关于性问题的研究会上对性健康的概念作了如下的论述："所谓健康的性，系融合了有关性的生理面、情绪面、知识面及社会面，亦以此提升人格发展、人际沟通和爱。"世界卫生组织的性健康定义为：性健康是情感中、理智中和社会中性的诸方面的集成，是积极地丰富和提高人类相互交往和爱的方法。这个定义已被美国最主要的性教育组织"美国性信息委员会"所确认。由此可见，性健康涉及性生理、性情感、性知识和性社会，并把是否积极增进人际交往和情爱以及是否提升自身人格发展作为性健康的标准。因此，我们不能把性健康简单地理解为性生理的健康。事实上，性健康是一个综合的概念，它不仅包括性生理健康，还包括性心理健康和性道德健康，这三者是相互统一的整体。性健康的最终价值是人格的完善和人的健康全面发展。

（二）大学生性心理健康标准

美国心理学家卡尔·罗杰斯认为，一个在性方面有教养的人应当符合这样几点标准：具有良好的性知识；对于性没有由于恐惧和无知所造成的不当态度；性行为符合人道；在性方面能做到"自我实现"；能负责地作出有关性方面的决定；能较好地获得有关性方面的信息交流。此外，还包括社会道德和法律的制约。

卡尔·罗杰斯的标准适用于广义的成年人。对于大学生而言，性心理健康应该符合哪些标准呢？根据性心理健康的内涵，大学生性心理健康应符合以下标准：

1. 能正确认识和接纳自己的性别。一个性心理健康的人，首先应是能够对自己的性别角色正确认识并接纳自己性别角色的人，同时能成功地扮演好自己的性别角色（如女生的阴柔之美，男生的阳刚之气），对自己的性别角色有相应的自尊感和自豪感。

2. 有正常的性欲望。性欲是一个人能够获得性爱和性生活的基础和前提，所以一个心理健康的人就必须具有性欲望，一个人如果没有性欲望，性心理健康就无从谈起。而且正常的性欲望对象是指向成熟的异性而不是同性或其他物品的替代物。

3. 与同龄人的性心理发展水平相当。个体性心理特点和性行为符合相应的性心理发展年龄的特征。在不同年龄阶段，人的心理发展表现出不同的特征，性心理的发展也同样呈现出阶段性特点。如果大学生的性心理与大多数同龄人不相同，那他的性心理可能就有一些问题。

4. 具有较强的性适应能力。性适应是个体的性活动与外界形成的一种和谐关系，也就是性生理、性心理、性社会的三要素在性生活过程中交互作用而显示出的一种协调状态。性适应能力是指个体达成这种和谐关系的能力，一个人这种能力的获得将是一个复杂而漫长的过程。它表现为在个体出现性冲动后，知道如何排解、调控自己的性冲动，能够使自己的性行为与性活动符合社会的新规范和新要求等。

5. 能与异性保持和谐的人际关系。对大学生来说随着性生理和心理的发育成熟，渴望与异性交往并保持和谐的关系，是个体自然而正常的性要求，如果这种要求得不到满足，其性心理就很难达到健康的要求。

6. 性行为符合社会文明规范。性心理健康的大学生具有一定的性知识和性道德修养，能自觉的去分辨性文化的精华与糟粕、淫秽与纯洁、庸俗与高雅、谬误与真理，自觉抵制腐朽没落性文化的侵蚀，并以自己文明的性行为、性形象为大学校园乃至整个社会的文明构筑一道亮丽的风景线。

二、维护大学生性健康途径

大学生性教育需要学校、家庭和政府的教育引导之合力。首先要加强高校性健康教育的课堂教学，在校园组织开展丰富多彩的文化活动，为大学生营造健康的精神家园，普及性知识，纠正大学生对性的错误认知，还要发挥社会、家庭的合力作用，开展性心理健康咨询服务，拓宽思路、发挥多渠道的性健康教育功能。

（一）科学地掌握性知识

大学生在性心理发展方面出现了心理困扰，主要与青春期提前、性知识的匮乏、性诱惑与性观念的混乱、性知识的渴求与教育的滞后等有关。解决大学生的性心理困扰，应该注意传授科学的性知识，打破性神秘感，男女生共同活动，满足与异性交往的需求，培养选择信息的能力，抵御不良性刺激，充实精神生活，转移兴奋点，增强自制力，用意志调节情感并应控制性冲动。

1. 学校教育是大学生性教育的主渠道。高校要加强大学生性教育体系建设、师资队伍建设和课程体系建设，把性健康教育纳入正规教学，讲授性生理、性心理、性社会、性伦理、性美学等内容。通过性教育，使大学生掌握性科学知识，提高自我意志力，正确面对性生理、性心理现象，在性面前保持理智的头脑，调节自己、爱护自己、发展和完善自己。高校不仅要把性教育纳入教学体系，还要在校园活动中渗透性教育内容，充分发挥社团组织的作用，围绕大学生的能力提升、特长培养、情操陶冶、意志锻炼，组织成立各种兴趣社团、专业性教育社团开展丰富多彩的校园文化活动，为大学生营造健康的精神家园。

2. 家庭教育在大学生性教育中发挥重要作用。家长在大学生性教育方面发挥着的重要作用。大学生获取性知识的主要来源是通过相关书籍和视频，从父母那里获得的性知识少之又少。随着生理日趋成熟，对性知识的探索欲望增强，由于不能通过正常途径，他们就自发的从街边书刊、非专业网站、色情光碟及道听途说等渠道去了解性知识。但是从这些途径得来的性知识往往不科学、不系统，甚至不正确，以至带来不良影响。面对这些，家长应该改变观念，不断学习了解青春期学生的心理生理特点，本着对自己孩子负责的态度，通过正确的方式给自己的孩子讲解性知识和性健康，如阴道在哪里，正确使用安全套的时间、方法和技巧。家长应科学地教育和引导孩子，提高辨别科学的性知识和黄色污秽性污染的能力和自我调节能力。教育他们不要观看色情制品，男生更不可进行模仿，避免发生性犯罪事件。

3. 政府应该高度重视大学生性教育并发挥引领作用。不仅要在高校性教育方面给予政策和资金上的支持，还要积极发挥大众传媒和社会舆论正面宣传引导效应，营造健康文明的文化氛围和道德氛围。

（二）性安全知识

1. 避孕

（1）避孕药：主要是通过抑制排卵，并改变子宫颈黏液，使精子不易穿透或使子宫腺体减少肝糖的制造，让囊胚不易存活，或是改变子宫和输卵管的活动方式，阻碍受精卵的运送，使精卵无法结合形成受精卵，从而达到避孕目的的一种药物。

避孕药分内用和外用两类。内用避孕药的主要成分是人工合成的雌激素和孕激素。根据避孕作用的时间长短不同又分为长效、短效和速效（探亲）3 种。外用避孕药物是一种化学制剂，放在阴道深处，子宫颈口附近，使精子在此处失去活动能力而不能通过子宫到达输卵管与卵子结合，所以外用避孕药又叫杀精剂。选择避孕药前，应去医院作身体检查，以了解自己是否适宜使用避孕药。无论使用哪一种避孕药，都要严格按照说明书的规定服用，不可随意改变服用方法和剂量，否则会影响避孕效果。

（2）安全套：主要是在性交中阻止人类的精子和卵子结合，防止怀孕，同时也有防止淋病、艾滋病等性病传播的作用，因此称安全套。有男性安全套和女性安全套。

男性安全套在使用之前必须要了解自己适合使用什么型号的避孕套，因为安全套太大容易脱落，太小会影响性感，有时甚至会影响男性的健康。在往阴茎上戴之前，不要事先展开它，应选择正确的方向，捏住阴茎套前端的小泡，自龟头部分顺势向下展开，将它戴到阴茎末端。女性安全套的使用较为麻烦，使用时一定要确保位置正确，确保避孕套主体未被扭曲，而且开口环始终置于阴道口外端。使用步骤：先从盒装里面轻轻取出，上方为开口环，产品内为内环。开口环将完全保护阴道口，内环用来固定其在阴道内的位置。然后在使用时应先在套内涂上润滑剂，以防止对男性阴茎产生刺激，接着用洗干净的手指将小环两边捏拢。接着就是如何置入：选择一种舒服的方式（躺下或双腿双分坐着，或是一只腿搁在椅上站立），捏紧内环，将套送入阴道内，越深越好，直至感觉已到正确位置即可。注意：它不会因进入太深而造成伤害。最后，完事后为避免精液倒流，请在起身前取出避孕套。取出时用拇指和中指捏住内环，将食指抵住套底，或紧捏内环并旋转开口环的同时缓慢地将套拉出。

（3）安全期计算：是指通过各种计算方法推算出排卵期，并且在排卵期内停止性生活的一种避孕方法。排卵期计算方法：如果女性的月经周期正常，每个月只会有一个排卵期并且排卵期有一定的规律。女性的排卵日期一般在下次月经来潮前的 14 天左右。下次月经来潮的第 1 天算起，倒数 14 天或减去 14 天就是排卵日，排卵日及其前 5 天和后 4 天加在一起称为排卵期。除了月经期和排卵期，其余的时间均为安全期。理论上在安全期性交是不会怀孕的，不需要采取任何的避孕措施，不过如果女性的身体存在异常，出现排卵提前或是有两次排卵的情况，那么女性也是可能会怀孕的，这种现象非常少见。常用的安全期计算方法有日历法、基础体温测量法、阴道分泌物观察法、排卵测试仪监测法等。

2. 艾滋病的预防　艾滋病是一种病死率极高的严重传染病。艾滋病的传播途径主要是性交传播、血液传播和母婴传播。目前还没有治愈艾滋病的药物和方法，但却是可以预防的。艾滋病传播途径在很大程度上取决于人们的行为和习惯，所以预防艾滋病是完全可以做得到的。对个人预防来说，除掌握有关艾滋病知识外，尚须做到：

(1) 遵守性道德、洁身自爱，是预防经性途径传染艾滋病的根本措施。反对性乱，避免婚前、婚外性行为；遵守婚前健康检查的规定；不涉足色情场所，不要轻率地进出某些娱乐场所。

(2) 不到医疗器械消毒不可靠的医疗单位特别是个体诊所打针、拔牙、针灸、手术。

(3) 不到消毒不严密或不消毒的理发店和美容店去理发或美容；不用未消毒的器具穿耳孔、文身、美容。日常生活中不要借用他人牙刷、剃须刀、穿耳针等私人用品，也尽量不要去纹身，防患于未然。尽量避免接触他人体液、血液，对被他人污染过的物品要及时消毒。

(4) 不要擅自从国外带入血液制品，不要使用未经检验的进口血液制品；有必要输血时使用经艾滋病病毒抗体检验合格的血。

(5) 怀疑自己或对方受艾滋病病毒感染时坚持使用避孕套；已受艾滋病病毒感染的妇女不要怀孕。

(6) 避免直接与艾滋病病人的血液、精液、乳液和尿液接触。采用一次性注射器给艾滋病病人采血及注射，病人的血液、排泄物、污染的物品应进行彻底焚烧。病人的器皿及医用器械要专人专用，排尿、排便后要用肥皂洗手，可达到消毒的目的。

总之，艾滋病的预防最重要的是要遵守规定，不去非法黑血站卖血，不输可能污染 HIV 的血。若有艾滋病感染可疑时，你可以到正规的机构接受检查；单凭一次抽血艾滋病病毒抗体阴性，不能完全排除没有传染上艾滋病，应定期检查。

(三) 反性骚扰的自我保护技巧

性骚扰是一种违法行为，会给受害人带来了一系列的心理问题，如不喜欢自己的身体、失去自尊、注意力不集中、自闭、恐惧、焦虑、抑郁、暴食、厌食、精神异常、滥用药物、自杀或企图自杀。认识生活中的一些性骚扰表现，掌握必要的处理性骚扰的技巧十分重要。

1. 性骚扰的概念

国内一般认为，性骚扰是指以性欲为出发点的骚扰，以带性暗示的言语或动作针对被骚扰对象，引起对方的不悦感，或有被冒犯感，都算是性骚扰。性骚扰表现形式尚无统一界定，一般认为有以下几种：

(1) 身体的接触：不必要的接触或抚摸他人的身体、故意触碰、强行搭肩或手臂故意紧贴他人等。例如，在人群拥挤的地方故意紧贴对方的身体，故意接近他人产生身体上的接触或触碰等。

(2) 言语的接触：不必要而故意谈论有关性的话题，故意讲述色情笑话、故事，询问个人的性隐私、性生活等。

(3) 电子信息骚扰:用手机短信、邮件、网络聊天等形式,故意发送黄色文字、图片和视频。

(4) 以性作为贿赂或要挟的行为:以同意性服务为借口来换取一些利益,甚至以威胁的手段强迫进行性行为。例如,老师暗示要求约会,作为承诺成绩及格或加分的条件;或上司以职位的升降或调迁来要挟他人同意进行性服务等。

2. 反性骚扰的自我保护技巧

性骚扰一般多发生在使用打车软件招来的出租车上(遇到不良司机)、公共场所(人多拥挤时)、学校(不道德的师生)、职场(不良上级和同事)等环境,树立自我保护意识,学习和掌握反性骚扰的应对方法,进行自我保护是十分重要的。介绍常用方法如下:

(1) 注意自己言行举止,要大方得体。夏天不要穿过于暴露的衣服,以免引起性心理障碍者的注意。一旦遭到性骚扰,要沉着冷静,惊慌、害怕并羞于启齿都是错误的选择,对方会更加肆无忌惮、变本加厉,使你受到更大的伤害。

(2) 一旦遇到带性暗示的言语或动作的骚扰,立即表明拒绝态度。并保持冷静,不要抱着轻视或置之不理的态度。忍耐和逃避肯定解决不了问题,但也不可过分敏感,反应太过强烈可能会激起对方的攻击欲望。

(3) 在遇到性骚扰时,必须慎重地表明你的立场,使用身体上的防卫技巧。隐瞒或不示意可能让对方以为你是接受的。在适当的时机我们应大声呼喊“不好”、“不行”、“走开”、“停止”、“色狼,滚开!”,言语直接坚决,动作抬头直视、摇头拒绝,神情愤怒憎厌,行动上转身离去或利用人群力量吓退骚扰者。

(4) 当遇到不舒服的感觉时,肯定自己是否受到性骚扰,保持冷静心态,相信自己的直觉,及时寻求帮助。可以找父母、值得信任的同辈、老师等寻求帮助。

(5) 向他人倾诉。当事情解决了,与人倾诉,也可以寻求心理支持,宣泄恐惧情绪,防止事情再度发生;当事情未解决,则必须与人倾诉,一起想办法以阻止事情继续发生。

(6) 若是经常受到性骚扰,最好以随身的手机进行录音或者摄像,必须将发生的日期、时间、地点和对方的行为、说话记录下来,以便作为日后投诉的证据。

三、通过心理咨询,进行心理调适

由于性在人们心目中的隐秘性、羞涩性,一些大学生被性问题困扰,并给自己的生活、学习带来不利影响。对于这部分已经有了性心理偏差的大学生来说,坦然询求学校心理咨询的帮助无疑是最明智的选择。由于性心理问题咨询的隐秘性,除了面对面的心理咨询,还可以通过热线电话、知心信箱、校园网上聊天室、微信等途径进行心理咨询。

心理电影

钢琴教师

电影名称:《钢琴教师》(The Piano Teacher),上映时间:2001。

剧情介绍:40岁的艾丽卡是一位钢琴女教师,高超的技艺使得其在业内享有盛名。但是已经不惑之年的她依然和自己的母亲挤在一个狭小的公寓里,在她母亲严厉的压迫与全方位的监控之下，其心理发生了严重的扭曲。艾丽卡每每躲在厕所用剃刀伤害自己以求快感，嗅着内裤上的味道以发泄欲望，还去停车场偷看情侣亲热，来寻求刺激。直到一次聚会，艾丽卡遇到了年轻英俊的弹奏者沃特，一切都改变了。艾丽卡以为她终于找到了自己的幸福，然而年少的沃特有一日厌倦了这种关系……

图 10-1 《钢琴教师》

评论与分析：这部影片剖析一位女钢琴家的心与脑的阴暗面，冷静又不失悲悯的刻画了女主角以及她周遭人物各自的心理变态（尤其是性方面），是继《蓝丝绒》以后最卓越的性心理变态电影杰作。而最令人惊慑的莫过于艾丽卡种种变态的性狂想。艾丽卡的生命全为母亲掌控，天生注定的权力不对等关系带来的是一个永远逃不出的牢笼，无法承受母亲过多的爱，又无力逃离大胆飞去，只好丧失了爱人与被爱的能力。于是，性变态的狂想成了心理逃避与解放的管道。

心理自测

评估你的性观念

你对与性有关的事情难以启齿吗？你是否谈性色变？你是否喜欢身材丰满的异性？你是否曾为与性相关的某些事情而感到过羞耻？或许这些发生在你青春时的种种事件，就是导致你后来对性的态度及观念的原因。这里有一些问题，你可以问问自己，也许可以帮助你更了解自己。

1. 我的父母是否曾经跟我谈过性方面的事情？
2. 我是否曾经见过父母之间肉体上亲密的接触？
3. 我是否喜欢小孩？
4. 青春期时，我是否看过黄色书刊？如果有，它是如何影响我对性看法的？
5. 我是否曾经对朋友说过谎或是夸大有关性方面的事情？如果有，为什么？
6. 青春期时，有哪些和性方面有关的回忆让我印象特别深刻的？为什么？这些经验又是如果影响我的性观念的呢？
7. 我与异性亲密接触时是否紧张或感到窘困？为什么？

心理互动

婚前性行为

（一）活动目的：认识大学生婚前性行为对个人发展的影响。

（二）活动用物：纸、笔。

（三）活动场地：室内、室外均可。

（四）活动时间：25 分钟左右。

（五）活动过程：随机分组，每个小组里都有男女生，小组讨论大学生婚前性行为对个人发展具有中哪些影响，从积极方面和消极方面两个角度来进行讨论，最后以小组为单位汇报讨论结果。

（六）讨论分享：

1. 如何看待爱情与性的关系？
2. 婚前性行为的弊端是什么？

课后思考

作为一名大学生，如何做到洁身自好，维护好自身的性健康？

第十一章　让爱情之花绽放
——恋爱心理

如果你爱一个人，先要使自己现在或将来百分之百得值得他爱，至于他爱不爱你，那是他的事，你可以如此希望，但不必勉强去追求。

——罗兰

案例导读

小林是家里的独生女，家庭条件优越，性格活泼开朗，比较受老师和同学喜欢。上大学后，小林与班里的一位男生恋爱了。虽然小林自小受宠爱，很任性，但男友一直都很照顾她、包容她，对她特别关心体贴，两人的关系一直很好。然而一次偶然的机会，小林在男友手机上发现了男友和其他女孩的合拍照，便认为男友欺骗了她。虽然男友反复解释只是一般朋友，并向小林道歉，但小林仍无法原谅他，满脑子里想的尽是男友与照片上女孩交往的事情，晚上也睡不着觉，一想起来就很难受，眼泪就止不住的流下来，精神几乎要崩溃了。小林感觉他们的爱情已经变质了，即使和好了，她也不会像以前那样相信男友，可是如果分手，自己又舍不得，不知道该怎么办，于是在家长陪同下向心理咨询师求助。

学习重点

1. 爱情的心理学视觉。
2. 大学生爱情心理特点及困惑。
3. 大学生爱情的心理调适。

第一节　爱情的心理学视觉

一、较具影响力的“爱情”理论

什么是爱情？对于这个问题，国内社会心理学界探讨的较少，外国专家学者对这一问题虽有不同程度的研究，但却持有各自不同的意见。其中最具影响的是约翰·李的爱情态度类型理论和斯腾伯格的爱情三元理论。

(一) 约翰·李的爱情态度类型理论

加拿大社会学家约翰·李(John Alan Lee)认为,爱情基本分为 6 种模式:

1. 浪漫爱　将爱情理想化,强调外表美,追求肉体与心灵融合为一的境界。

2. 游戏爱　把爱情当做游戏,只追求个人需要的满足,害怕承担责任,极易因失去新鲜感而更换恋爱对象。

3. 同伴爱　也称为友谊型爱情,是一种从朋友开始逐渐发展起来的平淡而深厚的爱情,在这种爱情关系中,温存多于热情。

4. 现实爱　同伴爱和游戏爱的混合,把爱情看作生活的实际需要,对物质考虑较多,重视社会经济地位、学历等条件。

5. 占有爱　浪漫爱和游戏爱的混合,对所爱的人赋予极强烈的感情,并希望对方以同样的方式回应,占有欲极强。

6. 奉献爱　浪漫爱和同伴爱的结合,甘愿为所爱的人付出一切并且不求回报,只要对方幸福,甘愿自我牺牲。

(二) 斯腾伯格的爱情三元理论

斯腾伯格(Sternberg)认为爱情由三个基本成分组成:激情、亲密和承诺。激情,是指情绪上的着迷,它是爱情中的性欲成分;亲密,是指在爱情关系中能够引起的温暖体验;承诺,即忠诚和责任心。这三种成分构成了喜欢式爱情、迷恋式爱情、空洞式爱情、浪漫式爱情、伴侣式爱情、愚蠢式爱情、完美式爱情等七种类型。

拓展阅读

罗伯特·斯腾伯格(Robert Sternberg)美国心理学家、心理计量学家,现为奥克拉荷马州立大学教务长。他曾为塔夫斯大学艺术与科学学院院长、耶鲁大学心理学和教育学 IBM 教授以及美国心理学会主席。他的研究领域包括爱情和人际关系、人类智慧和创造性等。

1. 喜欢式爱情　没有激情和承诺,只有亲密,感觉在一起很舒服,但不一定愿意厮守终生。

2. 迷恋式爱情　只有激情,没有亲密和承诺,对对方缺乏了解,也没想过未来,是一种青涩的爱情。

3. 空洞式爱情　只有承诺,缺乏亲密和激情,纯粹为了结婚。

4. 浪漫式爱情　有亲密关系和激情体验,没有承诺,也不在乎结果,是一种“只在乎曾经拥有,不在乎天长地久”的爱情。

5. 伴侣式爱情　亲密与承诺两个成分的混合,没有激情体验。

6. 愚蠢式爱情　只有激情和承诺,没有亲密关系,而没有亲密的激情,只是生理上的冲动。

7. 完美式爱情　同时具备激情、承诺和亲密,这一类型才是真正完美的爱情。

二、爱情的心理学含义

现在的研究者普遍认为，作为人际吸引最强烈形式的爱情，是男女双方基于一定的客观物质条件和共同的人生理想，在各自内心中形成的相互间最真挚的爱慕，是身心成熟到一定程度的个体对另一异性个体产生的具有浪漫色彩的高级情感。

（一）爱情具有排他性

真正的爱情是其他任何感情都无法替代的，它不会随意产生，而且永远专注于一个人，身处恋爱中的男女双方都容不下第三者的介入。

（二）爱情具有稳定性

相爱的双方，不会随着彼此观念和生活环境的变化逐渐疏远，也不会因其他异性的出现而不断更换交往对象。

（三）爱情具有隐秘性

爱情的表达受特定空间的限制，它是隐秘的。文明恋爱的情侣在表达亲密感情时会选择私人的空间，亲昵的举动不愿让别人看到。

第二节　大学生爱情的风云变幻

一、大学生恋爱现状

（一）大学生恋爱中常见的心理困扰

1. 满足生理需求　进入大学阶段的学生年龄大多在 18~23 岁之间，在生理上他们已渐趋成熟，并且已经进入了人体发育的第二个高峰期，这使他们对异性产生一定的兴趣并且有了接近的欲望。

2. 满足心理需求

(1) 满足虚荣心：有些大学生为了取得别人对自己较高的评价，为了证明自己的价值，刚进大学校园就急于选择恋爱对象，目的只是为了炫耀自己，让自己比暂时单身的同学显得更有面子。

(2) 弥补内心空虚：部分大学生由于离家较远，进入新的环境彼此不熟悉，缺少理解与关怀，为了寻找温暖，寻求精神寄托，排遣孤独寂寞，于是就以恋爱来弥补内心的空虚。

(3) 追求浪漫：大学生正处于青春期，对爱情怀有美好的向往和追求，再加上他们刚走出了高中阶段高压式的学习方式，进入大学校园后时间支配相对自由，学习任务相对轻松，部分学生就会利用在校的时间追求自己心中的美好事物，恋爱当然是其中之一。

(4) 盲目从众：一些大学生虽然暂时没有谈恋爱的需求，但因看到自己的朋友或者同宿舍的同学都在谈恋爱，自己也会蠢蠢欲动，激发起恋爱的意识和行为。

3. 满足经济需求　这虽然只是极少数大学生的恋爱动机，但在大学校园里这种现象仍然存在。因为恋爱不仅需要感情基础，还需要大量的物质基础来经营和持续。极少数大学生为了满足自己的物质需求，企图通过恋爱得以解决，甚至会出现脚踏几只船，只为求得经济利益的现象。

4. 志同道合，促进学习　有一部分大学生的爱情是从友谊发展而来的，他们学习上互相鼓励，生活上互相帮助，感觉在茫茫人海中能遇到一个跟自己志趣相投的人很不容易，并且两人的交往还可以使彼此得到提高，于是恋爱也由此发展起来。

(二) 大学生恋爱的特点

1. 以“自我”为中心 大学生虽然从年龄上看都属于成年人，但在对待爱情上却比较天真，缺乏理性思考，对爱情抱有不切实际的幻想。恋爱模式随心所欲，比较看重感情，恋爱中不受双方家庭的权势、地位及经济条件的影响。常以“自我”为中心，不愿听取任何人的意见，感觉“两个人就是整个世界”。

2. 注重形式 在校大学生社会阅历较浅，思想相对单纯，同时受影视剧的影响，往往只看重恋爱的形式，一味追求富有诗意的浪漫恋情。有些大学生甚至为了制造浪漫氛围，不惜花费大量精力照搬影视剧中的场景用在自己的恋情中。

3. 方式不当 大学校园里随处能见到成双成对的年轻情侣，或手拉手或搭肩拥抱行走在校园里，即使是在公共场合也不避讳任何人，仍然旁若无人地做一些亲密的举动，只顾自己的感受，而置公共道德于不顾，造成了非常不好的影响。

4. 具有强烈的占有欲 青年大学生一旦陷入热恋，就把彼此视为各自的全部和唯一。由于太在乎对方而接受不了恋人与其他异性朋友的密切交往，即使是普通异性朋友的一般性交往也会感到心里不舒适。适度的在乎是合理的，但如果占有欲太强、太在乎的话，会导致感情的破裂。

5. 只重过程，不计结果 部分大学生抱着尝试甚至体验爱情的心态恋爱，只注重恋爱的过程而不计较恋爱的结果。据统计，95% 的校园爱情是不能修成正果的。许多大学生在校园恋爱的过程中都是抱着“毕业是分手的季节”来开始一段校园爱情的，他们注重的只是曾经拥有的一瞬间回忆，这些或许有的学生能够接受，或许有的学生将面临巨大的伤害，造成不可挽回的后果。

6. 爱情和学业不能兼顾 爱情是需要时间来培育的，因此它是一把双刃剑，既是大学生走向成熟的标准，也是成长过程中的一次考验。许多大学生在恋爱的过程中荒废了学业，迷失了正确的发展道路，同时在恋爱中面对挫折时，由于受到自身性格和行为方式的影响，导致许多大学生在受到打击后自暴自弃，失去了自己的人生奋斗目标和方向，对学习和生活造成了严重的影响。

二、大学生恋爱中常见的心理问题

大学生对爱情普遍抱有美好的愿望，渴望浪漫的爱情，都希望自己的付出能得到同等的回报，但现实却是残酷的，因为并不是所有的爱情都能朝着大家希望的方向发展，也不是所有的付出都能换回各自希望的回报。在恋爱中也会有坎坷，也会有挫折，需要大学生们及时调整自己的心态，学会应对恋爱中出现的问题。

(一) 单恋

在爱情中如果只是一方单方面的倾慕和热爱另一方，而另一方并不知道或者拒绝时，这种感情就称为单恋或是单相思。单恋者一般内心比较热烈，外表却很冷静。有一种类型的单恋者把爱情深埋在心底，不向自己爱慕的对象吐露，只是默默关注他(她)的一举一动，只盼每天能见到他(她)的身影，心里就感觉温暖；另一种单恋者是勇敢表达自己对爱慕对象的热爱，哪怕表白遭拒绝后仍痴心不改，热情不减，因而使自己陷入无边的痛苦之中。

现实生活中遇到以上情况，要学会冷静思考自己的感情，不能只凭自己的主观感受来对待爱情。当了解到爱慕的对象对自己没有交往的意向时，要快刀斩乱麻，尽早结束单相思的局面。罗马学者西塞罗说过："青年人对于爱情，要提得起，放得下，才是一个智者"。单恋者要让自己成为这样的智者。

（二）三角恋

三角恋即一男两女或一女两男同时建立不正常的恋爱关系。这种情况虽然每个人都不愿遇到，但它在现实生活中却是真实存在的。你的恋人爱上了别人，而你对他（她）仍深情依旧；你和现在的恋人正在热恋期，而另一对你仰慕已久的异性却对你热烈的表白了。无论哪种情况的出现都会给你的生活和学习带来一定的烦恼。

面对三角恋更应保持高度的冷静和理智，要敞开心扉坦诚交谈，弄清彼此的关系，该放手时要懂得适时放手，调整好心态，要知道有时放手也是一种爱。

（三）失恋

当恋爱中的两人交往一段时间后，由于彼此的性格、处事方式及价值观的不同而导致感情破裂时，对这份感情投入较多的一方会很难接受失恋带来的痛苦，而且变得比较敏感不愿与外界接触，身心深陷不良情绪的折磨中无法自拔。如果失恋的创伤不能及时得到缓解的话，会带来意想不到的严重后果，甚至有部分大学生因此产生自残及报复心理。

面对失恋，要学会自己缓解情绪，减轻失恋带来的不良影响。可以通过向知心好友倾诉自己的内心烦恼，排遣消极情绪；也可以通过转移注意力来缓解失恋带来的痛苦，如进行一次短途旅行使身心彻底放松或把精力投入到学习中；还可以到心理咨询中心主动求助。

第三节　学会爱，获得爱

一、树立正确的恋爱观

大学生恋爱观是指大学生对待恋爱问题所持的基本观点和态度以及对恋爱行为好坏做出的基本判断。爱是一种能力，爱情双方要自觉萌生一种责任感与使命感，更重要的是要相互促进、相互提高，为了共同的美好爱情进而学会付出，不断健全和完善自己的人格和社会技能。

（一）端正恋爱动机，摆正恋爱态度

男女恋爱动机是多样的，有些是为了享受过程，有些是为了满足物质需求，有些是为了事业发展的需要，还有些是为了稳定的终身婚姻，大学生恋爱动机也不例外。因此，大学生在恋爱前，先要考虑好自己的长远需求，并根据自己的主客观条件来理智的选择恋爱对象，把那些有利于双方提高的因素作为恋爱的主导动机。

（二）遵从恋爱道德

恋爱高于普通的人际交往，它与普通的人际交往存在一定的区别。恋爱中双方看重的是彼此的人格和情感，所以身在恋爱中的大学生需要具有高尚的恋爱道德观，不断地提高自身的道德修养水平。

1. 互相尊重　真挚的爱情需要建立在彼此平等和理解的基础上，不应把对方看成是自己的附属品，无理由地约束、强迫对方，要求对方对自己言听计从；也不应因为爱情的存在而失去了自我发展空间，陷入对爱情的狂热迷恋。恋爱中的双方应该是平等的，都有给予、接受和拒绝爱的权利。只有在恋爱中做到相互尊重、共同成长，才能让爱情之花长久绽放。

2. 自觉为对方承担责任　恋爱中的责任不是法律赋予的责任，而是发自内心的一种自觉，是心甘情愿为自己所爱的人承担责任。恋爱中的双方要自觉萌生一种责任感与使命感，为了共同的美好爱情进而学会付出。爱一个人就要自觉为他（她）分担或承担责任，不论他（她）处在怎样的境况。要认识到爱情不只是为了得到还需要彼此的付出，不能在彼此顺风顺水时卿卿我我，而在对方陷入一时的不顺时而离之远去。爱一个人就应该对他（她）不离不弃，当对方取得成绩时，陪他（她）一起开心并提醒他（她）戒骄戒躁；当对方陷入人生低谷时，给他（她）鼓励和帮助，让他（她）重拾信心。这样的爱情才能充满活力。

3. 文明恋爱　现在的大学生对待恋爱的心态是开放的，抛开了遮遮掩掩，抛开了应有的矜持与含蓄，行为举止也表现得越发大胆。然而爱情是有一定的私密性的，恋爱中的情侣在私人场合做一些亲密举动，本是无可厚非的，但在公共场合做一些过分亲密的举动时，就应考虑他人的看法和感受，应认识到这样做是对他人、恋人及自己的不尊重，而且有损于大学生的形象。因此，恋爱中的大学生应选择文明的恋爱方式，在公共场所要遵守社会公德，做到尊重他人、尊重恋人、尊重自己，这样才能保持爱情的长久。

二、处理好学习与恋爱之间的关系

（一）以学业为主

大学生活是丰富多彩的，在大学校园里不仅学习专业知识，还要掌握各种进入社会必备的职业技能，具有自学能力、自律能力、创新能力、交际能力等。进入大学阶段，就等于进入了社会前的实习阶段，已经确定的职业方向决定了毕业后的择业方向，各种校园社团活动也为将来进入社会奠定了一定的基础，所以在大学校园里还是应该以学业为主。

（二）恋爱服从学习

虽然大部分在校大学生能清醒地认识到自己的主要任务是学习，但仍不排除极少数大学生在面对爱情时就乱了手脚，一旦陷入爱情就难以自拔，将大量的时间和精力花费在恋爱上：整天考虑的是为了赢得对方的开心如何精心打扮自己或是为了制造浪漫气氛，如何准备每个节日的礼物；更有少数学生为了赢得更多异性的注意，把所有心思花在了恋爱上。然而人的精力是有限，在恋爱上花费的精力多，用在学业上的精力自然就少，学习就会在不自觉中受到影响。因此，大学生应该在学习好专业知识的前提下来追求自己甜美的爱情，万不可为了虚荣、攀比，把追求爱情当做自己的主要任务而荒废了学业。

三、培养爱的能力

（一）识别爱的能力

当一份爱向我们走来时，首先需要有分辨清楚的能力，特别是爱情和友情。有些大学生的爱情是在友情的基础上发展而来的，但这并不等于说爱情即是友情，两者之间存在质的区别，只有正确认识了爱情和友情的区别，才能在收获友情的同时体验甜蜜的爱情。心理学家曾对异性间的友谊与爱情的不同进行过区分，认为有五方面的不同：一是支柱不同，友谊的支柱是理解，爱情的支柱是感情；二是地位不同，友谊的地位是平等，爱情的地位是一体化；三是体系不同，友谊的系统是开放的，爱情的系统是封闭的；四是基础不同，友谊的基础是信赖，爱情则纠缠着不安和期待；五是心境不同，友谊充满“充足感”，爱情则充满“欠缺感”。

（二）表达爱的能力

一个人心中有了爱，在经过理智分析后，要敢于并善于表达出来，但要注意采用适宜的表达方式，因为爱情的获得取决于接受爱的一方，在向对方表达爱时要选择他（她）能接受的方式，这是一种爱的能力，也是自信的一种表现。

（三）接受爱的能力

当爱情来临时，首先要能及时准确地对爱做出判断，能够坦然地接受这份爱，这是一种爱的能力。缺乏这种能力的人，不敢接受本属于自己的爱，只会让珍贵的爱情从身边悄悄溜走。其次，要具有体会自己内心真实感受的能力，知道自己喜欢什么、需要什么、适合什么，评估自己是否做好准备接受这份爱，对拿不准的爱要三思而后行。

（四）拒绝爱的能力

面对悄然而至的爱情，如果你还没做好准备或是自己不愿接受时，要及时果断地拒绝。因为爱情来不得半点勉强和将就，犹豫不决只会给双方带来伤害。同时，要掌握恰当的拒绝方式，虽然我们有拒绝爱的权利但也应考虑对方的感受，尊重对方的感情，尽量采用委婉的方式表达自己明确的想法，因为珍重每一份真挚的感情是对他人的尊重，也是自身道德修养的一种体现。

（五）保持爱情长久的能力

接受一份爱容易，但是要保持一份长久的爱却需要我们付出一定的努力。因为爱情需要用心呵护，需要恋爱双方不断为爱情注入新的活力。爱情不是一味索取，真正的爱情需要彼此互相体谅、互相包容、互相扶持，需要双方通过不断学习，提升自己的内涵、修养，完善自己的人格特征，从而获得保持爱情长久的能力。

（六）解决爱的冲突的能力

爱情虽然是甜蜜的，但在追求爱和享受爱的过程中，也难免会出现一些不和谐的地方：表达爱时被拒绝，不愿意倾听，太依赖对方，对对方的期望过高，爱情过早的夭折等。大学生能否合理的处理这些问题，也是爱的能力的重要方面。只有掌握了合理处理恋爱中不和谐因素的方法，具备了承受爱情挫折的能力，才能不畏艰难困苦大胆追求爱情。

1. 理智处理恋爱中的不和谐因素

（1）用心倾听：恋爱中如果能做到仔细倾听对方的谈话，从对方的话语中听出他（她）想要表达的意思和内心的愿望，那么指责和抱怨就会避免。

（2）摆脱依赖：如果你凡事都依靠你的伴侣，离了他（她）你完全没法活，这样你不仅会打乱自己的正常生活，也会给你的恋人带来无形的压力。那么这段感情就不正常了，当然也就不会有好结局。

不要把自己全部的快乐都寄托在对方身上。恋爱的双方希望给彼此带来快乐的体验，这是正常的，但是如果你把自己全部的快乐都寄托在对方身上，那是不切实际的。因为快乐是一种个人体验，除了你自己，没有人能让你真正快乐起来。并且，恋人间的相处不只是快乐，很多时候是当你觉得失落、痛苦、压抑或悲伤时，有一个人可以让你依靠。

2. 改变错误认知，正确认识失恋

案例分析

小李是一位大二学生干部，性格内敛，学习勤奋，工作热情并且很会关心人。大二上学期喜欢上班里的一位女生小张并开始追求。此后，无论小张生活上还是学习上遇到问题，小李都会在小张不知情的情况下提供帮助。关于小张的任何事情小李都高度关注，对其倾注了许多心思，但小张一直对小李不冷不热。近一段时间，小张跟一起做兼职的一位男生走的较近，好像确立了恋爱关系，小李心情郁闷、焦虑，觉得有些接受不了。有时小张不理他，他就无法接受，想找小张好好谈谈，但是小张对其冷淡，甚至不愿意接听他的电话。小李不知小张为什么要远离自己，"移情别恋"，想到自己是如此喜欢小张，并为她付出了这么多却没有得到回报，心里就特别难受。

由以上案例可以看出，大学生的爱情存在一定的不成熟性，所以在恋爱的过程中难免会遇到一些困难和挫折，失恋也就成为不可避免的事。但失恋并不意味失去一切，不能因失恋的出现而扰乱了自己正常的学习和生活。有些大学生会因为一时想不明白"为什么自己全身心付出的感情竟然换不来同等的回报"，而感到沮丧和失落，但其实这种"我如何对待别人，别人就应该如何对待我"的想法，本来就是有问题的。每个人都是一个独立的个体，面对同一件事不同的人会有不同的想法和感受，所以我们不能要求别人和我们的体验是相同的，爱情也一样。当我们摒弃了不合理的想法后就可以理智地看待失恋，客观地分析失恋的原因并从中汲取教训。

3. 及时宣泄不良情绪，排解心理压力　恋爱受挫后，有些大学生会变得一蹶不振，变得少言寡语不愿交际，对任何事情都提不起精神，一味沉浸在失恋的痛苦中无法自拔，甚至极少数大学生因此产生轻生和报复的心理。而这种想法是极其错误和不理智的，因为我们的生活中不仅只有爱情，还有友情和亲情，周围还有关心你的同学和老师。把心里的痛楚倾诉出来，亲情和友情是治疗心理创伤的良药，在倾诉和交流的过程中你会发现自己的伤痛无形中淡化了，而报复的心理自然就消失了，因为：如果你真正爱一个人，你应该祝福他（她）得到幸福；如果不爱，分开是最好的结果。

4. 重新认识自己，相信自己　一次恋爱受挫并不代表从此就失去了爱的能力，什么也做不了，从而对自己失去信心。我们应该在挫折中看到和原来不一样的自己：也许是之前对自己的定位和认识不够准确，需要重新认识自己；也许是自己的恋爱标准制订的不够合理，需要适当修正。无论是哪种情况，我们都要充分相信自己，有足够的时间和精力重整旗鼓，随时准备迎接真正属于自己的新一段美好的爱情。

心理电影

中　毒

影片名称:《中毒》(Addicted),上映日期:2004 年。

《中毒》是一部关于爱情的韩国影片,影片呈现给我们的是主人公大真扭曲的爱情观,讲述了他近乎变态、卑微的爱情故事。浩真与大真兄弟俩,同时爱上了一个女人。突发的车祸,逝去的哥哥,活下来的弟弟。弟弟冒充哥哥的灵魂重爱她一回,而事实却是他中暗恋的毒太深,卑微地让自己成为另一个人,目的只是为了能够和这个女人长相厮守。

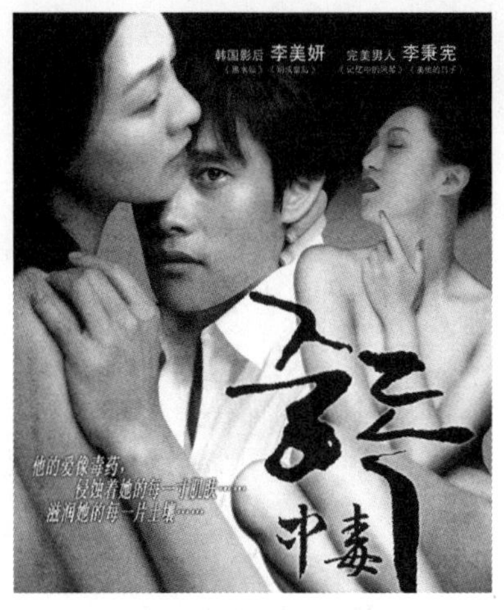

图 11-1 《中毒》

评论与分析:影片的主人公大真原本是个活泼阳光的青年,但内心深处却有着最无法言说的爱情——他深爱着自己的嫂子。但这些只有他自己知道,他把它当做是一个秘密,深埋在自己的内心深处。由于跟哥嫂同处一个屋檐下,哥嫂的点滴甜蜜言行也震荡着他的内心,于是,对嫂子恩淑的那份感情开始变得扭曲起来。接下来发生的一场意外让大真彻底变得疯狂起来——大真在赛车的过程中发生车祸,哥哥浩真在赶往观看弟弟的赛车途中发生不幸,结果弟弟大真醒了过来,哥哥浩真却成了植物人。深陷暗恋中无法自拔的大真就此萌生了一个念头——代替哥哥继续爱她,这个想法像毒液一样渗透着大真的思想,诱导他走向罪恶的深渊。

影片带给我们的是关于爱情的思考:人人都在追求爱情,探寻爱情的真谛,那么什么才是真正的爱情?

心理自测

恋爱观的测定

恋爱观不仅关系到择偶标准,而且还影响到对恋爱、失恋等问题的看法。什么样的恋爱观是正确的? 下面有 18 道测试题,每一题下面有 A、B、C、D 四个不同的答案,认真阅读每道题,从中选出最符合你心里所想的答案,然后根据后面的评分标准算出你的得分。

(1) 你想象中的爱情是

A. 具有令人神往的浪漫色彩　　B. 能满足自己的情欲

C. 使人振奋向上　　D. 没想过

(2) 你希望同你恋人的结识是这样开始的

A. 在工作和学习中逐渐产生感情　　B. 从小青梅竹马

C. 一见钟情,难舍难分　　D. 随便

(3) 你对未来妻子的主要要求是

A. 别人都称赞她的美貌　　B. 善于理家
C. 服从你的意见　　D. 能在多方面帮助自己

(4) 你对未来丈夫的主要要求是
A. 有钱或有地位　　B. 为人正直,有上进心
C. 不嗜烟酒,体贴自己　　D. 英俊、有风度

(5) 你认为完美的结合应该是
A. 门当户对　　B. 郎才女貌
C. 心心相印　　D. 情趣相投

(6) 你认为巩固爱情的最好途径是
A. 满足对方的物质要求　　B. 用甜言蜜语讨好对方
C. 对爱人言听计从　　D. 努力使自己变得更完美

(7) 在下列爱情格言中你最喜欢的
A. 生命诚可贵,爱情价更高
B. 爱情的意义在于帮助对方提高,同时也提高自己
C. 有福同享,有难同当
D. 为了爱我什么都能干

(8) 你希望恋人同你在兴趣爱好上
A. 完全一致　　B. 虽不一致但能互相照应
C. 服从自己的兴趣　　D. 互不干涉

(9) 你对恋爱中的曲折是这样看的
A. 最好不要出现　　B. 自认倒霉
C. 想方设法分手　　D. 把它作为对爱情的考验

(10) 当你发现恋人的缺点时,你的态度是
A. 无所谓　　B. 嫌弃对方
C. 内心十分痛苦　　D. 帮助对方改进

(11) 你对家庭的向往是
A. 能同爱人天天在一起　　B. 人生有了归宿
C. 享受天伦之乐　　D. 激励对生活的追求

(12) 自己有一位异性朋友时,你是
A. 告诉恋人,并在对方同意下继续同异性朋友交往
B. 让对方知道,但决不允许对方干涉自己
C. 不告诉对方,因为这是自己的权利
D. 可以告诉也可以不告诉,要看恋人的气量和态度

(13) 看到一位比恋人条件更好的异性对自己有好感时,你是
A. 讨好对方
B. 保持友谊,但在必要时向对方说明真实情况
C. 十分冷漠
D. 听之任之

(14) 当你迟迟找不到理想的恋人时,你是

A. 反省自己的择偶标准是否切合实际
B. 一如既往
C. 心灰意冷，对婚姻问题感到绝望
D. 随便找一个算了

(15) 当你所爱的人不爱你时，你是
A. 愉快地同对方分手　　B. 毁坏对方的名誉
C. 千方百计地缠住对方　　D. 不知所措

(16) 你的恋人对你不道德地变心时，你会
A. 采取"你不仁，我不义"的报复手段
B. 到处诉说对方的不是
C. 只当自己瞎了眼
D. 从中吸取择偶交友的教训

(17) 当你发现自己所爱的人已有恋人时，你会
A. 更加热烈的追求
B. 用一切手段拆散对方的关系
C. 若对方尚未确定关系，就进行合理的竞争
D. 不管对方是否确定关系，自己都主动退出"情场"

(18) 你认为理想的婚礼是
A. 能留下美好而有意义的回忆
B. 讲排场，为别人所羡慕
C. 亲朋满座，热闹非凡
D. 双方父母满意

按照下面图表的分数计算你的得分，序号 A B C D。

(1) 2130　(2) 3211　(3) 1213　(4) 0321　(5) 1132　(6) 1023
(7) 2321　(8) 1312　(9) 1203　(10) 1023　(11) 2113　(12) 3211
(13) 0321　(14) 3101　(15) 3011　(16) 0123　(17) 1032　(18) 3021

结果判定：总得分在 46 分以上，说明你的恋爱观是正确的；42 分以上，说明你的恋爱观基本正确；如果总得分在 42 分以下，说明你的恋爱观不够正确，需要改进；如果 18 个测试题有一半不知道如何回答，说明你的恋爱观还游离不定，需要及早确定。

心理活动

九　宫　格

(一) 活动目的：

1. 通过不同的数字组合，形成男女同学肢体接触，从而体验男生女生身体接触所产生的内心感受。

2. 通过分组活动　培养学生的团体协作能力。

(二) 活动用物：粉笔、一组 1~9 的数字卡片、一组是特定数字卡片、口哨、计时器等。

(三) 活动场地：室内或室外场地皆可。

（四）活动时间：20 分钟左右。

（五）活动过程：

1. 全班分成若干组，每组 9 人，各组选一名组长，组长抽取特定数字卡片一张。

2. 活动开始之前，组长先在活动场地用粉笔画一个九宫格，并在格内依次写入 1~9 的数字。

3. 每组活动开始，各位同学先抽取数字卡片，每人一张。

4. 活动进行中，同学们围九宫格站立，老师发出预口令——吹哨，哨声响起每位同学迅速将右脚放入和自己抽取数字一致的格内。

5. 每组同学进行到达九宫格中的数字位置，其脚下的数字运用加减乘除法，使计算结果等于之前给出的特定数字，活动完成，按组长举手计算时间。

6. 各组依次进行，按照每组完成活动所用时间的长短，决定各组的名次排序。

（六）讨论分享：通过活动你收获了哪些体验和感受？

课后思考

假如你的爱情不幸夭折、感情受挫，你会如何调节自己的情绪？

第十二章　活出精彩人生
——生命的价值

人生的价值，并不是用时间，而是用深度去衡量的。

——列夫·托尔斯泰

案例导读

画沙画的小女孩

2012年11月在中国梦想秀的舞台上迎来了一名来自古都西安的13岁女孩顾若凡，身高只有1.28米，独立行走不能超过10分钟。她在四岁半时由于跑跳出现障碍，被医院确诊是一种罕见的先天遗传性疾病黏多糖症。得了这种病的儿童长不高，活不长，由于缺乏相应的特效药物，大多病儿活不过十岁。工作人员背她来到舞台，她画了一幅命名为"隐形的翅膀"的沙画，她纤细的小手把黄沙瞬息变幻出极为生动的图案，一边画，还一边娓娓道来对爷爷奶奶的感恩。主持人问若凡"来到梦想秀的舞台，你的梦想是什么？"她神态谈定，毫不迟疑地说："是能有机会尝试美国研制的新药用以治疗，像正常的孩子那样长大，可以照顾爷爷奶奶、爸爸妈妈，陪他们到老。"

学习重点

1. 生命的意义。
2. 生命的价值。
3. 心理危机预防与干预。

第一节　生命的意义

一、什么是生命

生命是一个人从生到死的自然发展过程，是不以人的意志为转移的。《战国策·秦策三》中说："万物各得其所，生命寿长，终其年而不夭伤。"把生命视为生物生存所具有的活动能力。笛卡尔认为："我思故我在。"人类是由身体和思维两部分组成。霍金用科学的进化论的理论解释说："我们知道地球上一切生命都是从一种氨基酸的复杂分子进化而来的，这些分子，彼此之间随机碰撞形成了最简单的物质。历经数十亿年，这些生命变得越来越精密复杂，直到最后演变出了高级的多细胞生物，也就是有大脑的动物。复杂的动物，需要大脑处理周围环境的大量信息。它们必须对周围的世界做出反应，甚至是未雨绸缪。动物对它所处外界环境的感知能力越强，这种动物就越成功。最终感知进化到了一定程度，有一种动物开始意识到自身，而我们就是这样一种有意识的动物。”薛定谔认为：“以负熵为生，从环境中抽取‘序’来维持系统的组织”。生命，是一个很难下定义的现象，哲学家、心理学家、物理学家的解释大相径庭，每个专业倾向于用自己的术语来下定义，但是从本质上讲，是指物体所具有的能够存在下去的性质。

生命是地球上最宝贵的财富。地球因为生命而美丽，生命因为人类而不同，人类因为思维而精彩。思维和情感让我们有了爱与恨、善与恶、美与丑的判断，使人类走向了文明。人类从此体会到了博大深沉的父爱、伟大无私的母爱，实践着尊老爱幼的礼貌，拥有了精忠报国的英雄。我们在阅读着凄美感人的爱情故事的同时，同样也会看到寒窗苦读的学生，辛勤劳作的人们，感受到丰收的喜悦，听到孩童的欢笑、智者的叹息声。人们在思考着，爱着，恨着，哭着，笑着，奔跑着，跳跃着……世界因此生机勃勃，五彩绚丽，充满了无限的希望。

二、人为什么活着

生命的诞生是一个曲折艰辛的历程。在浩瀚的宇宙中，人类的存在是伟大与神圣的。在历史长河中，人类在艰苦的自然条件下繁衍生息，延绵不绝。祖辈教育后代要对生命充满敬意与感怀，要敢于面对生命中各种困难与挫折，善待自己的生命，在任何情况下绝不轻易放弃自己生命权，因为它来之不易。要百倍地珍爱生命，并且让它灿烂无比。

活着是为了什么？你的存在给世界上其他人带来了什么？前苏联作家尼古拉·阿列克谢耶维奇·奥斯特洛夫斯基在《钢铁是怎样炼成》一书中这样写道：“人最宝贵的是生命，它给予我们只有一次。人的一生应当这样度过：当他回首往事时，不因虚度年华而悔恨，也不因碌碌无为而羞耻。这样在他临死的时候就能够说：‘我已把我整个的生命和全部精力都献给最壮丽的事业——为人类的解放而斗争。’”这种人生观与价值观是社会的主流精神，它激励一代又一代人。它告诉我们：“你永远做一个别人需要的人，生命才有意义。”

但是生命对我们却又是那么平凡，每天起床、穿衣、洗脸、刷牙、吃饭、上课、逛街、睡觉，这一切平凡到索然无味，使人整天打不起精神，不想起床、不想吃饭、不想上学，甚至对父母的关心都嫌唠叨生厌。生命对身患罕见病的顾若凡来说，是能有机会像正常孩子那样长大，可以照顾爷爷奶奶、爸爸妈妈，陪他们到老；生命对叙利亚等生活在战争国家的孩子是上不了学，吃不上饭，时时感受到死亡与饥饿的威胁。那么，每当我们睁开眼睛看到新的一天时，有没有心存感激？有没有想到能够天天安睡、又天天起床是件多么不平凡、值得我们欣慰的事吗？我们要感恩生命，思考为什么活，怎样生活。

美国苹果公司创始人史蒂夫·乔布斯是一个“向死而生”、珍爱生命的榜样人物。他在17岁时接受死亡教育，使他明白了生命的意义。他热爱生活，尊重生命，把生命的每一天都当成最后一天去生活，珍惜生命中的分分秒秒。他开创了电脑、电影、音乐、手机的一个时代，颠覆了四大行业，是声名显赫的“计算机狂人”，被财富杂志评选为年度最伟大商人，美国最佳CEO。2005年乔布斯在斯坦福大学演讲时说：“过了33年，我在每天早晨都会对着镜子问自己：如果今天是我生命中的最后一天，你会不会完成你今天想做的事情呢？”在乔布斯的人生里永远没有虚度二字。

拓展阅读

用灵魂演奏生命的音符

刘伟在小学时酷爱足球，10岁时因高压线电击的意外事故，不仅失去了双臂，同时也剥夺了他在绿茵场奔跑的权利。面对挫折，小刘伟没有放弃生命，而是全力以赴把耽搁了两年学业，在家教的帮助下，仅用一个暑假就追了回来。刘伟没有留级，开学考试拿到班级前三名。重回人生轨道的刘伟，一直对体育念念不忘，足球不行，那就改学游泳。12岁那年，他进入北京残疾人游泳队，2年后在全国残疾人游泳锦标赛上夺得两金一银，他成功了。刘伟跟母亲许诺，要"在2008年的残奥会上拿一枚金牌。"谁知厄运又来纠缠，过度的体能消耗导致免疫力下降，他患上了过敏性紫癜。医生警告说，必须停止训练，否则就会危及生命。无奈之下，刘伟与游泳说再见，走进了后来带给他成功的音乐世界。练琴的艰辛超乎常人的想象。由于大脚趾比琴键宽，按下去会有连音，并且脚趾无法像手指那样张开弹琴，刘伟硬是琢磨出一套"双脚弹钢琴"的方法。每天七八个小时，练得腰酸背疼，双脚抽筋，脚趾磨出了血泡。3年后，刘伟的钢琴水平达到了专业七级。他说："我的人生中只有两条路，要么赶紧死，要么精彩地活着。"（2011年感动中国十大人物颁奖词）

三、正视死亡，珍爱生命

我们要正确认识生与死。尊重生命、珍爱生命还表现在既不为迷茫丧生又敢于为祖国献身。当国家和人民需要我们献出宝贵生命时，我们切不可吝惜生命而苟且偷生，也不要恐惧死亡而惴惴不安，要毫不犹豫地勇于面对。像文天祥、杨靖宇那样大义凛然地死去，因为这样的死是有价值有意义的。"人固有一死，或重于泰山，或轻于鸿毛。"有的人视生命如草芥，如因找不到快乐，或因感情纠葛，或因找不到如意的工作，甚至因考试不及格，因一时学不会跳绳，就结束自己的生命……生命对于他们意味着什么？他们的死比鸿毛还轻，毫无意义。人拥有了生命才拥有美好的一切，"身体发肤，受诸父母，不可伤毁，孝之始也。"我们的生命不仅属于自己，也属于家庭，更属于国家。人的生命只有一次，我们要善待生命，要像史蒂夫·乔布斯把每一天都当作生命的最后一天去经营，用我们的生命点亮时代的精彩。

拓展阅读

2015年6月1日22时30分左右东方之星号游轮载在长江水域突遇龙卷风发生倾覆。事发客船共有458人，其中旅客406人。翻沉事故遇难者人数已升至331人，另有14人幸存。

2015年6月5日清晨马来西亚东部发生5.9级地震，著名的京那峇鲁山（俗称"神山"）一景点局部震塌，当时共有195人登山，包括117名马国人和38名新加坡人，向导32人。这次地震导致5人死亡，百余登山者受困。

(一) 正视死亡

大学生要学会正确的面对生存,正视死亡。这不仅是个体生存的需要与权利,更是一种责任与共同生活的基本法则。青年是祖国的未来,你们对待生命的态度,不仅关系到自己一生,也关系到一个家庭的幸福和谐,更关系到国家的盛衰。无论是从地震、海啸、水灾、火灾,还是战争,人的生命显得如此的脆弱,是那么不堪一击,但是它是无比的宝贵。正是这脆弱的生命承载着人类最美好地情感、智慧、创造和改变世界的力量。

拓展阅读

爷爷变成了幽灵

艾斯本最喜欢的人是爷爷霍尔格。一天,霍尔格突发心脏病而猝死。艾斯本伤心极了,哭个不停。那晚,爷爷回来了,坐在橱柜上。

艾斯本很奇怪:"爷爷,你在干什么?你不是死了吗?"

"我也以为我死了。"爷爷说。

艾斯本说:"噢,你变成了幽灵!"艾斯本有本关于幽灵的书,书上说,只要幽灵愿意,就可以穿墙而入。

"那我也来试一试。"爷爷说。他穿墙走了出去,然后又走了回来。

"爷爷,你真成了幽灵,太好玩啦!"

于是,爷爷每晚都来找艾斯本玩。然而有一天,爷爷叹气说:"我一点都不快乐,我不能总当一个幽灵吧!"他从书里得知,如果一个人去世时忘了做一件事,就会变成幽灵。

"我想了好多天,就是想不起是什么事。"为了帮助爷爷,小艾斯本和他一起想。爷孙俩回忆起了很多快乐的往事:他们去游乐场,坐过山车时差点吐了;他们在花园里挖了一个大坑种树;他们在看一场电影时呼呼睡着了……

"我想起来了。"爷爷突然大叫。

"什么事?"艾斯本问。

"——我忘记对你说再见了!"爷爷说。

爷爷和艾斯本都哭了。

"再见——"

最后,爷爷穿墙走了。艾斯本不停挥手,目送爷爷消失于黑暗中。

(节选自丹麦作家金·弗珀兹·艾克松《爷爷变成了幽灵》。)

1. 死亡教育 死亡教育是指有关死亡的教育,是帮助人们认识生与死是人类生命的自然规律,从而能够正确坦然地面对死亡,消除对死亡的恐惧、焦虑、过度悲痛等心理现象。可以为处理自我之死、亲人之死做好心理上的准备。

史蒂夫·乔布斯在生前谈论有关死亡的演讲中指出:"死亡很可能是唯一的、最好的生命创造。它是生命的促变者。它送走老一代,给新一代开出道路。"是死亡教育使他坚定地做到"活着就是为了改变世界",改变了一代人的科技生活,成为一个时代的传奇。死亡教育要从儿童开始。用配图故事引导孩子正确认识死亡,明白死亡是我们必然要经历的过程,生命有开始有结束,这是生命的定数,是这个世界游戏规则的一部分,生命到了这里,就该让它自然地离开。

"死亡教育"是提供一种跳出来看世界的方式,是一种站在出世的角度,采取入世的态度来看自己、看事物、看生命、看世界的方法,一条通往内心,寻找自我,认识生命的高效便捷的新途径。

2. 死亡体验课　死亡体验课是不一样的生命教育。参与死亡体验课的学生要写遗嘱,穿寿衣,拍遗照,躺卧进棺材;在指导老师的引领下,向肉体和自己的一生告别,体验像尸体一般,接受殡葬人员为自己进行入殓、封棺、掩埋等程序。模拟时间10分钟左右。体验死去活来的感受,聆心内心的声音,重新感悟生命的意义,解读人生,以解决"我是谁?"、"我为什么活着?"等哲学问题。在心灵导师的帮助下,找到自己切实可行的、可以改变自己的计划。通过这样一个反思自己生活的机会,客观地看待自己人生,找到适合自己面对生活的态度。以"死亡体验"这样的活动形式,辅助心理咨询、沙盘游戏、读书等手段帮助人心灵成长,对大学生解压、情感修复、亲子关系等方面有很强的帮助作用。

拓展阅读

死亡体验课

转眼就是2012年,儿子读三年级了。4月的一天,成成放学回家后说:"妈妈,明天需要您陪我去趟殡仪馆。"第二天,朵朵带着儿子来到殡仪馆。尽管做好了心理准备,她依然被震撼了。殡仪馆广场正中,躺着一口黑色棺材。一位牧师站在棺材旁,微笑着说:"有哪位家长愿意进棺材体验一下?"话音刚落,人群中就是一阵骚动。儿子紧紧扯住朵朵衣服,示意她不要举手。但儿子的举动,反倒激起了朵朵的欲望。朵朵举起手,牧师点了她的名。此时,广场响起《寂静之声》,朵朵在众人注视下,慢慢地走向棺材。儿子紧紧拉住她的手,越攥越紧。朵朵挣脱儿子的手,躺进棺材,"最后"看了看这个让她留恋的世界,然后深吸一口气闭上了眼睛。就在棺盖合上一刹那,成成撕心裂肺大哭:"妈妈!你快出来!你不能丢下我!"听到儿子的呼唤,朵朵的心为之一沉:"如果我真的就这样离开这个世界,儿子该怎么办?父亲该怎么办?"想到这些,朵朵不禁流下了眼泪。十几秒钟后,牧师打开棺盖,朵朵睁开眼睛,恍如隔世,庆幸活着真好!儿子扑过来,紧紧抱着朵朵:"妈妈,我保证,以后会更爱你,会更加听话。"朵朵搂着儿子,窃喜不已。

(二) 珍爱生命

人的生命只有一次,要珍惜生命的有限性,延续生命的无限性。人生的道路崎岖不平,大学生珍惜自己的生命就要爱惜时间。青春很短暂,要学会珍惜这"短暂","延长"青春,放大"生命"。把个体有限的生命汇集成人类生命的长河,活出独一无二的自我。

1. 面对挫折　年龄的增长给大学生带来"成长的烦恼",这些烦恼多是来自学习、生活、交友、就业、恋爱等方面的压力。假如这些压力无法妥善处理,很容易走进死胡同,导致悲剧发生。那么如何正确理解压力和挫折呢?我们只有经历了磨难,才能为实现美好梦想而前行一步。困难和挫折是上天送给我们最好的礼物，帮助我们成长；而且挫折又是可以转化的，适度的压力、挫折有助于人们适应环境，提高能力，使人生变得丰富而充实。拿破仑说过："人生的光荣，不在于永远不失败，而在于能够屡扑屡起。"当面临挫折和危机时，我们要积极应对，探索适合自己并适应社会的生活状态，在危机中得到成长。我国国学学者方海权说："要有积极的人生态度，不要受了点挫折就想不开，人生最尊贵者莫过于生。"做事不可期望值过高，要善待自我，接纳一个不完美的自己，原谅自己的不足和过错，无论遇到怎样的艰难和挑战，只重过程，重努力。当自我无法调节矛盾和挫折时，要寻求心理帮助，咨询师会和你一起走出心里的阴霾。

2. 让生命闪光　把握好自己的人生，为祖国的振兴、人民的富裕而努力奋斗，让生命闪光。要像刘伟那样敢于面对生活挫折，不畏惧厄运，不沉沦自己，去探索人生意义，竭尽全力实现生命的价值，才能够不患得患失。我们的行为，不管是有意识或是无意识的，总是受到痛苦和快乐因素的影响，对于苦和乐的不同诠释，决定了我们的人生。革命烈士们毫不畏惧敌人严刑拷打，慷慨就义，是为了理想信念，他们是快乐的。不管是对感情、对事物的选择，要以国家和民族利益为重，要像千千万万个革命先烈一样，在祖国需要我们的时候毫不犹豫地奉献出自己最宝贵的生命，让生命闪光。

四、人生的意义

生命的意义，在于你的主观选择。霍金说："大脑对我们的感情和生命的意义负责，敬和爱、对和错都是我们大脑创造的这个宇宙的一部分，大脑不仅感知现实也同时赋予它意义，生命的意义在于你的主观选择。"我们人类大脑的思维就是宇宙的自然思考，我们人生的每一次选择，都是经过大脑思考而下达的指令。正因为如此，生命的意义并不存在于别的地方，而就在我们的脑海之中。因此，从很多方面来说，我们就是造物主。每个人的生命意义是不同的，主要是看你怎样选择。

生命的意义在于，怎样做出正确的选择。我们都有胜任的动机、掌控环境的动机，所以我们不停地获取渴望的回报和资源。当然为了做得更好，我们必须做出正确的选择。通常来说，两条有效的原则会让我们向正确的方向前进，它们就是权威人物和社会确认。

大学生树立正确、清晰的人生目标，对获得成功是至关重要的。在我们周围有很多人都有过对未来美好生活的憧憬。但真正达到目标、实现理想的人却很少，究其原因，是实现理想这个过程太长，期间会有许多因素改变一个人的人生观和世界观走向。如果我们不能树立明确、清晰的人生目标，以至于让目标云遮雾罩，时隐时现，那么当我们向目标奋进时，不知靠近目标有了多少，无法体味日益抵达目标的成就感，我们的心灵就会倦怠，热情就会受挫，直至失去毅力和耐心，落得前功尽弃。回忆抗日战争、解放战争的革命英烈，他们中不乏有家室富有、生活无忧之士，但是他们宁愿抛弃安逸的生活，离开至爱的亲人，毫不犹豫地奔赴战场，抛头颅洒热血。虽然他们看不到胜利，但是就是因为他们有正确清晰的人生目标，把解放全天下受苦的人为己任，他们坚信自己的牺牲可以换来明天革命的成功，人民的安居乐业。

第二节　生命的价值

一、生命的价值

生命的意义在于你的主观选择,而我们的选择就是生命的价值的显现。生命的价值是什么？是我们每个人对生命的根本看法和态度,是对生命存在意义的价值判断。生命价值包含有自我价值和社会价值。托尔斯泰认为:“人生的价值,并不是用时间,而是用深度去衡量。”自我价值是每个人对自我生命存在的意义、个体需求的满足和社会对个体的尊重和满足的认识;社会价值则是我们对自己为社会服务,对社会进步的贡献的认识。自我认知、评价自己的日常生活、社会行为有没有是被他人和社会认可,自己是否满意,当价值判断的结果肯定时候,我的人生有价值,生命价值感的喜悦油然而生。

拓展阅读

石头的价值

有一个生长在孤儿院的男孩,常常悲观地问院长:“像我这样没人要的孩子,活着究竟有什么意义呢？”院长总是笑而不答。

有一天,院长交给男孩一块石头,说:“明天早上你拿这块石头到市场去卖,但不是真卖,记住,不论别人出多少钱,绝对不能卖。”

第二天,男孩蹲在市场角落,意外地有好多人向他买那块石头,而且价格越来越高。回到孤儿院里,男孩兴奋地向院长报告。院长笑笑,要他明天拿到黄金市场去叫卖。在黄金市场,竟有人出比昨天高十倍的价钱要买那块石头。最后,院长叫男孩把石头拿到宝石市场上去展示。结果,石头的身价较昨天又涨了十倍。更由于男孩怎么都不卖,竟被传扬成“稀世珍宝”。

男孩兴冲冲地捧着石头回到孤儿院,将这一切禀报院长。院长望着男孩,说道:“生命的价值就像这块石头一样,在不同的环境下就会有不同的意义。一块不起眼的石头,由于你的珍惜、惜售而提升了它的价值,被说成稀世珍宝。你不就像这块石头一样？只要自己看重自己,自我珍惜,生命就有价值、有意义。”

当前社会,国内外经济社会发展和国家发展战略无疑会带给人们一些思考,价值观则反映人们的认知和需求状况。有些大学生对人生没有清晰的目标,对金钱的盲目崇拜、追求,错误地把金钱作为衡量生命价值主要标志,在人生的旅途上出现信仰迷失和心理危机。一旦遇到生活不如意,就会对人生感到悲观,出现了狭隘、现实、功利的思想行为,消磨了生活满足感和精神信仰。表现出为了金钱出卖自己的尊严、人格(如为了金钱做了“代孕妈妈”和“第三者”),甚至有人出卖国家情报、杀人抢劫、贩卖毒品等违法犯罪活动。这样的生命是没有价值的。

我们只有深度地了解自我,树立起正确的人生观和价值观,才能打开生命中的能量和束缚,扩展人们的内在自由与自我支持,释放被束缚的活力与创造力,从而逐渐改善自我的价值判断，把自己的需求与国家的需求联系在一起，并以此为目标引导我们的行为。增强社会主义核心价值观，意识到自己应有的需求，并学习为自己的需求负起责任，减少在困难中的胆怯、恐惧与逃避。学习掌握滋养自己心灵的方式、方法，唤醒生命潜能，找回真正的自己，去创造有价值的人生。

二、尊重生命

生命是神圣的，任何人包括自己都没有权利剥夺与侵害自己与他人的生命。尊重是指敬重和重视，尊重生命就是敬畏生物体所具有的存在和活动的能力。学会尊重生命就是对生活的热爱。生命是宝贵的也是短暂的，逝去的生命是无法重来，所以要好好尊重生命，我们要爱护它，保护它，敬畏它。

拓展阅读

在一次网球比赛中，最后一个关键球，甲方发球，乙方接住，比赛正在激烈地进行着。可就在这时，一只小鸟突然飞进场内，非常不凑巧的是，小鸟被高速飞行的网球击中，当场坠地死亡，那位运动员不再关心比赛的输赢，他没有去接球，而是当着众多观众的面，虔诚地跪倒在那只小鸟面前，为自己的过失表示忏悔。与这位运动员爱护动物相比，有一些人却虐待动物，竟然只为满足自己的好奇心而去烧狗，发泄情绪去虐猫。有的人为了金钱利益而猎杀动物，也有很多利欲心的人，为了私利而乱砍乱伐树木……

我们要对地球上所有的生命给予尊重和爱护，尽己所能帮助它们。从小事做起与各种生命和谐相处，世界才会在我们面前呈现出无限生机；对生命常怀敬畏之心，我们才会感到生命的高贵与美丽；不要随意虐待和伤害生命，我们社会将会更美好。生命，可以很坚韧，也很脆弱。拥有它，就要懂得珍惜、尊重，知道为别人付出，尊重每一个生命。不仅为别人，也是为自己。

三、热爱生活

青春是人生最快乐的时光。李大钊说过："一生最好是少年，一年最好是青春。"是因为青春充满着生机与希望，而不是因为得到了什么或逃避了什么。弗洛伊德在《文明及其不满》中写道："他们向生活要什么，希望从中得到什么？答案无可置疑，就是追求幸福。他们想变得快乐并保持快乐。在世界上有许多杰出人物的历程并不是一帆风顺，他们有的出身卑微，有的饱受病痛的折磨，有的屡遭挫败，有的一再迷失，但他们热爱自己的生命，也勇往直前、突破瓶颈，让生命散发出不朽的光辉。"大学生热爱生活要有生活目标，还要用实际行动去追逐目标。趁青春年少，为了实现自己的梦想，祖国的梦想努力吧！

四、活出精彩人生

(一) 什么是精彩人生

精彩的人生，要看你做出的选择。如何选择是个人价值观在起主导作用。选择勇敢地挑战人生中的艰难和困苦，做一个对世界、社会、人类有奉献的人；做一个利他的人，人生就有意义，就是精彩的。精彩的人生还要有梦想。梦想是一种意识里的追求，是动力的源泉，是一种心理上的渴望，是期望达到的一种高度。它点燃了人生命的希望和热情，催动了人奋进战斗的勇气和决心，激励着人无视眼前的任何困难，鼓舞着人百折不挠，永不放弃！我们有了梦想，人生就有了目标，生命也就有了意义。爱心使生命更精彩。精彩的人生并不只是推动历史前进的壮丽之举，也不仅是抗争厄运的坚强之举，而是每个平凡的人做出的平凡而又无私的事。比如，小伙马广超是青藏高原上的一名义务支教老师，5 年里他不要一分钱报酬和补助，只回过几次家，5 年换了 7 所学校，专挑最艰苦的学校支教。他经历了地震、车祸和生死离别，被青海省玉树藏族自治州评为十大“玉树好人”。他有一颗善良的心，把青春和爱心交给了玉树的孩子们，用爱心创作他的中国梦，成就了他精彩的人生。

（二）放飞梦想，把握命运

我是中国人，我爱中国。每个中国人的梦一定要是中国梦、民族梦，要时刻把祖国放到小我前面。一个人在学业上、事业上成功固然重要，但是为了自我的成功而泄露国家机密，这种成功是不可取。无论何时，身处何地，都不要忘记自己是中国人，要爱自己的祖国，把握人生，成就自我。安东尼·罗宾在《唤醒心中的巨人》中说：“事实上，想要把握人生，就必须配以一以贯之的行动。一时的行动不足以影响人生，长期的坚持才是人生的根本。”我们每个人都会有梦想，希望自己有所作为，令人刮目相看，营造美好的人生，期待高贵品质的生活。然而有些人由于生活的挫折、日常的琐碎而不再努力去实现这些梦想，让梦想消弭于日常的无形。不试图去塑造人生，把握命运，这些人也就失去了成为强者的可能。实现梦想，成就自我就要把握人生做自己的主人，唤起心中那无穷无尽的力量长期坚持努力。

第三节　大学生心理危机干预

一、心理危机

（一）心理危机的概念

1. 心理危机的概念　心理危机是指个体遇到自己无法承受与解决的困境或紧张刺激，既不能回避，又无法解决，使其心理陷入极度焦虑、抑郁，大脑失去理智控制，思维陷入狭窄，不能自拔的一种心理失衡状态。

2. 危机产生的原因　心理危机的产生一般与压力、挫折及应对有关。当人们在生活、工作和学习的环境中遇到来自内在或外在的压力，认为自己没有能力解决既不敢面对又感到走投无路时，导致极度负性情绪，如紧张、愤怒、烦躁、恐惧、焦虑、抑郁、沮丧、绝望等，出现植物神经系统紊乱的反应，如食欲下降、失眠、多梦、头痛、乏力、胸闷、气短、腹泻、肌肉紧张等，有消极的行为反应，感到生不如死，甚至有自杀的念头与行为。

3. 心理危机分类　心理危机可以按三种不同方法分类。按危机的主客体，可分为自然危机和人为危机；按危机发展阶段，可分为现实危机和潜在危机；按危机类型，分为学业、经济、感情、家庭、突发危机。如果个体在获得帮助的同时自己积极应对，则度过危机获得成长；如果不能度过，则陷入危机，不能自拔，严重时导致自杀。

（二）大学生心理危机的表现

危机分为认知、躯体、情感、行为表现和人际关系五方面反应。危机通常为人带来焦虑、震惊、沮丧、担忧、哀痛等反应。

1. 认知表达　明确表露自己感到痛苦、抑郁、无望、无价值感，甚至直接说出“我很累，活得真没有意思”、“老天对我不公平，为什么倒霉的总是我”、“我若离开的话，别人能过的更好”，等等；或间接向人说：“我所有的问题马上就要结束了”、“现在没有人可以帮助我”、“没有我，他们会过得更好”、“我再也受不了了”、“我的生活毫无意义”；谈论与自杀有关的事或开自杀方面的玩笑，如跟同学开玩笑：“我死了你会伤心吗？”，谈论自杀计划，包括自杀方法、日期和地点，流露出无助或无望的心情，突然与亲朋告别，谈论一些可行的自杀方法等。

2. 情绪不稳定　易激惹，与人敌对；情绪低落，易流泪；常见原本引起高兴的事情，现在怎么也高兴不起来了；持续不断地悲伤或焦虑。

3. 人际关系　出现突然的中断与他人的交往，明显的退缩和独处增加；明显地表现出减少与生活中的重要人的交流，如怕遇到他们而绕行，逃避与人见面打招呼；无缘无故地生气，跟人作对或过分依赖。

4. 躯体情况　出现饮食和睡眠障碍，如早醒或入睡困难、睡眠表浅、多梦，醒后身心仍感没有得到放松；食欲下降，吃东西味同嚼蜡，体重明显增加或者明显减低；出现尿频、拉肚子；常感觉身心疲惫。

5. 行为表现　注意力不能集中，无论是做任何事情包括原来感兴趣的事情都无法集中注意力；无故送东西、送礼物给亲人或同学，无理由地向他人道谢或致歉；在日记中或者其他一些作品中表达生活无望、活着太痛苦、不如死了算了的感受；有条理地安排后事；借酒消愁，有酒精和毒品的用量增加现象；行为紊乱或者古怪；出现自毁性或攻击性行为。

（三）极端严重的心理危机——自杀

自杀是个体有意识地采取行动，以结束自己的生命，是极端严重的心理危机。

1. 自杀的成因

大学生自杀的成因多见于失恋、学习、升学、就业压力过大，情绪低落或无倾诉对象，家庭突然变故，与重要的人关系破裂（好友绝交、失恋）、绝望，发生无法避免挽回的事（被性骚扰、强奸、性侵害），患了重病、失去健康，失去金钱、地位、自尊等重要的事物，处在心理疾病被折磨或极度痛苦的环境，处在濒临死亡的危机中，自杀事件的影响与暗示等。

2. 自杀的三个阶段

（1）自杀动机或自杀意念形成阶段：遇到难以解决的问题，想逃避现实，为解脱自己而产生自杀意念，准备把自杀当作解决问题的手段。这种意念一经产生就很难消除，特别是理智性自杀相当顽固。

（2）矛盾冲突阶段：产生了自杀意念后，由于求生的本能会使打算自杀的人陷入生与死的矛盾冲突之中，犹豫不决，彷徨徘徊，从而表现出谈论自杀、暗示自杀等直接或间接表现自杀企图的信号，如搜集有关自杀的信息，观看有关的影视录像等。

（3）自杀行为决定阶段：从矛盾冲突中解脱出来，决定以死亡方式解决问题，情绪逐渐恢复平静，出现一些反常的举动，如忽然话多了起来，与同学非常亲近，表露出歉意，无原因地送东西给朋友，给父母打电话说一些莫明其妙的话。与此同时，考虑自杀方式，准备自杀工具，写遗书、交代后事、打电话或写信告知相关人员。

3. 自杀的预防教育

(1) 进行挫折教育：在学校和家庭中进行挫折教育是预防大学生自杀事件的有效措施。主要教育他们正确理解挫折的普遍性和客观存在性；认识挫折的两重性，明白适度的挫折对自身适应环境、提高应对能力有帮助；要学会从不同角度看待挫折，经过努力转化挫折；面对挫折不能逃避，只能积极应对。心理学研究发现，在童年时遭受冷遇的人或受到溺爱的人，没有学会摆脱窘境的技巧，就容易遭受挫折；而生活阅历丰富、饱经风霜的人，从小受到适当的教育和训练，学会了摆脱挫折技巧的人，应对能力就高。

(2) 培养健康的心理素质：健康的心理素质是预防心理危机的最根本的方法。学校要帮助学生树立科学的人生观、世界观、价值观，培养他们积极、乐观、健康、向上的心理品质，加强心理健康教育，加强热爱生命教育，让每个学生都能找到生命的价值和定位。

(3) 建立社会支持系统：社会支持系统包括父母、亲戚、朋友、同学以及家庭、学校、班级等组织。实践表明，只要有社会支持系统存在，当事人就能得到物质上的援助和心理上的支持，危机事件就不会发生；反之，缺乏社会支持是导致心理危机及躯体疾患的一个重要因素。

(4) 合理的运用心理机制：合理的运用心理防御机制，可暂时减轻或消除内心的不安和痛苦，缓冲冲动和偏激，使个体有寻求最佳应对方式的时间和方式，有助于适应心理应激。

(5) 学会自助、求助和助人：学会自助，就是掌握自我心理调适的方法；当自己遇到走不出的困境，就是要相信心理咨询专业人士；学会求助，就是遇到危机能够及时向家人、同学、朋友、老师及专业的心理机构求助；热心助人，就是当发现身边同学发生心理矛盾和冲突后，及时伸出友谊的手给予支持和帮助，必要时陪同寻求专业帮助。

二、心理危机的预防与干预

(一) 正确识别心理危机的信号

当人处在心理危机状态，会出现一些言语、情绪、行为异常表现，即心理危机的信号。大学生心理危机有三组信号。

1. 学习与生活

(1) 成绩大幅滑落甚至出现多门课程不及格现象，却找不出原因。

(2) 经常旷课或在课堂上睡觉，不愿接受别人协助。

(3) 对自己要求甚高，挫折承受力却不高，过分看重成绩。

(4) 沉迷网络难以自控，对其他生活都失去了兴趣。

(5) 生活忽然变得散漫、没有规律，说不出理由。

(6) 家中最近发生重大变故，精神变得恍惚，不愿与人交谈。

2. 情绪与身体

(1) 心理上无缘无故地感到惊慌、恐惧与焦虑。

(2) 自卑，情绪低落，时常否定自己对自己失去信心，常常与人谈论死亡话题。

(3) 常感身体不适，医学检查结果正常。

3. 行为

(1) 有明显的坐立不安，注意力无法集中，失去安全感，却不知由来。

(2) 有自言自语，似有妄想、幻听，逃避与社会接触。

(3) 孤僻,独往独来,落落寡欢,拒绝辅导员、班主任和同学的关心。

(4) 对自己的错误行为,经老师多次教育,虽口头上同意改进,但行动上没有任何改变。

(5) 长期咨询并超过 8 次以上,但心理咨询师感觉进展不大。

(6) 恋爱最近出现重大波折,难以走出失恋的阴影,痛不欲生。

(7) 严重抑郁或具有非常明显的自杀倾向。

(二) 心理危机的预防与干预

在日常教育中要提高危机意识,加强对学生的正确思想引导,树立预防为主的理念,灌输正确的人生观、世界观、价值观,增强学生的法制意识,从根源上减少突发事件的发生。对处于自杀边缘的个体进行危机干预,通过心理热线咨询或面对面咨询服务,帮助有轻生念头的人摆脱困境,打消自杀念头,做好危机预防干预工作。

1. 建立管理措施

(1) 建立危机干预三级预防体系:建立班级、宿舍初级预防,建立系、学院书记及辅导员的二级预防,建立校危机干预委员会、心理健康教育委员会、心理健康教育与咨询中心三级预防。

(2) 建立学生心理健康档案、开展心理健康测评,设置心理咨询机构、开设专用咨询热线电话,建立良好的信息、沟通反馈机制,进行心理咨询跟踪服务。

2. 确定危机对象　在日常学习、工作、生活中要积极关注出现明显的负性改变的人群,如有重大丧失的人群(亲人死亡、人际关系破裂、考试失败、失恋、遭受拒绝等);因严重生理疾病导致心理痛苦的学生;遭遇重大生活事件而出现心理或行为异常的学生,因身边同学心理、行为异常而产生恐慌、担心、焦虑不安的学生;有情绪困扰和行为异常的学生。重点关注出现心理危机信号的人,有自杀倾向或自杀未遂者,心理健康普查中患有心理疾病或有一般心理健康问题的学生,有精神及神经疾病家族史者。

3. 建立预防干预队伍　学校全员参与预防干预队伍,包括学校各级领导、心理健康教育与咨询中心的专业人员、教师、辅导员、后勤人员和学生等。最基础的中坚力量是辅导员和学生,他们在预防干预工作中起着侦察兵和消防员的作用。

(1) 辅导员工作:辅导员是大学生健康成长的指导者和引路人。他们塑造育人价值观,努力确保把每一名学生都纳入到预警网络中来,不留死角。他们学习和掌握心理健康知识,学会减压、调整心态的技能,具有与学生沟通交流技巧,给需要帮助的学生进行心理辅导。教育并鼓励学生面临心理困惑时及时寻求心理辅导、面对面的心理咨询、信件咨询,情绪危机时主动求助,他们是心理健康教育工作的主力军。

(2) 朋辈心理辅导:朋辈是经过系统的专业课程培训和督导的学生志愿者。他们在心理辅导基本原则的指导下,从事心理援助的工作。朋辈生活在学生之中,容易觉察心理问题,了解与理解同学的心理困惑与心理感受;便于深入观察并及时、真实而广泛地反馈学生中的心理危机信息;他们与同学心理距离近,易被接纳程度高。朋辈通过助人自助,自身心理健康得到很好的成长,能力得到很好的发展,水平也得到提升,是心理健康教育工作不可或缺的生力军。

4. 构建完善的大学生心理健康教育与咨询体系

(1) 加强大学生心理健康教育,培养健全人格的大学生,是预防心理危机的根本途径。学校开设心理健康教育必修课,充分发挥课堂教学在心理健康教育工作中的主渠道作用;组织学生开展丰富多彩的心理健康宣传教育活动，开展心理素质拓展训练及各种心理辅导，学习心理学知识，端正认知角度，掌握调适能力，提升自助、助人和对社会、环境的适应能力；处理好人际交往、恋爱等问题。避免因心理问题而引发危机事件的发生。加强校园文化建设，改善大学生的社会心理环境，满足大学生精神和心理需求，为他们展现天赋和才华、发泄内心的激情、增强竞争意识、获取自信心提供平台。

(2) 构建大学生心理咨询服务体系，开展心理咨询工作。为大学生健康、快乐成长提供有效服务。通过语言、文字等媒介给咨询对象以帮助、启发和教育，解决其在学习、生活、交友、疾病、康复等方面出现的心理问题。

(3) 构建大学生成才服务体系，为大学生心理减负减压，如加强学习与升学辅导，帮助他们进行职业生涯规划，为毕业生提供创业、就业信息，搭建就业、创业平台。

5. 心理危机干预方法　心理危机干预有观察法、倾听法、谈话法、陪伴法、求助热线、心理测量法、心理健康普查法。

(1) 观察法：在日常学习生活中可以运用观察法，进行两个比较：第一，观察是以个体以前一贯的行为为标准，比较他现在的行为与他以前的行为的差别，假如个体行为一反常态，很可能是出现了心理问题；第二，观察是以本班级大多数同学的行为为标准，观察某个体行为，并与大多数同学的行为进行比较，如果发现某个体行为与其他同学的行为大不相同，是出现了心理问题。用上述两个标准，可以识别异常心理现象、精神分裂症、神经症、躁狂、抑郁现象，识别自杀倾向。

(2) 倾听法：在日常学习生活中发现危机对象，首先要保持冷静，其次再主动接触耐心倾听，做一个好的倾听者，让他谈出自己内心的感受；倾听者要接纳他，接受他的抱怨和情感；不对其做任何道德或价值评判，也不试图说服他改变自己的感受，仅表示在相同境遇下，自己也会有同样的感受，给他提供心理支持和帮助，陪伴他走出心理危机。特别是想自杀的人最需要有人聆听他的心声，听出他的感受，这就是一种支持的力量。

(3) 谈话法：当我们发现身边的同学最近情绪比较低落，试着跟他沟通，态度诚恳、热情，用开放式提问："你最近不怎么爱说话了，看起来挺不开心的，你能否告诉我是什么原因吗？"、"最近我看你心情好像挺沉闷的，不知道发生了什么事情，我能为你做点什么呢？"让同学感受到你真情地关心，用心地陪伴。千万不要让对方感到是居高临下的帮助，更不能热情过了头，让对方觉得自己很无能；避免用封闭式提问的方式，这种方式不能起到疏导情绪和了解情况的目的。

(4) 针对有自杀倾向者的谈话：观察其行为表现，尽可能试图跟对方讲话，安抚对方的情绪，询问他是否想到过自杀，了解原因，分散他们的注意力。清除对方身边的刀、针、绳索等，避免自伤或伤害他人事件的发生；运用同理心，设身处地地为当事人着想，如询问说："你想死，我也有同感，但是你能不能告诉我，你是为什么想死啊？"、"我知道你现在是万不得已的选择，一定发生了什么事情让你很痛苦。要不谁想走这一步啊？我们一起看一看是哪里出了问题。"这样谈能让他感到得到了理解、关怀，看到了希望。另一边有同学迅速通知学校和老师；千万不能喋喋不休地讲道理，比如说："不要自杀，你的行为是愚蠢的、自私的、对不起你爸妈"、"你是一个最不负责的人，是懦夫"，等等。这样说，只会让他觉得受到了责备、指责，在这个世界上根本没人可以理解他，同时加重了心理危机。注意，询问一个人有无自杀念头，不但不会引起自杀，反而可以拯救生命。对刚出现自杀行为(服药、割腕等)的人，立即送到最近的医院进行抢救,迅速跟辅导员老师、校医院、保卫处、心理咨询中心联系。

(5) 陪伴法:对自杀危险性很高的人,要理解他的感受,不做简单地批评和教导。不要让其独处,要一边做情绪疏导,一边安排同学 24 小时的陪伴,说服并陪他到校心理咨询中心或医院接受评估和治疗,教师根据情况通知家长积极配合。

(6) 心理健康普查与心理测量:学校进行新生入学心理普查和建立学生心理档案的制度,及时有效地预防心理危机的发生。

(7) 求助热线:是指学校 24 小时的心理热线电话。当同学遇到无法解决的困难,陷入走不出的烦恼等危机之中,请拿起电话或直接走进心理咨询中心请求帮助。那里有专业的心理咨询师帮助你疏导负性情绪,重新审视眼前的困难,帮助你澄清有关认识误区,正视危机,获得新知识,寻找另外的解决办法,提供必要日常生活帮助,找到迷失的自我,点亮心灵的灯,看见通向成功的路。

心理电影

美丽人生

影片名称:美丽人生(Life Is Beautiful),上映时间:1997 年。

《美丽人生》是意大利导演罗伯托·贝尼尼自导自演的影片。讲述了二战时期意大利一对犹太父子被送进纳粹集中营,父亲不忍年仅五岁的儿子饱受惊恐,利用自己丰富的想象力谎说他们正身处一个游戏当中,必须接受集中营中种种规矩以换得分数赢取最后大奖。影片笑中有泪,将一个大时代小人物的故事转化为一个扣人心弦的悲喜剧。该片荣获奥斯卡最佳外语片头衔及多个国际大奖。

图 12-1 《美丽人生》

评论与分析:《美丽人生》是一部关于生命的影片,影片中父亲基度在死亡面前,以幽默、乐观的心态,成为生命的主宰者。在纳粹的集中营里,他没有一丝表情诠释着死亡的气息,没有一句言语透露出对死亡的畏惧,他用父爱为儿子小约书亚编织着人生的游戏,一个会有收获的游戏,并且教会儿子用坚持、努力去赢得人生最珍贵的奖品。

他的故事给我们的启迪是深刻的，人生也许残缺不全，生命也许阴霾昏沉，但我们可以选择宽容的心态去包容一切的遗憾。我们应该懂得，自己才是人生这个游戏的主宰者，我们要热爱生命，以积极人生态度面对生活中的不尽人意，用微笑面对厄运和挫折的挑战。珍爱生命吧，我们要做命运的主人。

心理互动

临 终 遗 言

（一）活动目的：对个人的人生价值观做具体的探索，并协助成员在生活中做明智的抉择。

（二）活动时间：45~60分钟。

（三）活动用物：白纸、笔。

（四）活动过程：指导者告诉团体成员，由于种种原因，你正面临着死亡，终期将至，时间只允许你再做最后10件事。你会做哪10件事，并排出先后次序；然后写下你的遗嘱（50字以内）。每个成员认真思索后写下你的决定和遗嘱。

（五）讨论分享：小组内讨论，分享遗嘱并向其他组员解释原因，谈一谈自己在写的时候有什么感受？这感受对你今后的生活有什么影响？

课后思考

请思考生命的意义，思考人生的规划？

推荐阅读

米奇·阿尔博姆《相约星期二》，陆幼青《死亡日记》。

第十三章　做网络的主人

——大学生的网络心理

我深信，任何可以增进人与人之间沟通的方法都具有长远的价值，人们借此相互学习，并且共同努力达到彼此认同的自由。

——比尔·盖茨

案例导读

小李是一位漂亮的女孩，有众多网友，并都能谈得来。后来慢慢与一位男网友碰撞出爱的火花，于是相约见面。面对眼前帅气健谈的男生，让小李更加喜欢，从此虚拟网恋就转换成了现实中的恋爱。经过长期的交流与接触，小李发现该男友另有其他众多网络女朋友，是一个专门欺骗女孩感情的人，自己一直被男孩的花言巧语所欺骗。事实尤如晴天霹雳，她伤心欲绝，觉得自己无用，活着不如死了好，甚至想割腕自杀。

专家分析：这是一起由于不当网恋造成网络心理障碍，属于情景性忧郁。她把自己真实的感情交给了一个并不真实的人，最初被虚假的美好、优秀所欺骗，相处后才知对方是一个专门欺骗女孩感情的人。由此内心遭受严重打击，想要自杀。再从男网友的角度分析，也属于网络心理障碍，他之所以在网上欺骗女孩，说明该男生现实生活空虚，自己孤单，没有归属感、价值感，不能引起别人的关注，而是通过网络虚拟特征，来幻想引起别人关注，寻找自我归属感，显示自我价值，其实在现实生活中却是一无所有。网络的虚拟，可以使人们随意畅想，但是过度的幻想就会产生病态心理。

学习重点

1. 大学生上网的心理需求。
2. 网络对大学生成长的影响。
3. 大学生网络心理问题及调适。

第一节　网络与大学生心理需求

一、网络特征

网络是信息传输、接收、共享的虚拟平台，通过网络把各个点、面、体的信息联系到一起，从而实现资源的共享。网络借助文字阅读、图片查看、影音播放、下载传输、游戏、聊天等软件工具，从文字、图片、声音、视频等方面给人们带来极其丰富的生活和美好的享受。人们通过网络可以在数字知识库里寻找自己学业上、事业上的所需，从而提高工作与学习。网络作为一个崭新的信息交流技术，具有与传统媒体不同的特征。

(一) 虚拟性与隐蔽性

网络虚拟性是指网络世界存在形态是无形的，它以图像、声音、信息等电子文本作为自己的存在形式，人们可以用匿名或虚拟身份，就像比尔·盖茨的那个玩笑“在网络上，没有人知道你是一条狗！”在网上并不存在现实世界中的身体属性、阶层属性以及地域属性，以一个虚拟的身份存在，可以成为一个完全理想的自我，满足不同人的心理需求。

(二) 超时空性

网络没有国界、种族、性别的边界，不受社会文化、自然空间的地理限制，人们足不出户却可以超越地域的概念，轻而易举地驱驰于任意不同的空间中。它将理想与现实、现在与未来、昨天与今天交织混合在一起，以先进的电子技术徜徉于其中的社会成员构造了超越时空的精彩空间。无论在国内还是国外，在农村还是城市，不管距离有多远，站在何方，只要通过网络，就可以实现互联互动、面对面、声传声地及时交流信息。

(三) 平等性

网络的水平存在方式决定了网络是一个平等的世界，人们在使用网络信息进行交流、交往和贸易等过程中，无论你是老是少，相知还是陌生，是贫是富，是百姓还是官员，是近在眼前还是远隔万里，都无关系，网络对其组织成员之间都彼此平等。在这里都能找到属于自己的一片天地。

(四) 便捷性

随着经济、科技、信息的发展，网络普及应用，网络已经渗透到人们生活的各个角落，给人们的生活、工作、学习带来了方方面面的便捷。通过网络，可以随时随地查询资料、解决疑问、交易、购物、付款、理财等，可以让人们足不出户，几分钟甚至几秒钟完成自己所需的事情，省时省力，减免了繁琐的手续，提高了人们的工作学习效率，丰富了日常生活。通过网络，还可以为人们提供了自由言论的场所和娱乐场所，可观看影视、打游戏，还可以随时将自己的不良情绪在网上宣泄，以便减压。总而言之，网络可以让人们深居简出地完成自己想做的事。

(五) 资源共享性

资源共享是基于网络的资源分享，是众多不求利益的网者将自己收集的资源通过这个平台共享给大家。网络需求者可以在网络上随时随地调阅别人的网页或网络广告、电子邮件等，从中获取自己所需的知识，获得更多的共享资源，分享自己或他人研究成果及经验，形成了优势互补。资源的共享加强了流通性，创造更多的财富及价值实现了共赢。

拓展阅读

大学生是一个最易接受新鲜事物的年轻的群体，是很多新媒体产品的潜在用户，由于移动互联网的便携性、实时性、高效性等特点，大学生对其的依赖已经超过了传统的互联网以及其他的媒体和书籍资料，成了大学生信息来源的主要渠道。调查显示，84.78% 的学生表示经常通过手机上网，其中有 56% 的学生每天上网时长超过一小时。

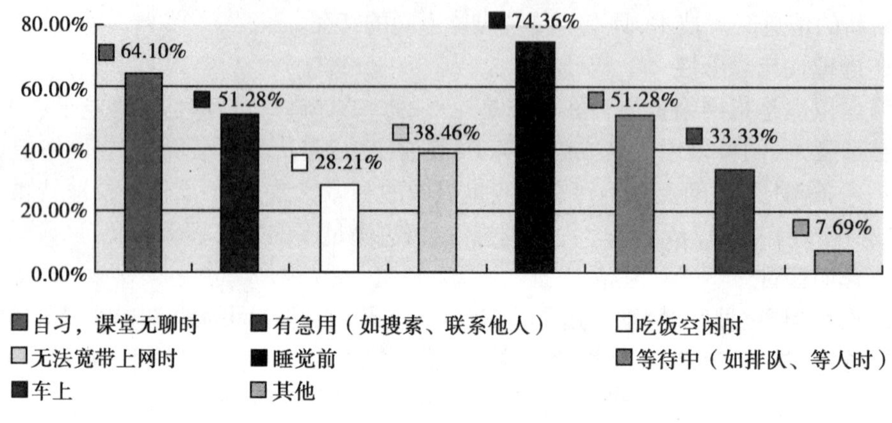

图 13-1　大学生使用移动互联网的主要时间

二、网络与大学生的心理需求

无论是现实世界还是网络世界，人的行为都可以从人的需要追根溯源。根据马斯洛需要层次理论，人类从低到高有生理需要、安全需要、爱与归属需要、尊重需要、自我实现需要；人类的需要是由低层次的需要满足之后，就会产生高层次的需要，而人的行为也是由低级到高级阶梯型优势需要所决定的。因此可见，人们对网络的需求是自身缺失性需要和成长性需要。

（一）生理需求

我国大学生年龄基本在 17~24 岁，处于青春中后期，生理发育已成熟，渴望与异性交往。高中阶段由于高考压力，很少与异性的交往，到了大学，他们思想活跃，受电影、电视、网络、广告等媒体效应和西方文化的影响较多，对异性交往渴求尤为强烈。网络可以极大地满足他们对异性的吸引、交往需求，可隐蔽、直接对异性表达爱意，获取好感，特别是为现实中性格孤独、不善交往或心身缺陷、极度自卑的学生提供了便利。他们上网谈情说爱，发展网恋。调查发现，在 169 名使用即时聊天软件的青少年受访者中，有 80% 的人表示曾与异性网友约会，当中更有 10.8% 的人曾与对方发生性行为。

（二）安全需要

现在大学生多是 90 后，独生子女多，独立与依赖的矛盾较为突出。有些自卑又缺乏独立生活能力和与人交往能力的同学，入学后遇到日常生活上的不适和宿舍矛盾等困难与挫折，不愿与父母沟通，内心有了苦衷就选择上网宣泄。网络的虚拟性可以很好地隐藏他们自己的真实身份，不必见面，不会被人瞧不起；不被拒绝、不会自惭形秽；可以尽情地与不同身份、不同年龄的人谈人生，谈感情的隐私，尽情倾诉自己的苦涩与烦恼；尤其是理想与现实落差大，失意满满的时候，就可以通过网络畅所欲言，进行宣泄释放。

（三）归属的需要

归属感是指个体被他人或某个团体接纳与认可时的一种内心感受。研究表明，每个人都害怕孤独和寂寞，希望自己归属于某一个或多个群体，以获得安全感。这样可以从中得到温暖和帮助，获得友谊和关爱，从而消除或减少孤独和寂寞感。

大学生，特别是单亲家庭、留守家庭的学生，对归属和爱的需要更多。他们渴望他人的友谊和认可，渴望个人的能力、价值在社会或团体中得以展现，但是由于他们早年缺少父母的关爱，形成孤僻、自卑、任性的观念。进入大学后，虽然渴望获得尊重与归属，但是他们为掩盖自身情况，本能地选择自我封闭远离班集体，远离同学和老师，为满足自尊说谎欺骗，我行我素，独往独来，无归宿感，只有到网络虚拟的世界里才能寻求和满足归属和爱的需求。

（四）尊重需要

部分大学生以失败者的心态、抱着无可奈何的态度到学校报到，高中的辛勤付出与高考的结果形成了强烈的落差反应，这对于他们而言无疑是人生的沉重打击。来自贫困家庭的部分学生，更因经济窘迫而引起严重的自卑、孤僻，甚至会有人仇视社会。为此，他们通过网络将自己的身份进行任意的修改、涂抹、设定、升级，在现实社会中得不到的尊重和认可到神奇的网络中寻求，获得自己想要的自尊和尊重。

（五）自我实现需要

大学生的成长过程正是其自我意识的发展过程。在这个过程中，他们特别渴望获得自我价值感。但在现实世界中，他们因理想与现实的差距，自我价值的实现将面临着诸多阻碍；在网络虚拟世界，他们说自己想说的话，做自己想做的事情，成为自己想成为的人，不仅可以实现现实生活中难以实现的价值追求，还能得到一种虚拟的价值认可和成就感，甚至于还易获得某种短暂的高峰体验。他们通过各种方式进行自我评价，不断提高自我评价能力，从而学会对自身优缺点进行分析，通过分析挖掘自己的潜能找出准确定位，通过不断自省，满足自身需求，实现自己的抱负和期望。

第二节　网络与大学生心理发展

网络是个体和社会发展的一个载体，是获取知识、交流思想、休闲娱乐的重要平台，是当代学生学习生活中不可缺少的一部分。但是有些大学生过度不当的网络娱乐，形成网络成瘾、依赖，极大地影响着他们的心理健康和成长。

一、网络对大学生心理过程的影响

（一）网络对认知的影响

1. 网络对大学生认知的积极影响　大学生认知功能全面和均衡发展，具有强烈的追求新颖和探索未知的心理特点，网络平台为大学生提供海量信息和新闻媒体，具有高效、便捷和灵活性的特点，极大满足了他们获取追求新颖和探索未知的需求。他们思维活跃敏捷，在网上领略千变万化的时代信息和人文科技知识，广纳百川精华，汲取各种知识营养，激发大学生的认知潜能，网络在很大程度上帮助他们得到各方知识的陶冶和锻炼，促进思维更具活跃和敏捷性，提升了接受理解知识能力，增强了批判性思维，成为象牙塔中的社会人。

2. 网络对大学生认知的消极影响　大学生虽然具有强烈的求知欲，但是识别力较低，面对大量网络信息，有时很难做出较理性、辩证的分析，容易造成心理压力和思维混乱。有少部分学生没有正确的人生目标，受享乐主义的影响，认为进入了大学就不需努力学习，整日沉醉在网络虚拟世界，但相对缺乏辨别真伪的能力，病态地对网络图片、游戏、图像等过分关注，表现出不应有的痴迷，导致注意力减退、涣散，上课睡觉，读书疲劳，而网络兴奋。

（二）网络对情绪的影响

1. 网络对大学生情感的积极影响　处在向情感成熟期过渡的90后大学生，他们具有情绪强烈、情感丰富的心理特点，存在着情感激荡要求释放与外部表露趋向内隐的矛盾，大学生需要友谊，渴望交流和理解，但是在现实中他们受社会环境影响，不能随心所欲、无拘无束的表达，受社会规范和社会关系的影响和制约，他们的情感需要往往得不到满足。网络为大学生提供抒发自己情感的园地，发表意见和观点的交流平台。他们在网络空间何时都能找到一个让自己感到情趣相投的地方，结识自己愿意交往的人，可以与不同年龄、不同性别的人交往谈心，畅所欲言。网络匿名性既满足了他们与人感情的交流的需求，又避免了怕尴尬、无面子伤自尊的顾虑，更避免了自身利益受侵害。他们可以毫无顾虑的与人交谈、消除孤独感、空虚感，获得成就感和满足感。

网络也是大学生宣泄情绪的重要渠道，他们通过网络游戏、论坛等途径，不受阻挠地肆意宣泄愤怒、焦虑、抑郁等不良情绪。这样既平衡了情绪又缓解了心理压力，避免了负性情绪伤害，维护身体健康，有利于开阔视野、陶冶情操。

2. 网络对大学生情感的消极影响　网络虚幻和自由的特点在给他们带来宣泄情绪快乐、获得认同和支持的同时，其不良情绪有可能会得到强化作用。例如，在网络上抱怨对学校的管理的不满情绪，只是一种微弱的情绪发泄，当得到其他人的赞同和跟帖后，这种不满情绪不但不会消失，反而会被扩大。

一些大学生沉溺其中，容易模糊网络与现实的本质差异，往往造成自身人格的扭曲。有些学生把网络当作唯一信赖的释放情感的渠道，而与朋友与家人沟通减少，忽略现实人际关系的深层沟通，关系疏远，交际技能的弱化，导致其网上网下情感表达不同，从而混淆自我虚拟角色与现实角色，形成自我情感迷失，导致精神疾病。

（三）网络对意志的影响

1. 网络对大学生意志的积极影响　网络有助于培养大学生独立的意志品质。大学生独立、自觉地选择网络资源，思考、判断和评价信息的价值取向，主动地参与热点问题、重大事件的谈论，从而提高了他们判断是非、解决问题的能力。网络还提高了他们的果断性和坚定性。大学生行动具有明确的目的性，他们为了实现个人志向和理想目标，能够果断地制定方案，围绕着目标实现在网上搜集大量信息，从事修改方案。在执行目标的过程中，排除干扰，克服困难，力求成功。

网络已经成为大学生创新创业的孵化器，也激发了他们兴趣和创造性，给他们带来了极大的创造空间，造就了他们的创新欲望。据调查，我国知名企业"海尔"就从全国各高校猎取了大批在高校学习中创造性极强的学子充当其技术核心力量，“北大方正”、“清华同方”旗下更有大批优秀学子的创造身影。据悉，每年都有大学生的国家创造发明专利的获取和技术项目的拍卖。

2. 网络对大学生意志的消极影响　大学生虽然在意志的自觉性、坚韧性方面逐步提高，但是他们自制力差、依赖性强、易受暗示。大学生价值观最容易受冲击而造成意志薄弱，有些学生整日沉醉在网络虚拟世界，意志力缺乏和减弱，表现为无节制地上网打游戏、看视频。对学习和活动都缺乏动机，对老师授课内容或作业不感兴趣，对学习逐步失去信心，不能有效地控制和调节自己的消极情绪和冲动行为，意志消沉，产生厌学，以致于生活极端懒散、行为孤僻、退缩。还有些学生病态的意志力增强，他们长时间玩网络游戏，不顾自身疲劳，昼夜不停用各种方法攻战，企图取胜过关，从而表现为病态自信、行动固执缺乏主动性、生活被动、犹豫不决等意志障碍。

（四）网络对人格的影响

1. 网络对大学生人格的积极影响　自我意识是人格的核心内容。网络可以加强大学生的自我意识完善，为他们创造展示自我价值的空间，使他们在追求强烈个性化的同时努力在网络中尽情地展现自我、实现自我。按照自己的喜好和需要为标准充分地利用网络资源，从中获得自尊、自信。网络使他们在形成自我观点和发展自我个性的同时也提供了一所广阔社会环境学习和积累社会知识的空间。在这一空间里，他们也将会遇到现实世界中没有遇到的问题和困难，这些问题和困难需要其独立解决。这种生存方式无疑将大大促进他们独立意识的发展。

在网络中，现实社会中人的财富、职位、身份等级差异被淡化，大学生在网络中充分享受着平等的感觉，平等地交谈，平等分享网络资源，在虚拟的世界里无拘无束，随心所欲。这有利于锻炼内向同学的胆量，帮助他们抒发内心压抑的情绪和不满。

2. 网络对大学生人格的消极影响　由于大学生的人格尚未成熟，自我意识的膨胀，集体意识薄弱，很容易在丧失约束的状况下放纵自己的行为。他们宣泄无度，言语和行为放肆。

有些学生迷失自我，整日沉溺于网络暴力、战争、凶杀、色情等主要内容的游戏，迷恋于虚拟世界，自我封闭，现实世界隔阂，不愿与人面对面交往。久而久之，一旦离开网络便会产生精神阻碍和异常，表现为举止失常、神情恍惚、胡言乱语、性格怪异。有些学生同时拥有多个不同身份和性格的网名，男扮女、女扮男的现象也非常普遍，严重造成自我意识同一性的丧失。在这种情况下，很多学生经常面临网上网下判若两人，或多重角色差异和角色冲突。当多重角色之间的冲突达到一定程度或角色转化过频时，就会出现心理危机，导致人格障碍。

二、网络对大学生行为心理的影响

（一）网络对大学生交往心理的影响

1. 网络对交往心理的积极影响　网络作为最新的中介工具，具有交往特点的平等性、匿名性、自由性、间接性、交往对象的无界性。形成了一种新型的人际关系——网络人际关系。网络人际关系打破了传统形式，使人们的认知、信念、价值观、生活方式等都有了无与伦比的改变。

大学生需要友谊，渴望交往和理解，有着强烈的交往需求。良好的人际关系是他们心理健康成长，建立归属感、安全感、幸福感的必要条件，网络扩大了大学生交往的范围，满足了为他们平等交往、个性化的交往的需求。他们根据自己的兴趣加入到某一网络群体，通过网络，放心大胆地倾诉自己内心隐秘，说出自己内心的压力、苦闷，表达内心真情实感，并宣泄不良情绪，舒缓心理压力，达到深刻和广泛的自我暴露，从而缓解内心压力，真诚而切实促进人际交往的顺利进行，建立和谐的人际关系，获得成就感和满足感。

2. 网络对交往心理的消极影响　网络可以补充大学生人际交往，但是不能代替现实中的人际交往。网络人际交往具有相对随意性的特点，过度依赖网络交往，沉迷于网络当中，会造成大学生与现实生活的人际交往相脱离，导致他们与真实社会相隔离，切断他们与现实人的真实关系。调查显示，大学生平均每天上网时间即达 10 小时，其中 11.4% 因上网而对日常的人际交往越来越淡漠，9.8% 因即关注网络与身边朋友交谈次数减少，7.6% 因上网而与身边的亲友交往逐渐减少，交谈言语过度简略化。交往频率的下降易加剧他们自我心理封闭，造成人际关系淡化，致使一些人出现心理问题。

大学生心理不成熟，缺乏生活阅历，世界观价值观不稳定，识别判断能力较差。网络交往难以形成真实可信和安全的人际关系。大学生在网络交往中一旦上当受骗，容易产生怀疑、悲观和敌意的态度，可能会更消极地对待人生。网络交往人群复杂多样，无法准确识别身份，大学生稍有不慎容易受网友文字迷惑，特别是别有用心的人趁虚而入，发表、传播反动言论和信息，使大学生受消极有害观念影响，严重时被坏人利用。

（二）网络对大学生道德心理的影响

1. 网络对道德心理的积极影响　网络打破了传统的伦理道德交往框架，改变了人类交往的之间的内涵及各种关系。在新的交往空间中，大学生以最大限度来获取各种道德体验，拓宽了道德的认知，增强个体道德选择、自我评价的行为能力。网络强有力地冲击着传统德道德价值观，将世界各国不同的风俗习惯、文化传统、价值观念和行为规范呈现在他们面前，促使大学生形成多元化的道德判断标准。在网络环境中感知和审视异质的伦理道德、价值观念和行为规范，拓宽了他们的社会认定范围和程度，并通过分析、比较、判断将之内化自己的信念和行为准则，尊重和尊严需要就会得到满足，磨练和考验他们道德的意志。挑战传统的道德心理健康。

2. 网络对道德心理的消极影响　大学生正处心理成长的关键阶段，人生观、价值观、世界观尚未完全成熟，心理能力明显滞后于自我意识。他们在知识、经验、能力、辨别是非等方面只处于半成熟状态。面对网络环境大量不同国家的意识形态的相互渗透和价值观念的相互传播，甚至是完全与我国的传统道德教育、伦理道德评价标准的冲突的不道德、反道德的信息，他们一时很难分辨出，易造成道德选择和道德评判的冲突。污染弱化了大学生的道德意识，冲击着大学生慎独、内省、克己等良好品质，侵犯着原有的伦理道德心理，造成部分人忽视和放松对自身的道德约束，抑制了健全道德人格的形成，导致他们个体伦理道德和群体伦理道德水平下降。无疑网络环境对大学生形成正确的道德观和价值观带来了不可估量的破坏影响，威胁着大学生的道德伦理。

另一方面网络犯罪猖狂，损害了社会风气。一些黑客行为已经破坏了国家、社会和公共安全，侵犯私人和公共财产，阻碍着社会秩序管理，传播计算机病毒、木马等，然而某些学生却将黑客作为自己尊崇的英雄或偶像，把黑客的破坏作为显示自己网络技术能力的提升或升级，严重污染了社会的伦理道德风气。

（三）网络对大学生性心理的影响

1. 网络对性心理的积极影响 目前从国内性教育现状和水平来看，按照系统性教育程度应该是完成了生理性教育阶段和部分心理性教育，由于对性教育的不完善和缺失导致大学生对基本性生理常识还不了解，对性道德、性观念等基本是按照自己的理解来把握。而且中国传统对性认识的氛围造成学生对性问题羞于请教和探讨，高校教育也没将这部分性教育缺失的课补上。同时，互联网以其隐蔽的、纯个人方式进行的独有特征，使其在大学生获取性教育中备受青睐。由于性问题的私密感、羞耻感，大学生喜欢通过网络海量信息文字、图片、动画、视屏查询他们所需要的东西，解答他们对性知识的疑惑和好奇。在网络上他们不必担心社会评价，消除了种种顾虑，互联网有效地保护了大学生的性意识隐私，普及性教育促进了他们性道德观形成。

2. 网络对性心理的消极影响 网络媒体是目前最大的色情供应渠道，大量的色情网站和色情信息不堪入目的图片、视频传递着不健康的性知识。由于当代青年学生的思维辨别能力未成熟，知识、经验缺乏，这些网络的不良信息对大学生性心理造成极为恶劣的影响，影响了青年学生的价值观、恋爱观甚至于性道德观。据调查，网上信息 47% 与色情有关，这种不良信息将直接弱化了他们性道德意识，污染心灵，误导性行为，导致他们不道德性行为和违法犯罪行为增多。有些学生就在网络低俗文化的传播中迷失了方向，迷失了自我。据报道，有位学生在其“网络妻子”突然掉线后，整日不进食，心情焦虑地苦等了五天四夜后，不顾同学的劝阻和老师的教育，不辞而别到另一个城市去寻找其“网络妻子”。

第三节 大学生常见的网络心理问题

当今时代是网络大潮汹涌的时代，作为时代“弄潮儿”，青年学生扮演出了网络忠实追随者的角色。网络展现出的快捷便利、平等共享、新颖超前的特点，迎合了他们探索性创造性强和接受新鲜事物快的特点，满足了他们求新求异的心理需要，实现自己的人生价值。网络是一把“双刃剑”，在恣意享受网络所给他们带来丰富精神生活、交往空间、拓展知识视野和开放思维等的快感时，也带来不可忽视的负面影响。

一、大学生常见的网络心理问题

（一）网络焦虑

1. 概念 网络焦虑是指在上网过程中不管有无紧急事情或其他因素情况下，一旦网络或电脑出现故障如上不了网等情况下，而产生出一些急躁、脾气雷发、坐立不安、心悸、皮肤潮红、呼吸紧迫等症状，而导致个体明显的生理心理上反应。

2. 表现

(1) 焦虑不安，思维紊乱：网络或电脑出现故障、网速过慢或堵塞、突然停电等现象，而表现出异常紧张、极度不适、心情浮躁和恐惧，受郁闷情绪困扰，思维不再像正常人那样清晰敏锐、富有逻辑性，考虑问题具有片面性和极端性。

(2) 脾气暴躁，行为怪异：受不良情绪的影响，而变得的乖戾起来。对于眼前所发生的事情开始不满、挑剔，有时会大吵大闹甚至会摔砸东西等。行为神思游移、失魂落魄、辗转反侧、夜不能寐、脾性大改。自从迷上了网络和码字，忽略身边的人存在，不能专心致志地跟身边人进行沟通，没有按时作息，经常情绪波动。

(3) 躯体紧张，神经功能紊乱：受不良情绪行为影响，引起面部肌肉紧绷、眉头紧锁、表情紧张、唉声叹气、怨天尤人等症状。这些症状持续时间较长，常伴有自主神经功能紊乱，表现出汗、眩晕、心悸、胸闷、胃部不适等，继而引发精神、生理上的反应，甚至出现失眠、头痛、食欲下降等症状。

3. 分类　根据焦虑的症状特征表现，网络焦虑可分为神经精神性焦虑、躯体功能障碍焦虑和混合型焦虑三种形式。

(1) 神经精神性焦虑：它是焦虑的核心症状，一旦发现网络或电脑出现问题，即便是微少、瞬间或偶尔发生变动，将便会极度不适，出现焦虑不安、心情浮躁、担心、紧张、不安全感或恐惧害怕等不同程度的焦虑情绪，继而引发神经、精神、生理上的反应，甚至出现失眠、头痛、食欲下降等症状。

(2) 躯体功能性焦虑：由于植物神经紊乱，可出现口干、吞咽不畅、胃部不适、胸闷、呼吸不畅、心悸，由于自主神经系统反应过度，导致交感和副交感神经系统超负荷工作而出现多汗、皮肤潮红或苍白、头晕、头痛、头昏、耳鸣、失眠、腹部痉挛等，严重者可出现尿频、尿急、月经紊乱、阳痿等。

(3) 混合性焦虑：所谓混合性焦虑，就是介于神经精神性焦虑和躯体功能障碍焦虑之间，这类焦虑最常见。

(二) 网络依赖

1. 概念　网络依赖又称网络心理障碍，表现为只是精神上对网络有依赖。它是介于上网正常状态和网络成瘾之间的状态，是指病人长时间沉溺于网络聊天、浏览、游戏，以致影响生活质量，降低工作效率，损害身体健康，并出现各种行为异常、人格障碍、交感神经功能部分失调。我们称这种状态为“网络依赖”。发病年龄介于15~45岁，男性病人占总发病人数的98.5%左右，女性约占1.5%，20~30岁的单身男性为易患人群。

2. 表现

(1) 一般症状表现：病人开始上网感到其乐无穷，随之不断延长上网时间。随后不管做什么事情，起床或解手都会情不自禁地打开电脑到网上“遛达遛达”。由最开始的精神上的依赖渴望上网，而后可发展为躯体依赖。

(2) 典型症状表现：情绪低落、无愉快感或兴趣丧失、睡眠障碍、生物钟紊乱、头昏眼花、思维迟缓、精神运动性迟缓和激动、自我评价降低和能力下降等，上网以后精神状态才能恢复至正常水平。严重者将会出现与生理因素无关的体重减轻、外表憔悴，一旦停止上网还会出现急性戒断综合征，甚至有可能采取自残或自杀手段，危害生命安全。

(三) 网络成瘾

1. 概念　网络成瘾是指个体使用网络的频率和时间均已超出正常的限度，无法控制自己的上网行为，从而导致情绪焦虑、抑郁和孤独感增加，进而对日常生活或社会功能造成一定影响的行为表现。

2. 表现　网络成瘾主要表现是由神经内分泌紊乱引起的，以精神症状、躯体症状、心理障碍及人格改变等所导致社会功能活动受损的一组症候群。其具体表现为：

(1) 对网络有极大的渴求，上网占据工作、学习、生活中主导地位。

(2) 一不上网就会出现烦躁不安、焦虑、易激惹等情绪症状，一旦上网症状消失，并且只有在使用网络的过程中体会到强烈的愉悦和满足感。

(3) 上网时间和频率逐渐延长或增多,对网络使用逐渐失去了自控能力。一旦突然减少或停止上网时,将会出现烦躁、易激惹、注意力不集中、睡眠障碍等症状,严重者甚至出现冲动、攻击、毁物行为。

(4) 除上网之外,对其他事物的兴趣明显减少,以致失去以前的爱好和娱乐。常用上网来回避现实或缓解不良的感受和情绪。

(5) 为能够上网和延长上网时间而想尽一切办法,包括说谎、旷课、旷工、偷拿家人钱财等,对家人、老师、同学、朋友或专业人员撒谎,隐瞒涉入网络的程度。

(6) 尽管知道上网会给自己带来或已经带来危害,仍然忍不住继续上网;也曾经努力过多次,想控制、减少或停止上网,但没有成功。

3. 种类　网络成瘾具有特征性的临床表现,常伴有躯体和精神症状。根据使用网络的主要目的及内容,可将网络成瘾分为网络游戏成瘾、网络色情成瘾、网络关系成瘾、网络信息成瘾、网络交易成瘾五类,其中以网络游戏成瘾居多。

大学生网络游戏成瘾的动机主要是为了实现自己在现实生活中不能做到的事情,如人际关系的和谐、面对挫折、排解压力、吸引他人注意力、获得尊重和自我价值的实现等。当然小部分是由于身边的朋友都在玩,怕别人嘲笑。

4. 诊断　长期反复使用网络,使用网络的目的不是为了学习和工作或不利于自己的学习和工作,符合如下症状:

(1) 对网络的使用有强烈的渴望或冲动感。

(2) 减少或停止上网时会出现周身不适、烦躁、易激惹、注意力不集中、睡眠障碍等戒断反应;上述戒断反应可通过使用其他类似的电子媒介(如电视、掌上游戏机等)来缓解。

(3) 下述 5 条内至少符合 1 条:①为达到满足感而不断增加使用网络的时间和投入的程度;②使用网络的开始、结束及持续时间难以控制,经多次努力后均未成功;③固执的使用网络而不顾其明显的危害性后果,即使知道网络使用的危害仍难以停止;④因使用网络而减少或放弃了其他兴趣、娱乐或社交活动;⑤将使用网络作为一种逃避问题或缓解不良情绪的途径。

二、大学生常见网络心理问题的调适

(一) 健康上网行为

1. 概念　健康上网行为又称安全上网,也叫绿色上网或文明上网,是指遵守国家法律法规,增强自我保护意识,诚实友好,尊重他人,尊重事实,合理和善用网络资源,建立健康的网络环境。因此,可以将健康上网行为分两个层次的理解:

(1) 身体的健康:上网是对人体的精力的一种消耗,包括上身、脊椎、视力,还有辐射对皮肤的影响,所以一定要学会健康上网,注意调整和休息,别痴迷或者长时间在电脑面前,应适当调节。

(2) 心理的健康:现在网络世界诱惑很大,网络暴力、色情和游戏的诱惑都很大,所以一定要学会自我抵制和吸收,要学会有利的利用网络资源,有自制力和有原则性地排斥网络上面不良的信息和行为。

2. 网上自我约束　网络空间含有海量的信息容积,各种思想文化、道德理念、价值观、世界观、人生观交织纷纭，各色诱惑比比皆是。面对神秘莫测的网络世界，大学生首先要保持头脑清醒，合理安排自己的学习、生活，形成好的生活习惯和规律，严格控制上网时间和对网络内容的选择，远离黄色淫秽信息；其次要加强自我管理，约束不当上网行为，当有不良想法出现时，可采取转移注意力的方法，主动把注意力转移到自己感兴趣的健康行为或活动上来，使不良想法逐渐消失。学会充分享受大学美好的学习成长时光，从对网络的迷恋中解脱出来。

作为一名学生，主要任务就是学习，所以要自觉地把主要精力和时间都应花费在学习专业知识和锻炼自身素质上。根据自身学习要求和生活规律，进行有计划、有目的地规划自己的网络时间。要把网络当成学习的工具，做网络的主人，而不是网络的奴隶。

（二）矫正网络心理问题的有效方法

1. 全面扭转教育价值观，加大监控力度　全面性多元化教育价值观，不光是家长、教师、社会、学生自身的全员性的人的扭转，还需要扭转环境，让环境氛围也配合起来才能实现。比如，通过社会媒体多宣传一些普通的“成功”人士；学校开展多方面、全方位的文化活动和表彰活动，营造积极向上的学习娱乐氛围；让大家都能找到自己的定位，愿意并且乐意在平凡的位置上做一颗伟大的“螺丝钉”；同时要加强国家法律法规、校纪校规制度的管理，公安和执法部门等相应部门的执行监控力度；学校要建立特殊档案，对特殊人群、特殊情况、特殊程度采取分层次楼梯式个体化督导。

2. 开展网络心理咨询　网络心理咨询具有传统心理咨询（主要包括门诊咨询、信件咨询和电话咨询）所无法替代的优势，开展网络咨询便于求助者保密，方便快捷，信息量丰富，选择自由度增大，便于思考分析、存储和查询案例等。开设网络心理咨询，建立心理咨询网站，传播心理知识，进行网上行为训练的指导，开设在线心理咨询。

同时高校要针对大学生上网心理、网络人际交往、网络心理障碍、虚拟与现实的人际关系等问题的开展课题研究，为大学生健康成长、立志成才寻找一套可操作的有效的网络心理问题服务体系。

3. 团体心理辅导　团体心理辅导是一种矫正网络心理问题的有效干预手段。网络成瘾、网络依赖者可以通过和团体中其他成员一起讨论交流共性问题来获得到心理支持，一起制定每天的时间管理方案，制定自我监督、互相监督机制。成员一起练习社会交往技能，进行相互督导、小结分享、阶段分析、每月总结来促进良好的适应和发展，团体成员通过互帮互助、集思广益获得共同成长，共同戒瘾，摆脱网络对其无形的束缚。在辅导后要对团体成员进行效果测评，了解辅导情况。

在团体辅导同时还要求学校、家庭教育的积极配合。教师和家长对网络成瘾学生要进行平等交流，绝不应该在学生面前威严、不苟言笑、惩罚，更不应该以长辈的身份进行说教和一味地把自我角度的道理或理论灌输给他们。要尝试了解他们自身的想法和感受，根据他们所隐藏的秘密引导他们，培养他们解决问题的能力，树立独立意识，依据他们自身的分析解决问题的能力去承担其相应的责任。另一方面要求家长、学校、社会全员性地发现和培养他们的兴趣爱好，形成自身的兴趣和专长，让他们感受到成就感，体会到成功的喜悦，使他们内心充满自信、自豪，敢于面对并战胜网瘾，树立正确的价值观和人生观。

（三）网络成瘾的心理治疗与预防

1. 治疗方法　行为疗法以经典条件反射和操作性条件反射为基础，坚持效仿自然科学的研究方法，把人的行为和外在的环境视为考察对象。行为疗法通过后天的努力和外在因素，改变其原有的不良行为。具体来说可以采用的方法有：

(1) 设定目标法：就是借助一些工具来提醒网瘾者，进而控制上网时间。

(2) 强制法：根据操作性条件反射理论，如果在出现某种行为之后得到奖赏，那么这种行为在同样的环境条件下就会持续和反复出现。成瘾者可视戒除的进展情况给自己以小小的奖励或惩罚，但要注意其内容与上网无关。奖惩措施可以有自己或别人来执行。

(3) 转移注意力疗法：通过参加学校丰富的课外活动，丰富自己的空闲时间，使自己没有时间上网。培养学生的兴趣爱好，以丰富多彩的课余活动，如读书、听音乐、打球、游泳等来转移学生的注意力，或通过学校的社团组织对上网的学生进行规范和引导，逐渐减少学生对上网的依赖。

2. 预防

(1) 校园防治：丰富校园文化生活，转移学生注意力。我们可以通过开展丰富多彩的校园文化活动来潜移默化地培养正确的价值观、人生观，增强学生的凝聚力和沟通力，学会处理人际关系、个人与集体关系，从而激发他们的使命感、归属感、自豪感，进一步影响着学生的行为规范和生活方式，敢于担当面对现实，脱离虚拟世界。“亡羊补牢”不如防患于未然，对于那些迷恋上网但是未形成网瘾的大学生，预防和疏导是需要多方面的协助和支持的。

(2) 携手社会力量，净化网络环境：良好的社会伦理环境能够提升学校教育效果，应尽量避免社会的消极因素对教育力量的不良作用。通过倡导行业自律，明确网络媒介在网络文化建设中的主体责任；社会应加强对网络文明的建设，发挥引导性作用，维护网络环境的文明洁净，加大对媒体网络监督的投入，严格规范经营制度，制作健康的网络节目，渗透正确理解、选择、利用网络的信息和娱乐资源。具体措施如净化网络环境，清除校外黑网吧等。

(3) 家长联系：学校定期同学生家长进行沟通交流，共同对成瘾学生进行教育感化。在家庭中形成一个温馨的环境，平等地对待成瘾者，让他们和家人共同制定具体的行为契约、计划，家人给予有效的督促和及时的鼓励与鞭策。约束中有宽容，宽容中有约束，从而形成有效的监督、批评、鼓励和奖励等机制。

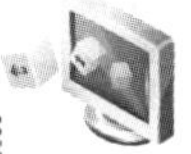

心理电影

社 交 网 络

电影名称：《社交网络》(The Social Network)，上映时间：2010 年。

图 13-2 《社交网络》

剧情介绍：哈佛大学恃才放旷的天才学生马克·扎克伯格被女友甩掉，愤怒之际，马克利用黑客手段入侵了学校的系统，盗取了校内所有漂亮女生的资料，并制作名为“Facemash”的网站供同学们对她们评分。他的举动引起了轰动，同时也遭到校方的惩罚。马克的举动引起了温克莱沃斯兄弟的注意，他们邀请马克加入团队，共同建立一个社交网站。

评论与分析：《社交网络》是一部关于计算机宅男的故事，大部分场景发生在大学宿舍或教室，影片充满大段的精英色彩的专业性对话，主人公整日坐在电脑前写口令，是个女生绝缘体，这样的故事底子，很难讲得有趣。但是，影片用学生马克·扎克伯格被女友甩掉的愤怒之举向我们展示了一个事实，那就是网络安全隐患问题。提出了一个值得我们思考重视的问题，大学生如何对待由失恋而产生的负性情绪。

心理互动

信息传递

（一）活动目的：通过信息传递，让学生能够学会辨认真假。

（二）活动时间：大约3分钟。

（三）活动用物：制作活动图片一套。

（四）活动过程：

1. 各队两人一组，一人表达，一人竞猜，表达者可根据裁判出示的题目，依据其性质、用途、特点、功能等方面应用相关的语言或肢体动作进行传递信息，但不能说出题目中的任何一个字，否则视为无效。

2. 时间以3分钟为限，在规定的时间内，猜的数量最多者胜出。

3. 在竞猜过程中，表达者可以放弃出示题目，继续向下一题竞猜，但每组只有三次放弃机会。

4. 竞猜开始以主持人的口令为准，计时同时开始，竞猜结束以裁判“时间到”口令为准。

（五）注意事项：竞猜者背对裁判出示题面，表达者面对题面，出示题面的裁判站在竞猜者和表达者中间位置。

（六）讨论分享：信息通过各种渠道传递时往往会变形和失真，网络信息也是如此。

心理自测

网络成瘾量表

题目	几乎没有（1分）	偶尔（2分）	有时（3分）	经常（4分）	总是如此（5分）
1. 我觉得上网的时间比我预期的要长					
2. 我会因为上网忽略自己要做的事情					
3. 我更愿意上网而不是和亲密的朋友呆在一起					
4. 我经常在网上结交新朋友					
5. 生活中朋友、家人会抱怨我上网时间太长					

续表

题目	几乎没有（1分）	偶尔（2分）	有时（3分）	经常（4分）	总是如此（5分）
6. 我因为上网影响了学习、工作					
7. 我会不自主地查看留言或电子邮箱					
8. 我因为上网影响了我的日常生活					
9. 我担心网上的隐私被人知道					
10. 我会因为心情不好而去上网					
11. 我会迫不及待地提前上网或一有机会就上网					
12. 如果无法上网，我会觉得生活空虚无聊					
13. 我会因为别人打搅我上网而发脾气					
14. 我会上网到深夜不去睡觉					
15. 我在离开网络后会仍对网上的内容念念不忘					
16. 我在上网时会对自己说："就再玩一会儿"					
17. 我会想方法减少上网时间而最终失败					
18. 我会对人隐瞒我上网多长时间					
19. 我宁愿上网而不愿意和朋友们出去玩					
20. 我会因为不能上网变得烦躁不安、喜怒无常，而一旦能上网就不会这样					
总分					

结果分析：

1. 40~59分，轻度成瘾：属于轻度的网络成瘾，花了时间在网络上消磨，但还有自我控制的能力。

2. 60~79分，中度成瘾：正遭遇到因网络成瘾而引起的问题，虽然还没有到积重难返的地步，但是应该正视网络带来的冲击。最好要有警觉并改变上网习惯。

3. 80~100分，重度成瘾：网络成瘾已经成为严重的生活问题，应评估网络带来的影响，并找出原因。需要很强的自制力才能恢复正常，应尽快赶快求助专家。

课后思考

如何合理使用网络知识，成就自我成长？

第十四章　助梦起航
——大学生的职业心理与生涯规划

提升自己的要诀是切勿停留在原地不动，而欲达到此目的，首先要有不满现状的心理。但是仅仅不满足是不够的，你必须决定下一步往何处去？千万不要做个只会成天抱怨的懒人。

——麦尔顿

案例导读

“大学生村官”王先美：来自农村回归农村

2015年6月毕业于中国青年政治学院思想政治教育专业的王先美成为了一名大学生村官。王先美现就职于北京市大兴区安定镇某村，担任村主任助理一职。

“我从小就生活在贫困的山村，也真正能够体会到作为农民的辛苦。”大学期间与其他奔波在各种活动中的大学生不同，王先美初进大学便把时间都交付给了学校的图书馆。四年来他的学习成绩很稳定。

进入大四，由于学的是冷门专业，王先美一开始就把求职的目光投向了国家公务员。在国家公务员的笔试中，王先美以130多分的高分顺利通过，这一结果令他喜出望外。可面试成绩出来后，他被淘汰了。

这样的结果让王先美一时难以接受，毕竟奋斗了那么久，差那么一点点就成功了。此时，班里的同学们要么考上了公务员或研究生，要么找到了合适的工作，甚至解决了北京户口。但是，王先美没有沮丧。“离毕业越来越近了，家里压力大，我没有时间去伤心难过，只能咬着牙继续坚持下去，去寻找其他的机会。”之后的日子，王先美重新准备简历开始找工作。起初，他想回湖北老家的人才招聘市场寻找机会，但由于今年学校的校园招聘会开办较晚，所以就延误了回老家的计划。校园招聘会也并不像他预期的那样理想，前来招聘的都是一些不知名的小企业，而且对专业都有严格的限制，结果没有任何用人单位招思想政治教育这一专业。王先美对这次校园招聘会的期待化为了泡影。

接下来，王先美开始在各种招聘会和招聘网站上投递了20多份简历，甚至挤入长长的求职队伍中，期待着机会能够降临在自己的身上。可是从中关村人才市场到北京大学的人才招聘会，用人单位不是不招思想政治教育专业，就是要求有北京户口，王先美再一次受到了打击。

公务员考试、校园招聘、社会招聘……几乎所有的尝试都是以失败告终，面对这些挫折，王先美后来说："我不太会说话，也没什么经验，可能这些尝试都不是最适合我的，我还是应该做一些我真正能够做的事情。"

2015年5月初学校公布了要在校内竞选北京村官的启示，当时王先美所在的马克思主义学院有两个名额，他开始萌生要当村官的想法，并得到了父母的支持。学院里总共有15位同学报了名，经过笔试、面试等严格的筛选，王先美最终入选。

王先美回报农村的心愿最终以"大学生村官"的方式得到了实现。回首并不平坦的求职之路，王先美说："虽然就业形势一年比一年严峻，但不是严峻到让大学生找不到饭吃的地步。我们班里所有的同学毕业前都找到了工作，我觉得大学生在求职时还是要有足够的信心。"

点评：大学生活不仅仅意味着好奇与探索，更多的需要从一开始定下一个目标，然后一步一个脚印的去完成。因此，提早规划自己的大学生活同样是在描绘自己的人生蓝图。

学习重点

1. 职业规划的概念。
2. 设计生涯的方法。
3. 就业心理问题及调适。

第一节　大学生活从规划开始

一、大学生活的特点

大学生活是人生职业发展的黄金时期，大学生在此阶段要完成从学生到社会建设者的过渡，完成对将来自身职业的探索，做出职业的决策并初步付诸实施。大学阶段也是知识的储备阶段，在校期间学校提供了各种各样的资源，学生们可以有效地利用这些资源，进行初步系统的知识积累；同时，通过学校的各种活动不断拓展自己的视野，加强自身修养，初步的形成职业技能，为以后的职业发展打下坚实基础。

大学生要想很好地融入大学生活，使自己的大学生活过得充实有意义，必须要有明确的目标和可执行的计划。针对自身专业学习的特点，更好地规划大学时间。因此，树立正确的职业意识对自己的大学生活和未来发展进行适当的规划，即为自己的人生、大学生活设置里程碑，为自己的努力设立一个目标和方向。

二、职业发展与规划的基本概念

（一）职业发展的含义及类型

1. 概念　职业生涯是一个人一生中所有与职业相联系的行为与活动以及相关的态度、

价值观、愿望等连续性经历的过程，也是一个人一生中职业、职位的变迁及工作理想、人生价值的实现过程。职业发展是指为达到职业生涯计划的各种职业目标进行的知识、能力和技术的发展性培训、教育等活动，也是个人逐步实现其职业生涯目标和工作理想并不断制定、实施新目标的过程。

2. 类型　职业发展的形式多种多样，但主要可分为职务变动发展和非职务变动发展两种基本类型。

(1) 职务变动发展：职务变动发展分为晋升和平行调动两种形式。晋升是职业生涯发展的常见形式，它会使员工在工作中创造出更好的业绩，特别是对处于职业生涯早期和中期的员工激励效果更明显。它是一种成功的标志，对晋升的渴望是一种积极的动机；平行调动在职务级别上没有提高，但在职业生涯目标上却可以得以发展，从而为未来的晋升打好基础。

(2) 非职务变动发展：非职务变动发展包括工作范围的扩大、职务内容丰富、员工参与管理、改变观念以及方法创新等内容。非职务变动发展作为职业生涯发展的一个基本类型已成为了职业生涯发展的重要形式，日益成为共识的看法是：职业生涯的成功可以以横向调整的形式实现，通过工作丰富化在“原地成长”。

(二) 职业规划的含义

职业规划是指组织或个人把个人发展与组织发展相结合，对决定个人职业的个人因素、组织因素和社会因素等进行分析，制定有关对个人一生中在事业发展上的战略设想与计划安排。个人职业规划是指个人根据自身的主观因素和客观条件，通过分析、总结研究并综合分析与权衡，结合时代特点，根据自己的职业倾向，确立自己的职业发展目标，选择实现这一目标的职业，制定和安排相应的教育、培训、工作计划，并付诸行动，实施职业发展目标的过程。这是个人职业生涯走向成功的战略指南，是人的职业发展的真正动力和加速器，其实质是追求最佳职业发展道路的过程。

(三) 大学生进行职业规划的目的和任务

第一，正确认识自我。大学生要在社会上寻找自己合适的位置，首先就要正确认识自我。正确认识自我包括以下几个内容：认识自己的个性特征，认识自己的职业兴趣，认识自己的职业知识和技能等。

第二，明确职业定位。在正确认识自我的基础上，初步确定自己的职业目标，明确自己的职业定位。职业目标在职业规划中有很重要的地位，如果目标不确定，经常忽左忽右地摇摆不定，就必然会导致职业生涯之路不规则，出现很多的重合和交叉。

第三，择业培训。在正确认识自我，明确职业目标的基础上，大学生职业规划的重要任务就是进行择业的培训。培训内容包括择业动机分析、择业心理准备、择业技巧、行业分析等方面。

第四，培育职业素养，进行角色转换。大学生长期生活在校园里，缺乏对社会职业的全面接触与了解，到临近毕业时才感到主动融入社会职业的必要性。这里主要有两种不良的倾向：一种是毕业生缺乏必要的职业素养，如职业道德观、职业礼仪、职业规范等，降低就业诚信度。另一种是固守学生角色，难以适应社会职业的需要，降低了就业概率。因此，积极参加各种形式的规范的职业素养培训，尽早地实现角色转换是大学生进行职业规划的一项重要任务。

第二节　为了明天，发展你的能力

一、大学生应具备的职业能力

（一）专业能力

专业能力是指特定职业或岗位所要求的特定技能，又称职业能力。如教师要有专业授课能力，医生要有医学诊断、治疗的能力，总经理要有协调管理能力等，这些技能是个体维持工作的保证。

专业能力有三层含义：一是为了胜任一种具体职业而必须要具备的能力，表现为任职资格；二是指在步入职场之后表现的职业素质；三是开始职业生涯之后具备的职业生涯管理能力。

1. 任职资格　是指为了保证工作目标的实现，任职者必须具备的知识、技能、能力和个性等方面的要求。它常常以胜任职位所需的学历、专业、工作经验、工作技能、能力加以表达。

2. 职业素质　是人的道德、态度、意志等层面的内在素质，还包括在职场上的工作思维、方式、职场规则、常识等，就是怎样做人、做事的能力。

3. 职业生涯管理能力　表现为内省能力、自我管理能力、职业选择与抉择能力、获取与分析信息、整合与利用资源、了解与分析职业环境、处于个人生命周期与职业发展周期冲突的能力、规划职业与转换职业的能力等，是对自己职业生涯发展负责的表现。

（二）通用能力

1. 时间管理能力　有效地利用资源，可以帮助我们减少对时间的浪费，摒弃陋习并且引进新的工作方式和生活习惯（如订立目标、分配时间、权衡轻重、妥善计划、权力下放），从而通过自我约束等方法事半功倍地取得个人重要的目标。如果想要在工作中出色完成任务，就必须善于利用自己的工作时间。

2. 自我决策能力　自我决策能力是一个人能否独立思考、果断处事和独立完成某项工作的能力。对于即将毕业走向社会的大学生来说，面临求职择业，别人的意见和忠告各种各样，最终要靠自己决定。在未来的工作中很多事情和问题以及它们的变化进展必须靠自己迅速做出决定，予以处理。因此，具有良好的自我决策能力对大学生就业和发展是十分重要的。

3. 创新能力　创新能力是指人在顺利完成以原有的知识、经验为基础的创建新事物的活动过程中表现出来的潜在的心理品质。创新意识、创新思维、创新技能是创新能力最基本的构成要素。创新能力是人们革新和创造新事物的能力，包括发现问题、分析问题、发现矛盾、提出假设、论证假设、解决问题，以及在解决问题过程中进一步发现新问题从而不断推动事物发展变化等。创新能力有一部分是来自于不断发问的能力和坚持不懈的精神。创新能力在一定的知识积累的基础上可以训练、启发出来，甚至可以“逼出来”。总的来说，创新能力是人们运用已有的基础知识和可以利用的材料，并掌握相关学科的前沿知识，产生某种新颖、独特有社会价值或个人价值的思想、观点、方法和产品的能力。

4. 表达能力　表达能力是指运用语言阐明自己观点、意见或抒发感情的能力，主要包括口头表达能力和书面表达能力。一个人要想让别人了解你、重视你、更好地发挥自己的才能，其前提就是要有表现自己的能力。大学生应高度重视表达能力的培养，以适应求职、就业及实现个人理想的需要。

二、大学生职业能力培养的方法

一个人职业能力发展与提升，自身的努力是关键。大学生要客观分析自我，充分了解自身职业能力的短板，并通过以下有效的途径进行锻炼，使能力不断得到发展。

（一）主动学习，积累知识

知识是能力的基础，知识的多寡、深浅和粗精决定了一个人能力的大小。能力强的人往往具有广博精深的知识积累，很难想象知识贫乏的人能拥有超强的能力。知识的积累要靠积极主动地学习来实现，大学生要充分利用在校期间的黄金学习时间，不仅要学习课程计划内的知识，还要博览群书，不断扩大知识面。同时，学习的过程也是能力锻炼、提高的过程。比如，通过认真听课培养注意力和思维力；通过实验提高观察能力、动手操作能力；通过查阅资料、开展科研、撰写论文培养独立思考能力、自学能力、创新能力和表达能力等。

（二）积极投身各类实践活动

认识来源于实践，又指导实践。实践是检验真理是否正确的唯一标准，也是培养大学生各种职业能力的重要途径。

1. 担任学生干部或参加学生社团　学生干部是老师和学生的纽带和桥梁，是老师的助手、学生的管理者和服务者。一个优秀的学生干部需要具备沟通能力、表达能力、组织协调能力、管理能力、团队协作能力等多方面的能力，这些能力都可以在工作中锻炼和提高。学生社团是学校里的非正式组织，是丰富学生业余生活的充满活力的团体，大学生通过参加适合自己的社团，有助于开阔视野，增长知识，提高社交能力、社会适应能力等。

2. 勤工俭学　大学生可以利用业余时间参与勤工俭学。这样不仅可以获得一定的经济收入，缓解贫困学生的经济困难，而且可以提前体验社会生活，从而锻炼能力，增长才干。例如，帮助老师做一些行政事务可以提高组织管理能力、社会适应能力、人际交往能力等。

3. 专业实习和社会实践　专业实习是学生了解社会、职业的窗口。医学类大学生应充分利用寒暑假和实习时间进行专业实习和社会实践。实习和实践的目的是为了帮助自己认清能力特点，了解行业与职业的具体情况以及与自身是否匹配。通过实习和实践，不仅可以锻炼实践操作能力、社会适应能力、社交能力及专业技能，而且可以及时对自身制订的职业发展目标给予纠偏。

4. 参加各类竞赛　校内外的各类竞赛是锻炼、发展职业能力的一个舞台和重要途径。比如，通过参加“挑战杯”创业计划竞赛可以激发学生的创业意识，锻炼创新能力；参加演讲比赛有助于提高口头表达能力；参加体育比赛有利于培养大学生的团队协作能力等。

第三节　完善自我，迎接挑战

一、大学生就业心理问题与调适

大学生群体是一个特殊的群体，它是个体由青年期到成年期的过渡，具有处于“第二次心理断乳期”或“边缘人”地位，处于“心理延续偿负期”。集多种特殊性于一身，使得大学生的心理健康状况比个体一生中的其他阶段人群及处于这一时期的其他群体更为明显的降低，尤其是对于面临着巨大就业压力的大专毕业生。他们的不良就业心理主要有以下几种。

（一）心理障碍与心理误区

自主择业的就业政策为大学生提供了更多公平竞争和施展才华的机会，同时也使他们承受比过去更多的心理压力。而部分学生自我心理调节能力相对滞后，必然导致心理障碍，步入择业的心理误区。

1. 焦虑急躁心理　面对纷繁复杂的社会严峻的就业形势和日趋激烈的就业竞争，大学毕业生既希望找到理想的职业，又担心被用人单位拒之门外，害怕自己在择业上的失误会造成终身遗憾。因此，在就业过程中会存在一定焦虑的情绪，从而造成精神紧张、忧心忡忡、烦躁不安、意志消沉等反应，行为上也会表现得反应迟钝、手忙脚乱、无所适从。

2. 自卑心理　部分大学生对自己评价过低，自惭形秽，面对就业问题时缺乏自信与勇气，害怕竞争，从而使得自己丧失了很好的机遇。一些冷门专业的毕业生、性格比较内向的学生以及遭受用人单位歧视的女生，则因此悲观失望、消极厌世、不思进取。

3. 从众心理　在就业过程中部分大学生因缺少实践锻炼，独立性较差，在选择职业时常常没有自己的主见，受家长、同学左右，不能果断地作出选择和决定。虚荣心、侥幸心理会使他们改变原有的自我期望，从而采取不切实际的从众行为，丧失了最能发挥自己特长的机会。

4. 被动依附心理　一些大学生由于缺乏必要的心理素质的培养，缺乏基本的自理自立能力的锻炼，致使他们养成强烈的依赖心理，在择业过程中往往缺乏独立自主性、主动性和计划性，在社会为其提供的就业机会面前顾虑重重、不知所措。只是一味地依赖学校的联系，听从家长的安排，一旦希望落空，往往会产生极大的心理落差，甚至会出现很极端的行为。

（二）心理矛盾

心理矛盾也可理解为心理冲突。它是指两种或两种以上不同方向的动机、欲望、目标和反应同时出现，由于莫衷一是而引起的紧张状态。大学生在择业求职中的心理矛盾主要表现在以下几个方面：

1. 理想与现实的矛盾　大学生在就业的过程中，面临着种种激烈的心理冲突，因而产生种种矛盾的心态：胸怀远大理想，却忽视眼前现实；渴望竞争，又缺乏竞争的勇气；专注专业能力的发展，但又互相攀比、爱慕虚荣；希望自主择业，但又不愿承担风险；既崇尚个人奋斗、自我实现，又有较强的依赖感。职业目标上理想和现实的反差，职业选择上独立性和依赖性的错位，使得部分大学生在就业中感到十分迷惘和困惑。

2. 就业与深造的矛盾　就业的严峻形势使更多的大学生在就业与深造之间徘徊，犹豫不决。尤其对于来自贫困家庭又是普通院校的大学生来讲，一方面需要及早就业，减缓家庭经济压力；而另一方面就业难度增加，需提高学历增强就业竞争力，但专升本又会加重家庭经济负担，并承担一定的风险。因此，就业与深造的矛盾深深困扰着即将毕业的大学生。

3. 多重选择的矛盾　在就业市场化的条件下，许多毕业生会遇到多重选择的境遇：有的工作舒适，但收入较低；有的薪金丰厚，但承担风险；有的专业对口，但远离大中城市；有的很实惠，但与自己的兴趣相去甚远；有的单位可以立即签约，但又担心失去了其他的选择机会。这些问题常常使年轻的大学生处于难于决断的矛盾之中，左右为难，焦虑不安，所以常常造成高不成、低不就的情况。左右彷徨加大了就业难度，人为造成了就业挫折。

二、大学生就业心理的自我调适

(一) 树立合理的职业价值观

职业价值观是一个人对各种职业价值的基本认识和基本态度。它支配着人的择业心态、行为以及信念和理解等；支配着职业人生认知，明白事物对自己职业发展的意义，以及自我了解、自我定位、自我设计等；同时，也为自认为正当的职业行为提供充足的理由。然而对于当代大学生来说，职业对个体的意义已经远远不是仅仅满足生存的需要。职业的价值是丰富的，如最近有人对职业价值结构进行了初步研究，总结了交往、义利、挑战、环境、权力、成就、创造、求新、归属、责任、自认等11个类别的因子。因此，我们要充分认识到职业对个体发展、社会进步所起到的重要作用。在择业时不能只考虑工作的经济收入、工作条件、地点等因素，更要考虑职业对自我一生发展的影响与作用。同时，大学生应具有发展的眼光和对未来的预见性，在求职和就业过程中既有对自己正确的自我评价，也有对社会长远的认识和判断，从而准确定位自己的职业坐标，设计好自己的职业生涯，以社会利益为前提，把个人理想和价值的实现与国家利益结合起来，正确处理个人利益和社会需要的关系，形成开放的大职业观。

(二) 准确定位

调整就业期望值准确定位就是正确认识与评价自我，正确认识社会，摆正自己在社会中的位置，尤其是应当明确自己的专业发展、思想品质、价值目标、适应力、知识结构、个性特征、优势与劣势等，找到自己与社会的最佳结合点。唯有如此，才能使自己在择业过程中处于积极主动的位置，克服劣势，发扬优势，找到自己满意的职业。然而就业市场上的用人单位招不到人、大量的毕业生无处可去的“错位”现象却普遍存在，其中非常重要的一个原因就是大学生的就业期望值普遍偏高。因此，要实现顺利就业，大学生应当使自己的心理定位与就业目标相一致，做最坏的打算，尽最大的努力。另外，应从长远目标着手，转变择业“一次到位”的思想，积极谋划自己的未来职业规划。当获得理想的职业的时机还不成熟时，应学会调整自己的目标，先就业后择业、创业，在工作中不断积累工作经验，增长阅历，为今后的职业生涯做更充分的准备。

(三) 进行有效的心理调节和控制

当代大学生的择业心理正处于传统与现代、理想与现实的矛盾交织中，处理不当就难以保证心理健康。因此，学习掌握一些常用的心理调节方法是必要的。①情绪转移法：我们知道，人的思维广度增大，思维的稳定性则相对减小。②自我适度宣泄法：自我宣泄是指通过一种渠道把人内心深处的冲突和被压抑的情绪发泄出来，以求得内心平衡。③自我慰藉法：自我慰藉实质就是自我辩解、自我安慰。

三、大学生涯设计

大学是人生最关键的一个阶段，它承前启后，有很多的第一次，也有很多的最后一次。第一次开始追求自己的职业兴趣和理想；第一次不再在父母的包办下和老师的安排下来处理学习和生活的问题；第一次不以学习成绩为主，而是以就业为目标；第一次需要参加社会实践来消化你所学的知识；第一次有机会直面社会的学习，按照社会的需要来全面地励炼自己。大学生只有真正把握这许多的第一次，珍惜这许多最后一次，才能把握大学期间学习质量和效率，而且还关系到大学生整个未来人生的一个走向与成就。

(一) 明确职业生涯规划模式

1. 知己——自我探索

(1) 心理测试：气质测试、艾森克人格测试、霍兰德职业兴趣测试等。

(2) 深入的职业自我分析：可以从生理因素(如性别、身高、形象)、心理因素(如性格、气质、意志品质)、兴趣爱好、价值理念因素(如人生观、就业观)、教育因素(如知识、能力和素质)、家庭因素(收入、受教育水平、职业、地域)等几方面进行。

(3) 对于自己的能力方面，我们需要明确四点，即：①我有这个能力，自己也知道有，也正在发挥作用；②我有这个能力，自己也知道有，但是因各种原因没有发挥作用；③我有这个能力，但是自己不知道；④我应该有这个能力，但是还没有的能力，这一部分就要花时间去学，包括你的言语能力、计算能力、空间想象能力、推理能力、知觉速度、应变能力等。

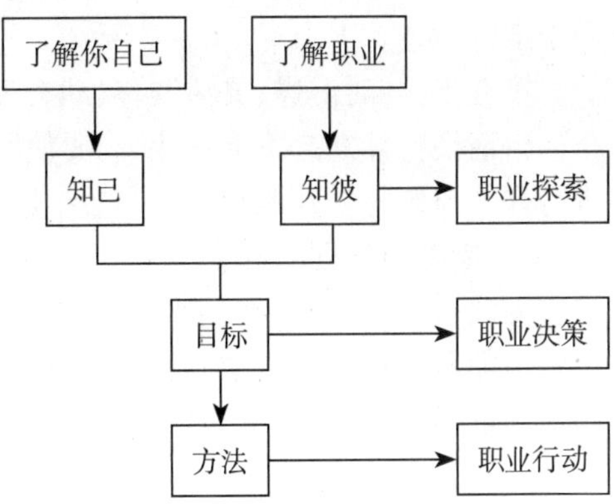

图 14-1　职业生涯规划设计路径

2. 知彼——职业探索　对于你即将或想要从事的职业，可以从以下几个方面来了解，做到求职前胸有成竹：①职业的内容及要求；②职业的现状及发展前景；③职业的方向有哪些？④自己适合做哪一类的职业？……

(二) 具体步骤

第一步：客观认识自我、准确职业定位(自我认知)

即上述模式中的知己，所以在此方面我们至少要了解以下四个方面：①职业兴趣——喜欢干什么；②职业技能——能够干什么；③职业价值观——最看重什么；④个人特质——适合干什么。

第二步：评估职业机会、知己知彼(职业认知)

深入地了解行业与职位的需求状况，结合自身特点评估外部事业机会，选择可以终生从事的理想职业。对职业机会的评估需要理性评估，真正做到知己知彼。

第三步：择优选择职业目标和路径(确定目标和路径)——核心

正确的职业选择至少应考虑以下几点：①职业与兴趣的匹配；②职业与性格的匹配；③职业与特长的匹配；④职业与价值观的匹配；⑤职业与内外环境相适应。

职业目标确定后，向哪一条路线发展，要及时做出选择。是向专业技术路线发展，还是向管理路线发展；还是先走技术路线，再转向行政主管路线；在具体的岗位方面也需要作出选择，行政管理，或是医药营销，或是专业技术人员，或是护士……发展路线不同，对职业发展的相应要求也不相同。

因此，在职业生涯规划中，必须做出最适合自己的抉择，以便使自己的学习、工作以及各种行动措施沿着你的职业生涯路线或预定的方向前进。

第四步：终生学习、高效行动(计划、策略、行动)

这里所指的行动是指落实目标的具体措施，主要包括训练、工作、教育等方面的措施。

例如，为达成职业目标，在工作方面你计划采取什么措施来提高你的工作效率？在业务素质方面你计划学习哪些知识，掌握哪些技能，如何提高你的业务能力？在潜能开发方面采取什么措施开发你的潜能，等等，都要有具体的计划与明确的措施，并且这些计划要特别具体，以便于定时检查。

第五步：与时俱进、灵活调整（动态反馈调整）

俗话说："计划赶不上变化"。要使职业生涯规划行之有效，就须不断地对职业生涯规划进行评估与调整。其调整的内容包括职业的重新选择、职业生涯路线的选择、人生目标的修正、实施措施与计划的变更等。

因此，作为大学生，大学时期需要做好人生的第一次规划，及时调整心理健康状态，坚定不移地朝着自己的方向去努力。如果每一个人都把大学作为人生的一张黄金试卷，写到自己最满意，那未来的人生都会成为成功者！

心理电影

终 极 面 试

影片名称：《终极面试》（EXAM），上映时间：2009 年。

《终极面试》是一部极其精致的密室悬疑片，它以密闭空间为场景，讲述了求职者在面临工作所带来的诱惑时所展现出的弱点与黑暗，考试中白热化的竞争、各种心理斗争与冲撞，都给我们带来了感官上的刺激。然而结局却出人意料，在悬疑惊悚的面具下，带给大家的却是细腻的视角和人性的反思。

图 14-2 《终极面试》

评论与分析：《终极面试》作为一部"密室"电影，把镜头设置在狭小的密闭空间，以"空白"试卷为引子，将不同类型的精英汇聚一堂，为了同一个目标，是合作？是斗争？不同的人格特点将会有不同的选择。影片展示了人在面对巨大诱惑时的本我和超我的强烈心理冲突：法律？道德？利益？谁是旁观者？谁又是最终赢家？面对职场诱惑，我们究竟何去何从，让我们走进这部影片拭目以待……

心理自测

1. 你何时感觉最好

A. 早晨　　B. 下午和傍晚　　C. 深夜

2. 你走路的时候是

A. 快速大步走　　B. 快速小步走　　C. 慢慢抬头走

D. 低头慢慢走　　E. 很慢

3. 当跟人说话时，你

A. 双臂交叉站着　　B. 两手紧握在一起

C. 单手或双手背后　　D. 用身体接触与你说话的人

E. 不停有各种小动作

4. 坐着休息时，你的

A. 双膝并拢　　B. 双腿交叉

C. 双腿伸直　　D. 一条腿卷在身下

5. 遇到你感到发笑的事时，你的反应是

A. 一个大笑　　B. 笑出声，但不大

C. 轻轻地笑　　D. 不出声，害羞的微笑

6. 当你去参加派对或社交场合时，你

A. 为引人注意而大声入场

B. 安静地入场，马上找你认识的人

C. 非常安静地入场，尽量保持不被注意

7. 当你专心工作被人打断时，你会

A. 很高兴　　B. 很生气　　C. 两者之间

8. 下列颜色中，你最喜欢哪一种颜色

A. 橘或红色　　B. 黑色　　C. 浅蓝或黄色

9. 临睡前，你在床上的姿势是

A. 伸直，仰卧　　B. 伸直，俯卧　　C. 微卷，侧卧

D. 头躺在一手臂上　　E. 用被子盖着头

10. 你经常梦到你在

A. 降落　　B. 挣扎或打架　　C. 寻找什么

D. 漂浮或飞　　E. 不做梦

F. 大多是愉快地梦

职业心理测试的分数：

1. A 2；B 4；C 6

2. A 6；B 4；C 7；D 2；E 1

3. A 4；B 2；C 5；D 7； E 6

4. A 4；B 6；C 2；D 1

5. A 6；B 4；C 3；D 5

6. A 6；B 4；C 2

7. A 6；B 2；C 4

8. A 6；B 7；C 5；D 4；E 3；F 2；G 1

9. A 7；B 6；C 4；D 2；E 1

10. A 4；B 2；C 3；D 5；E 6；F 1

职业心理测试的分析结果：

0~21 分：内向的悲观者

在别人眼里，你非常害羞，有点神经质，做事常常优柔寡断，永远需要别人保护，需要别

人帮自己拿主意，但真正了解你的人知道你并不是真的如此。

21~30 分：缺乏信心的挑剔者

在别人眼里，你做事小心谨慎，工作勤恳而努力，虽然节奏不快，但非常踏实稳重，偶尔做了无准备之事，会让别人大跌眼镜。

31~40 分：以牙还牙的自我保护者

在别人眼里，你睿智、谨慎，非常注重工作效率，本身有天赋有才干，做事反应机敏，很容易和别人打成一片，但付出的同时也会要求对方高要求的忠诚回报，虽然动摇你的信任很难，但一旦被破坏，将使你非常难过。

41~50 分：富有活力的完善者

在别人眼里，你富有活力，具有人格魅力，幽默而又实际，经常会成为别人眼中的焦点，但你的统筹能力非常出色，会平衡的井井有条，别人会很喜欢你的善解人意，而你也非常乐衷于帮助他人。

51~60 分：吸引人的冒险家

在别人眼里，你很容易兴奋，外向活泼，容易冲动，也会轻易的做出决断，虽然不总是对的，因为你的大胆和冒险，让别人愿意给你机会尝试很多事情，而你也热衷于冒险的尝试。

60 分以上：傲慢的孤独者

在别人的眼中，你是自负的，并且有极端有支配欲、统治欲的人。别人可能钦佩你，但不会永远相信你，可能会对与你更深入的来往有所踌躇及犹豫。

心理互动

“撕 思 人 生”

（一）活动目的：让学生体验感悟到学习时间的短暂，激发学生规划热情。

（二）活动场地：教室内。

（三）活动过程：每一个学生裁剪出一条长方形的纸条，这纸条名称叫做时间馅饼，代表人的一生时间。然后请学生先后把代表以下时间的一定长度的纸条亲手撕掉：25~60 岁的工作时间、0~ 现在年龄的已经过去的时间、60 岁以后的退休时间、以后继续读书的时间、每年寒暑假时间、每学年的几十个双休日时间、睡觉时间、吃饭时间、看电视时间，剩下了的短纸段是代表现在的学习时间。

（四）讨论分享：看到最终剩下的纸段，你有什么想法？

思考题

如果把人生比作一场电影，过去的时光你有没有后悔？未来的时光你该如何决策？

后　记

体现郑州澍青医学高等专科学校多年心理健康教育工作心血和经验的《大学生心理健康教程》一书的成稿出版，我们心中的愉悦不言而喻。尽管不够完美，但却浸透了我们编写团队集体的智慧、经验和热情；尽管水平有限，但却满载了我们的精心和期待；尽管还需要不断完善，但却蕴含了我们"以生为本、不懈探索"的育人理念。

郑州澍青医学高等专科学校，位于河南省省会郑州市。创建于1984年，是河南省建校最早的一所非盈利民办医学高等专科学校。占地1000余亩，专兼职教师500余名，现设有7系2部，21个医学和医学相关专业，2所附属医院，58所教学实习医院，15个校企合作基地，在校学生8000余人。建校30多年来，为河南卫生事业培养了5万余名高素质技术技能型人才。先后荣获河南省文明学校、河南省卫生教育工作先进单位、医德教育先进单位、优秀民办学校等多项荣誉。

2015年我校大学生心理健康教育工作，经专家评审，荣获"河南省普通高等学校大学生心理健康教育标准化建设试点单位"，是全省高校30所标准化试点建设单位中唯一的一所民办专科学校。为不辜负标准化建设试点单位的盛名，我们努力探索专科学生，尤其民办院校专科生心理特点和教育规律，创新大学生心理健康教育的模式和方法，汇集成书，力争为此项工作的建设和发展做出我们应有的贡献。我们深感责任重大，使命光荣，不容懈怠。

学校高度重视大学生心理健康教育工作，尤其是工作队伍建设，不断加强对学工人员及相关人员的心理健康教育知识培训，创造条件鼓励支持辅导员考取"国家心理咨询师"证书，从而培养造就了一支"专职专业，兼职有资"专兼结合、精术敬业的大学生心理健康教育工作者队伍。他们满怀高度的责任心和使命感，坚持"面向全体学生，促其全面发展"的工作理念，在学校躯体残障学生和特殊关注学生相对较多的情况下，全心全意为学生提供服务。在心理上与学生"共情"，从呵护他们心理感受出发，坚持"严、细、导、实"的四字方针，即坚持严格管理、有格有度；坚持小事细作，细事做精；坚持心灵疏导，答疑解惑；坚持真诚交友，求和求实。针对学生中不同程度地不独立、不自信、自卑、自弃的心理特点，共情励志。用温暖的爱心、真诚的态度循循善诱，鼓励、引导、激发他们焕发出自身的力量和潜能；关注重点，教育全体，寻载体，找切入，想方设法解决他们的实际问题，培养其健全的人格。工作中取得了大量的一手资料，收集整理案例，获取有益经验分析探究其心理特点和教育规律，加以总结和提炼形成书面文字。为了使本教程便于理解，更具有可操作性，每章设置了课前案例、课后心理活动及小组讨论，同时还有心理自测、课后思考题。为了使本教程具有生动性和趣味性，我们同时配有心理电影和影视分析。

本书尽管是教师们的辛勤努力的劳动成果，融进我们的育人体会、研究心得和已经发表的论文，但也参阅了国内同仁的大量的著作和论文，吸收了许多学者的观点和论述以及许多实践工作者和部门的实践经验，在此我们深表谢意！

在无垠的心理健康教育长河中，与大学生一起成长，与同仁们共同探讨大学生心理健康教育的特点和规律。路漫漫，而前景诱人，期待我们携手并肩，共同求索。

以此为后记，与有志于大学生心理健康教育的同仁们、各位朋友们共勉！

编　者

参考文献

1. 安东尼·罗宾著 . 王平译 . 唤醒心中的巨人[M]. 北京:中国城市出版社,2011.
2. 白晓玲 . 大学生恋爱问题心理探询[J]. 教育艺术,2007(3).
3. 蔡景华 . 大学生现代人格培养探析[J]. 教育评论,2005(4).
4. 曹建琴 . 大学生学习适应性的影响因素及教育干预方法[J]. 当代医学,2010(1).
5. 陈泰先 . 快乐从"心"开始[M]. 北京:中国纺织出版社,2009.
6. 道格拉斯·肯里克等著 . 谢晓非等译 . 自我·群体·社会[M]. 北京:中国人民大学出版社,2012.
7. 邓桂兰 . 大学生恋爱问题及教育引导探析[J]. 湖南科技学院学报,2006(9).
8. 邓先丽 . 大学生心理健康教育[M]. 北京:中国人民大学出版社,2011.
9. 杜林致,乐国安 . 国外金钱心理研究综述[J]. 西北师范大学学报,2002,39(2).
10. 樊富珉,王建中 . 当代大学生心理健康教程[M]. 武汉:武汉大学出版社,2006.
11. 方晓义,沃建中,蔺秀云 .《中国大学生适应量表》的编制[J]. 心理与行为研究,2005(2).
12. 巩蔚,高鹏,陈佰锋 . 某医学院校大学生恋爱观现况调查[J]. 皖南医学院学报,2012(3).
13. 顾剑 . 大学生心理健康导读[M]. 上海:立信会计出版社,2011.
14. 郭念峰 . 心理咨询师[M]. 北京:民族出版社,2005.
15. 郭旭娟 . 浅析当代大学生情感培养中的恋爱道德状况[J]. 蚌埠学院学报,2014(3).
16. 郭永玉 . 人格心理学 - 人性及其差异的研究[M]. 北京:中国社会科学出版社,2005.
17. 胡海青,李艳兰,王小桃 . 大学生生命价值观量表的编制[J]. 宜春学院学报,2009(1).
18. 胡华北,孙晓峰 . 大学生心理健康指导[M]. 合肥:合肥工业大学出版社,2009.
19. 胡佩诚 . 医护心理学[M]. 北京:北京大学医学出版社,2002.
20. 姜涛 . 浅谈大学生应如何树立正确的恋爱观[J]. 青春岁月,2011(07).
21. 金·弗珀兹·艾克松著 . 彭懿译 . 爷爷变成了幽灵[M]. 武汉:湖北美术出版社,2007.
22. 雷秀雅 . 心理咨询与治疗[M]. 北京:清华大学出版社,2010.
23. 李富军 . 大学生职业生涯规划与就业指导[M]. 西安:西北工业大学出版社,2010.
24. 李心天 . 医学心理学[M]. 北京:中国协和医科大学出版社,1997.
25. 李艳霞 . 心理健康教育[M]. 北京:北京师范大学出版社,2012.
26. 李张威 . 简析中国"性骚扰"的法律责任[J]. 商情·科教文萃,2007.
27. 栗献忠 . 提高大学生心理耐挫能力研究[J]. 长春教育学院学报,2012(3).
28. 林艳艳,李朝旭 . 心理学领域中的爱情理论述要[J]. 赣南师范学院学报,2006(1).
29. 蔺桂瑞,杨凤池 . 性心理与人才发展[M]. 北京:世界图书出版公司,2001.
30. 刘浩 . 大学生心理健康与训练[M]. 北京:高等教育出版社,2013.
31. 刘婧莉 . 浅谈大学生职业生涯规划与就业指导[J]. 科教文汇,2008(32).

32. 刘晓明,李冬梅,孙蔚雯 . 学校心理咨询[M]. 北京:中国轻工业出版社,2009.
33. 刘晓明,杨平 . 大学生心理健康教育 - 体验·认知·训练[M]. 北京:科学出版社,2009.
34. 陆艾 . 艾滋病认知与媒介使用:基于青年学生的实证研究[D]. 成都:西南交通大学,2015.
35. 马兰花 . 曹继霞 . 大学生心理健康教育[M]. 北京:经济科学出版社,2010.
36. 马松源 . 心理医生[M]. 北京:线装书局,2009.
37. 梅萍 . 当代大学生生命意识与价值取向的实证分析[J]. 高教探索,2007(3).
38. 孟昭兰 . 情绪心理学[M]. 北京:北京大学出版社,2005.
39. 缪文远,缪伟,罗永莲注 . 战国策[M]. 北京:中华书局,2012.
40. 尼古拉斯·怀特著 . 杨百朋,郭之恩译 . 幸福简史[M]. 北京:中央编译出版社,2011.
41. 聂振伟 . 心理健康教育[M]. 北京:北京师范大学出版社,2009.
42. 欧阳辉,闫华,林征 . 大学生心理健康应用教程[M]. 沈阳:辽宁教育出版社,2013.
43. 钱铭怡 . 心理咨询与心理治疗[M]. 北京:北京大学出版社,1994.
44. 乔建中 . 情绪研究:理论与方法[M]. 南京:南京师范大学出版社,2003.
45. 冉超凤 . 高职大学生心理健康与成长[M]. 北京:科学出版社,2005.
46. 任红印 . 大学生受挫后的消极表现及教育建议[J]. 周口师范学院学报,2012(6).
47. 任俊 . 积极心理学[M]. 上海:上海教育出版社,2012.
48. 申继亮 . 大学生心理健康教育读本[M]. 北京:高等教育出版社,2007.
49. 施琪嘉等 . 心理治疗理论与实践[M]. 北京:中国医药科技出版社,2006.
50. 苏墨 . 我的职业生涯我做主[M]. 北京:京华出版社,2004.
51. 孙慧敏,朱震宁,杨青青 . 大学生挫折心理的成因分析及对策[J]. 山东电力高等专科学校学报,2012(1).
52. 汤福球等 . 大学生职业生涯规划与就业指导[M]. 北京:北京邮电大学出版社,2010.
53. 汤舜 . 大学生健康心理导航[M]. 北京:光明日报出版社,2007.
54. 陶然,王吉囡,黄秀琴等 . 网络成瘾的命名、定义及临床诊断标准[J]. 武警医学,2008(9).
55. 王逢贤 . 学与教的原理[M]. 北京:高等教育出版社,2005.
56. 王婷,马寅生 . 近 5 年来大学生心理问题研究综述[J]. 中国健康心理学杂志,2007(15).
57. 王秀阁等 . 大学生人际交往理论与方法[M],北京:人民出版社,2010.
58. 王宇中,李慧民,王玉洁等 . 大学生心理健康教育[M]. 郑州:郑州大学出版社,2013.
59. 王长虹,丛中 . 临床心理治疗学[M]. 北京:人民军医出版社,2004.
60. 文华 . 当代大学新生适应不良问题及对策研究 - 以宜宾学院级新生为例[D]. 西南大学出版社,2010.
61. 吴翠华,吴秀明 . 试论高职学生健全人格的塑造[J]. 教育探索,2012(07).
62. 吴增强 . 现代学校心理辅导[M]. 上海:上海科学技术文献出版社,2004.
63. 熊书梅 . 大学生网络成瘾的现在分析及心理治疗和预防策略研究[J]. 魅力中国,2011(14).
64. 许金声 . 唤醒大我[M]. 北京:中国工人出版社,2007.
65. 薛定谔 . 生命是什么[M]. 长沙:湖南科学技术出版社,2005.
66. 杨兢,周靖 . 大学生心理健康导读[M]. 北京:首都师范大学出版社,2012.
67. 杨敏 . 塑造高职高专学生健全人格提升及其社会适应能力[J]. 北京电力高等专科学校学报,2012(05).
68. 杨洋 . 心理学视野中的爱情内涵及结构述要[J]. 社会心理科学,2011(125).
69. 姚树桥,杨彦春 . 医学心理学[M]. 北京:人民卫生出版社,2013.
70. 叶琳琳 . 大学生心理健康教育与心理素质训练[M]. 北京:北京师范大学出版社,2013.
71. 一行禅师著 . 游欣慈译 . 你可以不生气[M]. 海口:海南出版社,2011.
72. 张朝,于宗富 . 认知疗法治疗网络成瘾障碍 1 例报告[J]. 上海精神医学,2003(6).

73. 张大均,吴明霞. 大学生心理健康[M]. 北京:清华大学出版社,2007.

74. 张丹丹. 当代大学生心理问题研究现状综述[J]. 中山大学研究生学刊社会科学版,2007(28).

75. 张德芬. 重遇未知的自己[M]. 长沙:湖南文艺出版社,2012.

76. 张骞. 唐继红. 大学生挫折心理素质培养的现状及对策研究[J]. 教育与职业,2012(33).

77. 张瑾. 大学生朋友关系特性的调查研究[J]. 校园心理,2014(12).

78. 张黎明. 死亡是人类最好的发明[N]. 北京晨报,2011(8).

79. 张明志. 大学生网络成瘾的成因及对策[J]. 重庆邮电学院学报,2003(5).

80. 张双庆,何全旭. 新编大学生心理健康教程[M]. 北京:人民邮电出版社,2012.

81. 张素军. 你可以不生气 - 人一生要懂的 80 个情绪管理技巧[M]. 北京:北京理工大学出版社,2009.

82. 赵国成. 大学生心理健康教程[M]. 北京:北京大学出版社,2008.

83. 赵国祥. 现代大学生心理健康教程[M]. 北京:人民教育出版社,2007.

84. 赵雪莲. 大学生心理修养[M]. 杭州:浙江大学出版社,2009.

85. 中国就业培训技术指导中心,中国心理卫生协会. 心理咨询师[M]. 北京:民族出版社,2005.

86. 中国就业培训技术指导中心,中国心理卫生协会. 心理咨询师基础知识[M]. 北京:民族出版社,2012.

87. 中国就业培训技术指导中心,中国心理卫生协会. 心理咨询师(三级)[M]. 北京:民族出版社,2012.

88. 钟永强,雷蕾. 大学生职业生涯规划与就业指导研究[J]. 科技信息,2010(5).

89. 周家华,王金凤. 大学生心理健康教育[M]. 北京:清华大学出版社,2010.